Das elfte Gebot lautet für Frauen in unserer Kultur: »Du sollst andere Personen wichtiger nehmen als dich selbst.« Es ist ein unhaltbares, zutiefst ungerechtes Arrangement, daß Frauen kostbare Lebenszeit und Fähigkeiten nur für andere, vor allem männliche Menschen einsetzen dürfen und daß sie abgewertet werden, sobald sie Glücksvorstellungen entwickeln, die nicht männlichen Interessen, sondern der eigenen Person gelten. Die magische Zauberformel »Liebe«, so konstatiert die Therapeutin Irmgard Hülsemann, beschert vielen Frauen keineswegs Erfüllung, Reichtum, Lust und Glück. Immer noch wird Mädchen eine Vorstellung von Liebe und Weiblichkeit anerzogen, die in Liebesdiensten für den Mann ihre eigentliche Sinnerfüllung findet. Doch wenn Frauen auch alles »ihm zuliebe« tun, so geschieht dies häufig vor allem aus Furcht vor Konflikten und einem Mangel an Eigensinn. Das Fazit der Autorin: »Erst wenn Frauen bereit und imstande sind, sich aus der traditionellen Liebesfalle zu lösen, werden sie selbst das Glück neu und anders entdecken.«

Dieses Buch löst den Anspruch einer radikalen Umwertung von Liebe ein, damit diese zu der Produktivkraft wird, die sie sein könnte, zu einem Glück, das nicht durch den Blick auf männliche Anerkennung beschränkt bleibt. Ohne den Mut zum Eigensinn können Frauen sich ein sinnvolleres, glückhafteres Leben nicht erobern.

Irmgard Hülsemann, geboren 1946, Ausbildung als Kindergärtnerin und Sozialarbeiterin, Studium der Psychologie, arbeitet als feministische Psychotherapeutin in Berlin. Im Fischer Taschenbuch Verlag erschien ihr Buch »Ihm zuliebe?« (Band 10407).

Irmgard Hülsemann

Mit Lust und Eigensinn

Die weibliche Eroberung des Glücks

Fischer Taschenbuch Verlag

Die Frau in der Gesellschaft
Herausgegeben von Ingeborg Mues

Veröffentlicht im Fischer Taschenbuch Verlag GmbH,
Frankfurt am Main, August 1994

Lizenzausgabe mit freundlicher Genehmigung des
Hoffmann und Campe Verlages, Hamburg

Druck und Bindung: Clausen & Bosse, Leck
Printed in Germany
ISBN 3-596-11857-3

Gedruckt auf chlor- und säurefreiem Papier

Inhalt

Für meine Nichte Judith

*Eine Erkenntnis, aus der zwischen den Zeilen
nicht die Tränen über sie zu spüren sind,
kann heute keine Erkenntnis sein.*

Christina Thürmer Rohr

Erster Teil

Rückblick: Eindrücke von Reisen und Begegnungen

Der erregte Zwischenruf »Aber das wäre doch eine Katastrophe, wenn die Frauen nun auch noch aufhören würden zu lieben«, der während einer Diskussion in Salzburg fiel, traf mich nicht unvorbereitet. Die Erfahrungen verschiedener Lesereisen hatten mich inzwischen gelehrt, daß der Versuch, Frauen dazu anzuregen, ihre vielgerühmte weibliche Liebesfähigkeit einmal unter dem Aspekt des Gehorsams zu untersuchen, um dabei die Glanzlosigkeit und, was schwerer wiegt, Vergeblichkeit ihrer Bemühungen erkennen zu können, bei einzelnen Zuhörerinnen immer wieder zu einem Sturm moralischer Entrüstung oder zu anderen massiven Abwehrreaktionen führte.

Während an manchen Abenden Frauen meinem Angriff auf die weibliche Machtdomäne mit erheblichem Gefühlsaufwand Widerstand leisteten, einige von ihnen in flammenden Plädoyers »für die Liebe« zwar einräumten, daß die derzeitige Situation tatsächlich sehr einseitig zu Lasten der Frauen konstelliert – aber ein »Ausstieg« dennoch völlig unmöglich sei, weil durch den Verlust ihrer Liebeshaltungen das »letzte bißchen Lebensqualität« auch noch wegfallen würde –, mußte ich an mich selbst denken. Ähnlich wie diese Frauen hatte auch ich vor ca. acht Jahren mit inneren Widerständen und starken Unmutsgefühlen reagiert, als ich systematischer die persönlichen und gesellschaftlichen Bedingungen zu untersuchen begann, unter denen sich Mädchen und Frauen jene »typisch weiblichen Fähigkeiten« aneignen und lernen (müssen!), die sie zu »Spezialistinnen« der Liebes- und Beziehungsarbeit machen.

Auch ich hatte mich anfangs gesträubt, diesen »süßen Bereich«, überfrachtet mit Idealen und romantischen Phantasievorstellungen, Wünschen nach dem absoluten, immerwährenden Glück, der vollkommenen Erfüllung und intensiver Lustträume, als faulen Zauber zu entlarven.

Ein gesellschaftliches Komplott, auf Betrug angelegt, dabei gut funktionierend und grandios verschleiert. Eine raffinierte Dynamik trug dazu bei, daß die »Betrogenen« selbst, mit glühendem Eifer und Blindheit geschlagen, unermüdlich daran mitwirkten, ihr eigenes Katastrophengebiet zu schaffen. Ich ertappte mich dabei, wenigstens etwas von dem Glorienschein der Liebe, von ihrer angeblichen Unschuld, retten zu wollen, neigte zu Mogeleien und Verharmlosungen, versuchte unhaltbaren Widersprüchen doch noch einen Sinn abzugewinnen. Was ich in dem Erkenntnisprozeß zutage förderte, bot keinen Anlaß zu Jubel und Freude, schon gar nicht zu Triumph, dazu waren die Entdeckungen und Enttäuschungen zu schmerzhaft und bedrohlich. Sie wurden zu anhaltenden Ruhestörern, zu einer Herausforderung, die ich, wenn ich mir nicht selbst Schaden zufügen wollte, unbedingt annehmen mußte. Das vorläufige Ergebnis von Einsichten und Bemühungen hielt ich in dem Buch »Ihm zuliebe? – Abschied vom weiblichen Gehorsam« fest. Ich war allerdings weder in dem Buch noch bei Vorträgen oder Lesungen auf den wenig erfolgversprechenden Gedanken gekommen, Frauen dazu anzuregen, mit dem Lieben aufzuhören, weil dies ähnlich unwirksam wäre wie die Aufforderung, angesichts der Luftverschmutzung das Atmen einzustellen. Interessanterweise glaubten dennoch Frauen, wie jene Zwischenruferin in Salzburg, diese Botschaft gehört zu haben. Woran mochte das liegen?

Auch die Tatsache, daß manche Frauen nach meinen Ausführungen rasch dabei waren, ein Schreckensszenarium für den Ernstfall der Verweigerung auszumalen, machte mich stutzig. Anstatt sich kritisch mit der naheliegenden Möglichkeit zu befassen, den eigenen Angst- und Gehorsamshaltungen auf die Spur zu kommen, waren sie sogleich bei den armen, liebesunfähigen Männern. Was sollte denn unter solchen Umständen bloß aus ihnen werden? Was aus den unschuldigen, bedürftigen Kindern. Den Alten, Kranken und Schwachen? Unmöglich, unvorstellbar, diese Verarmung, diese Kälte, diesen Notstand zuzulassen.

Unterstrichen wurden diese Visionen durch wütende Fragen, ob frau nun zu Hause alles stehen und liegen, Mann und Kinder unversorgt lassen solle? Ich interpretierte diese überzogenen Gefühlsreaktionen als den verzweifelten Versuch, grundsätzliche Veränderungen in diesem Bereich abzuwehren, um an den vertrauten Mustern festhalten zu können und die eigene Sicherheit nicht zu gefährden. Einmal sagte eine Frau nach einer Lesung: »Bei dem Buch Ihres Partners, ›Männer lassen lieben‹, habe ich ständig gedacht, endlich einmal ein Mann, der mir Recht gibt und mich versteht. Die Sache mit dem Gehorsam, die Sie aufzeigen, ist für uns Frauen so unbequem, weil wir selber ran müssen.« Dazu meinte eine andere Frau lachend: »Stimmt, ich habe ihr Buch gelesen und mich absolut angesprochen gefühlt – aber gleich danach habe ich den Inhalt wieder vergessen.«

Obwohl ich im Laufe der Zeit immer wieder mit Vorbehalten und Stellungnahmen ähnlichen Inhalts konfrontiert war, habe ich insgesamt doch den Eindruck gewonnen, daß eine große Zahl von Leserinnen das Anliegen des Buches ernst nahm und verstand. Vor allem in der ersten Zeit nach der Veröffentlichung erreichten mich Briefe, in denen Frauen mir über ihr Leseerlebnis schrieben, von ihrer Desillusionierung, aber auch der Ermutigung, den eigenen Liebesalltag kritisch unter die Lupe zu nehmen und Ungehorsamsschritte zu üben. Unter den Briefen befanden sich lange, erschütternde Lebensberichte, in denen Frauen unterschiedlichen Alters und verschiedener Herkunft mitteilten, wozu sie der »Gehorsam aus Liebe« gebracht hatte. Bei einigen war direkt oder zwischen den Zeilen ein solches Maß an Ausweglosigkeit und Verzweiflung zu spüren, daß ich befürchtete, es gehe um Leben und Tod.

Der Inhalt dieser und anderer Briefe, vor allem aber Mitteilungen von Frauen bei persönlichen Begegnungen, belegten eindrucksvoll, wie stark die geschilderten Liebesprobleme einander ähnelten, so daß diese nicht in erster Linie weibliche Individualität bezeugen, sondern Belege einer Art Zwangssymptomatik sind. Resultat einer Erziehung, die mit dem Zauberwort Liebe zu Anpassung, Unterwerfung und Gehorsam gegenüber dem (meist männlichen) Liebesobjekt verleitet. Während ich in »Ihm zuliebe?« das Augenmerk vor allem auf Erziehungsmechanismen und Lebensbedingungen von Frauen richtete, die durch die Vermittlung von Ängsten und Schuldgefühlen zur Verinnerlichung charakteristischer Gehorsamshaltungen gebracht werden und auf Grund ihrer eingeschränkten Wahrnehmungs- und Handlungsfähigkeit in ihren Liebesbeziehungen häufig »wie blind« scheinen, geht es im vorliegenden Buch um eine kritische Auseinandersetzung mit dem herkömmlichen Liebesbegriff. Es stellt die Liebesvorstellungen dar, den Liebesinhalt und die Liebestaten, die im Leben der meisten Frauen eine so zentrale Rolle spielen – und darum, was dieser Liebe fehlt. Dabei greife ich auch auf Anregungen von Frauen zurück, die mich baten, das Thema des ersten Buches in manchen Punkten zu konkretisieren.

Im Verlauf meiner weiteren Beschäftigung wurde mir klarer, daß die Liebe der Frauen in ihrer derzeitigen Lebensform keineswegs nur wichtige menschliche Fähigkeiten und Tugenden verkörpert, wie oft glorifizierend dargestellt wird, sondern ihr wesentliche Werte und Fähigkeiten fehlen. Vor allem solche, die Liebe tatsächlich zu einer bewegenden Kraft machen könnten.

Die vom Patriarchat erlaubte und erwünschte Art von Liebe ist zwangsläufig nicht derart, daß sie das Herrschaftssystem gefährden könnte. Im Gegenteil, die Liebeskraft von Frauen wird so funktionalisiert, benutzt, ausgebeutet und dabei gleichzeitig abgewertet, damit die Dinge bleiben, wie sie sind.

In Aussagen wie »Ich liebe nur ihn ...«, »nur die Kinder« oder »nur meine Familie«, entlarvt sich die als groß gepriesene Liebe als eng und klein, häufig bloßer Gefühlsausdruck, wenn nicht gar Gefühlsduselei. Die Kraft dieser Art Nächstenliebe reicht gewöhnlich nur aus, das Nahe, Bekannte, Vertraute zu lieben, und begnügt sich ansonsten mit einer interessearmen lieblosen Haltung gegenüber dem Fremden, anderen, Entfernten, überhaupt gegenüber den Vorgängen in der Welt. Ihr genügt der Blick auf das eigene kleine Glück, das friedliche Plätzchen, die komfortable Nische für mich und die Meinen.

Diese Art zu lieben ist in meinen Augen unmoralisch, weil ihre Energie, Gefühle, Leidenschaft, Zärtlichkeit, Kreativität und Intelligenz viel mehr der Aufrechterhaltung und Stabilisierung von Unrechtssituationen und Mißständen dient als ihrer Beseitigung. Weder der Zustand der Welt noch der in ihr lebenden Personen ist in einer Weise liebens- und erhaltenswert, daß kritiklose Bejahung angebracht wäre. Die Zeit ist überreif, sich von Liebeshaltungen zu verabschieden, die zwar einem romantischen Klischee der weiblichen Rolle entsprechen, uns aber in Wirklichkeit zu Mittäterinnen, Mitakteurinnen in jenem zerstörerischen System machen, in welchem wir uns seit langer Zeit befinden.

Solange die Liebesbemühungen der meisten Frauen einseitig auf den Mann, die Kinder, die Familie gerichtet sind, vor allem auf die Wiederbelebung des meist liebesunfähigen Partners, wird ihre Aufmerksamkeit dort gebunden sein, werden sie sich in Kreisbewegungen ermüden. Unter diesen Umständen werden ihnen Motivation und Kräfte fehlen, ihr Liebespotential auf die Welt auszudehnen, auf größere Zusammenhänge als »mein kleines Glück«. Unter dem Motto »Liebe mit Eigensinn« werde ich versuchen, an jenen Eigenschaften, die gemeinhin als weiblich gelten, aufzuzeigen, wie diese grundsätzlich positiven Fähigkeiten dadurch entwertet werden, daß ihnen ein »unerlaubter Teil« fehlt. Dabei kann der Blick für weitere Ungehorsamsschritte in diesem Bereich geschärft werden.

Bevor ich mit diesem Teil beginne, möchte ich einige persönliche Erfahrungen mitteilen, die die Arbeit an diesem Buch mitgeprägt haben. Sie betreffen sowohl Veränderungen in meinem Leben, die seit der Veröffentlichung des letzten Buches stattgefunden haben, als auch Erlebnisse und Eindrücke, die ich auf Lesereisen sammelte.

Als ich im Frühjahr 1988 das Manuskript von »Ihm zuliebe? – Abschied vom weiblichen Gehorsam« fertiggestellt hatte, befand ich mich in einer sehr zwiegespaltenen Gefühlslage. Es war fast zwei Jahre her, seit mein Lebensgefährte Wilfried Wieck »Männer lassen lieben« veröffentlicht hatte. In der darauffolgenden Zeit fanden derart viele Veränderungen statt, daß mich die Befürchtung plagte, unser bisheriges gemeinsames Leben könnte unter dieser Lawine begraben werden. Mir schien alles außer Kontrolle zu geraten; während das Telefon nicht mehr stillstand, Angebote von Rundfunk, Fernsehen und Zeitungen einen Wirbel von Aktivitäten auslösten, witterte ich Gefahren, die ich zunächst gar nicht benennen konnte.

Anfangs fühlte ich mich nicht betroffen, fand es durchaus verständlich, daß Wilfried mit einer Mischung aus Ungläubigkeit und freudiger Überraschung auf das Neue reagierte und alles aufnahm. Derweil ging ich von einer vorübergehenden, kurzfristigen »Störung« aus und vertraute darauf, daß in der großen Wohnung genügend Rückzugsmöglichkeiten bestünden, Platz genug für unterschiedliche Bedürfnisse. Außerdem schienen die neuen Möglichkeiten, die eröffnet wurden, auf den ersten Blick durchaus reizvoll und interessant.

Zu welchem Zeitpunkt ich dann doch in innere Panik geriet, kann ich heute nach mehr als vier Jahren nicht genau sagen. Ganz sicher trug meine andere Position in diesem Zusammenhang dazu bei, daß ich den Verlauf der Ereignisse anders sah und bewertete als Wilfried. Mir schien, daß der anfängliche Zuwachs an Intensität und Lebensqualität nach mehreren Monaten ins Gegenteil umschlug und unser Zusammenleben bedrohte.

Während äußerlich alles hektischer, gedrängter und bewegter wurde, bahnte sich auf einer tieferliegenden Ebene inhaltlicher Stillstand an, Entleerung und Verflachung. Ich beobachtete, wie Wilfried zum »Handlungsreisenden« wurde, der ziemlich rastlos von einem wichtigen Termin zum anderen unterwegs war.

Mir schien es symptomatisch für diesen Zustand zu sein, daß er nach längerer Abwesenheit seine Taschen nicht ganz auspackte und wegräumte, sondern sie griffbereit in seinem Zimmer stehenließ. Schließlich vermißte ich ihn, auch wenn er »anwesend« war. Bei diesem Tempo blieb keine Zeit, um tief durchzuatmen, zur Ruhe und Besinnung und zu sich selbst zu kommen.

Währenddessen saß ich am Schreibtisch und arbeitete, sehr wohl fühlend, daß unsere Stimmungen nicht zueinander paßten, so daß selbst die Verständigungsversuche darüber in Dissonanzen steckenblieben. Mir selbst gegenüber mißtrauisch, fragte ich mich nach Eifersuchts- und Neidgefühlen. Gönnte ich ihm den Erfolg nicht? Wollte ich ihn vielleicht festhalten und bei seinem Sprung in andere Bereiche behindern?

Ich behielt diese Möglichkeit im Auge, fand aber auch nach längerem kritischen Hinfühlen keine Bestätigung dafür. Ich benötigte einige Zeit, um die diffusen Beunruhigungsgefühle zu klären. Übrig blieb die berechtigte Sorge, daß die flüchtigen, überreizten Lebensbedingungen, falls sie zum Normalzustand werden sollten, die persönliche Entwicklung, den gemeinsamen Lernprozeß verunmöglichen – und uns einander entfremden würden. Einige Freundinnen und Freunde, die ebenfalls betroffen waren, versuchten mich zu trösten und zu beruhigen, indem sie meinten: »Du wirst sehen, das bleibt nicht so.« Oder: »Es ist doch alles ganz neu und unerwartet, Wilfried muß erst noch lernen, damit umzugehen, auszuwählen und ›nein‹ zu sagen.« Sie behielten zwar letztlich recht, aber es verging bis dahin eine ziemlich lange Zeit. Zeit, die sehr konflikthaft verlief, weil ich keineswegs schweigend und tatenlos abwartete und zusah, sondern heftig gegen den Mangel und das Paradoxe der Entwicklung protestierte.

Neben dem Widerwillen gegen das aus dem Gleichgewicht geratene Lebensgefüge beschäftigte mich die Frage, ob es nicht doch Möglichkeiten gab, die neue Situation so zu gestalten, daß die innewohnenden Chancen nicht verlorengingen, die unterschiedlichen Bedürfnisse quasi zeitgleich gelebt werden konnten, ohne uns zu behindern oder zu verlieren.

In diesem Zusammenhang schien mir eine eigene Wohnung die beste Lösung, denn so wertvoll und lieb mir auch unser 21jähriges Zusammenleben in gemeinsamen Wohnungen war, so war ich doch nicht bereit, unter allen Umständen daran festzuhalten. Getrennt leben sollte den Ausweg aus dem Dilemma schaffen, daß weder seine noch meine Bedürfnisse »falsch« – aber leider nicht vereinbar waren. So sah ich keinen Grund, mich gegen Unruhe wehren zu müssen, die nicht meine war, sondern mich im Gegenteil daran hinderte, in Ruhe und konzentriert der eigenen Arbeit nachgehen zu können. Ich hatte keine Lust, einen großen Teil von Kraft in Schutz- und Abwehrgefühle zu stecken, um »mein Klima« aufrechterhalten zu können. Außerdem wollte ich nicht als Anhängsel eines Bestsellerautors angesprochen werden, dem auch ein wenig Glanz versprochen ist, wenn es brav stillhält und Geschmacklosigkeiten als Gunstbeweis schluckt.

Wilfried war von meiner Idee nicht sonderlich begeistert, verstand aber inzwischen, daß meine Beweggründe für den räumlichen Trennungsschritt berechtigt waren. Als wir die erste Wohnung besichtigen gingen, hatte er seinerseits bereits Veränderungen vorgenommen, mühsam gelernt, Absagen zu erteilen, die Kräfte besser einzuschätzen, wieder längere Zeiträume für uns freizuhalten, und damit begonnen, seine Terminplanung so einzurichten, daß für meine Wünsche und Befinden auch noch Raum blieb. Vor allem war ihm aber auch unabhängig von mir klargeworden, daß die Fülle von Aktivitäten nicht unbedingt zur Erfüllung, sondern auch zu einer bestimmten Entleerung der Person beitrug, die inmitten rastloser Bewegungen nicht spürbar werden konnte.

Nach etlichen Pro-und-Kontra-Gesprächen einigten wir uns darauf, das Zusammenleben noch einmal unter veränderten Bedingungen und erhöhter Wachsamkeit gegenüber den Entfremdungsmechanismen auszuprobieren und uns beide darum zu bemühen, Qualitätssteigerung und Nutzen aus diesem Lernprozeß zu ziehen, anstatt Beeinträchtigung und Ärger.

Jetzt, während ich dies im Sommer 1991 schreibe, sind wir über das Probierstadium wieder hinaus, und mir scheint, daß es uns ganz gut gelungen ist, das Neue in einer akzeptablen Weise so in unser Leben und die Arbeit zu integrieren, daß es wirklich befruchtend und anregend wirkt. Im Rückblick ist man meistens klüger, und so weiß ich heute, daß unser zeitweiliges Auseinanderdriften notwendig und völlig normal war. Mitten im tumultuösen Geschehen war es mir nicht möglich, dies zu sehen. Damals war ich wütend und mitunter auch traurig, voller Zweifel über den Ausgang dieser Entwicklung.

Als ich mich schließlich im Februar 1989 zum ersten Mal selbst auf eine Lesereise begab, nahm ich die schwierigen Erfahrungen der letzten zwei Jahre mit in meinem Gepäck.

Zum Beginn der Reise überwogen skeptische Gefühle die ebenfalls vorhandene neugierige Erwartung. Ich hatte zwar in meiner Tasche einen säuberlich getippten Plan, der die Route festlegte, Zugverbindungen, Hoteladressen und Zielorte nannte, die Namen von VeranstalterInnen festhielt, dessen klare Wohlgeordnetheit aber wenig meiner inneren Verfassung entsprach. Obwohl ich mich auf dieses Projekt eingelassen hatte, gab es grundsätzliche Bedenken. Am meisten befürchtete ich, daß der tägliche Wechsel, die Fülle flüchtiger Einblicke in Schicksale, Nöte und Erwartungen das eigene Gefühl und Interesse abnutzen, meine Reaktionen in Stereotypen und Phrasen abgleiten könnten.

Die Frage, ob das Heraustreten aus der ruhigen Abgeschiedenheit am Schreibtisch und der Unterbrechung der Kontinuität in den Therapiegesprächen überhaupt lohnte, würde ich mit Sicherheit erst am Ende dieser Reise beantworten können. Jetzt wollte ich mich den Anforderungen stellen und versuchen, jeden Tag an einem anderen Ort, mit fremden Menschen, der vorprogrammierten Oberflächlichkeit solcher Begegnungen etwas Lebendiges entgegenzusetzen. Das bedeutete für mich, sich jeweils ganz auf Situationen einzulassen und trotzdem das Vorgegebene nicht einfach bloß hinzunehmen, sondern es nach Möglichkeit zu gestalten.

An dieser Stelle muß ich sagen, daß ich nicht vorhabe, die Erlebnisse der Lesereisen chronologisch und im Detail wiederzugeben. In einem solchen Falle müßte ich ein Reisetagebuch schreiben. Ich beschränke mich auf die Schilderungen von Eindrücken und Erfahrungen, die vielleicht nicht auf den ersten Blick einen Zusammenhang mit dem Thema dieses Buches erkennen lassen, in meinen Augen aber von wesentlicher Bedeutung sind, wenn von der »Liebespraxis« der Frauen die Rede sein soll. Geliebt wird schließlich nicht in einem Vakuum, sondern unter konkreten gesellschaftlichen Bedingungen. Während ich in Zügen und Bussen unterwegs war, auf Bahnhöfen wartete, in Restaurants beim Essen saß, durch Straßen ging, einkaufte und in die Gesichter von Menschen sah, drängten sich mir Fragen auf, die in der Vertrautheit des Berliner Alltags immer wieder an Schärfe verlieren. Die mir ungewohnte Art des Reisens ermöglichte einen anderen, distanzierteren Blick: Was waren das eigentlich für Bedingungen, mit denen wir unser Leben so scheinbar selbstverständlich eingerichtet hatten? Was war das für eine Atmosphäre, für ein Klima? Welche »Zeitzeichen« markierten diesen Lebensstil? Was sagte all dies über unser Befinden aus? Vor den abendlichen Lesungen versuchte ich nach Möglichkeit herumzustreifen, um den Ort, die Stadt ein bißchen zu erkunden. Ich malte mir aus, wie es sein würde, hier zu leben.

Abend für Abend stellte ich den Text neu zusammen, in der Hoffnung, etwas von den tatsächlich vorhandenen Bedürfnissen des Publikums zu treffen, aber auch um dem eigenen Wunsch nach Abwechslung nachzukommen.

Bei Beobachtungen und Streifzügen fand ich neben dem Einmaligen und Charakteristischen beängstigende Monotonie, zum Beispiel die stete Wiederkehr der gleichen, fast auswechselbaren »modernen Fußgängerzonen« und Einkaufspassagen, deren BenutzerInnen leicht übersehen können, daß diese Anlagen nicht auf eine menschenfreundliche Bauweise zurückzuführen, sondern fast immer als Notlösung gedacht sind. Überall, wo ich hinkam, selbst in kleinen, ländlichen Gemeinden, dominierten nicht Menschen, sondern Autos das

Straßenbild. Ich kenne kaum jemand, der nicht den Autokult, den zerstörten Lebensraum, die große Zahl an »Verkehrsopfern« beklagt, aber meist mit dem Unterton des Unvermeidlichen und wahrscheinlich Unveränderbaren, »weil doch unsere ganze Wirtschaft am Auto hängt«.

Noch etwas anderes ist unübersehbar: materieller Reichtum und Überfluß. Vielen Menschen scheint es finanziell gutzugehen. Wenn ein Markt erschöpft ist und Grundbedürfnisse längst befriedigt sind, müssen neue Anreize zum Kaufen geschaffen werden. Geschäfte mit Artikeln, die kein Mensch wirklich braucht, sind keine Seltenheit mehr.

Neben Abgasen und Lärm liegt eine Art Suchtstimmung in der Luft. Überall die bedrängende, zu weiteren Käufen animierende Frage: »Darf es sonst noch etwas sein?« Ständig wird suggeriert, daß wir in einem märchenhaften Schlaraffenland leben, in einem Kinderparadies, in dem alle Lüste, alle Bedürfnisse jederzeit quasi auf Knopfdruck befriedigt werden können. Wir brauchen nur unsere Wünsche zu äußern, werden ermuntert, anspruchsvoll zu sein, nur das Beste zu wollen: Konsumieren als Ausdruck von Selbstverwirklichung, als Existenzbeweis. »Ich kaufe, also bin ich.«

Viel gravierender ist aber die Tatsache, daß Frauen als »Versorgerinnen« in den so harmlos anmutenden, angeblich wertfreien Konsumbereichen zu Handlangerinnen und Erfüllungsgehilfinnen eines Wirtschafts- und Produktionssystems werden, das von männlichem Denken geprägt ist, Zerstörung und Ausbeutung in Kauf nimmt, damit das Wachstum stimmt. Die Parallele zur Situation von Mittäterschaft in Liebesbeziehungen ist nicht zufällig. Hier wie dort beklagen Frauen zwar Mangel und Mißstände, begnügen sich aber noch allzuoft mit den Produkten männlicher Schaffenskraft, erschöpfen ihre Kräfte im liebevollen Verschleiern und Verharmlosen dieser Produkte, so daß ihre Liebeskraft offenbar nicht mehr dazu ausreicht, ihre Macht als Konsumentin zu nutzen, um durch klare Forderungen und Verweigerung einzugreifen, aktiv zur Veränderung alltäglicher Lebensbedingungen beizutragen.

Es geht nicht darum, Kargheit als alternativen Lebensstil zu propagieren, sondern Bewußtheit für das eigenverantwortliche Mittun zu wecken, Möglichkeiten des Ausstiegs und des Umdenkens in den eigenen Lebensgewohnheiten zu entdekken.

Dabei existiert neben allem Wohlstand und den deutlichen Anzeichen von Übersättigung eine ganz andere Realität: sichtbare Armut, Obdachlosigkeit, Folgen von Arbeitslosigkeit, Armut im Alter und unübersehbare Flüchtlingsnot. Nicht nur in größeren Orten sah ich Menschen heimlich in Abfallkörben nach etwas Eß- und Brauchbarem suchen und zunehmend Bedürftige, die den Mut haben zu betteln. Ihre Gegenwart stört empfindlich, in ihrer Nähe erweist sich die gesellschaftliche Fassade als morsch, ist das Bild vom »Wohlstand für alle« nur noch mit Hilfe von Verdrängung und Schuldzuweisungen aufrechtzuerhalten.

Neben diesen Eindrücken begleitete mich beim Unterwegssein ein anderes Phänomen auf bedrängende Weise: Wo ich auch hinkam, war ich unfreiwillig aufdringlicher Beschallung ausgesetzt. In diesem Ausmaß war mir der Einsatz von Musikkonserven noch nicht aufgefallen. Überall, im Taxi, den Hotelfahrstühlen, in Restaurants, Frühstücksräumen, in Läden, selbst auf Toiletten oder am Telefon dudelte von irgendwoher »Musik« wie eine Art Droge. Sooft es mir möglich erschien, mich gegen diese akustischen Übergriffe zu wehren, stellte ich erstaunt fest, daß die Menschen selbst meist nicht mehr wahrnahmen, was sie hörten, oder aber fast gekränkt reagierten: »Den Leuten gefällt das doch. Die meisten mögen Musik.«

Bei all dieser Gewohnheit gewordenen grellen, lauten Überreizung, die kaum noch Möglichkeiten läßt, zur Ruhe und Besinnung zu kommen, drängt sich die Vermutung auf, daß der Ausschluß der Stille aus unserem Leben Symptom einer tiefgehenden Störung ist. Wozu müssen wir ständig »unterhalten«, abgelenkt, vollgedröhnt werden? Um was nicht mehr zu spüren?

Was vom überwiegend weiblichen Publikum nach den Lesungen als Diskussionsstoff aufgegriffen wird, ist sehr unterschiedlich. Manchmal liegt das Interesse der ZuhörerInnen nicht so sehr im individuellen Bereich, und ihre Fragen zielen auf die notwendige gesellschaftliche Veränderung ab, ohne die sich auf Dauer die geschlechtliche Arbeitsteilung zwischen Frauen und Männern nicht auflösen lassen wird. Der Mangel an Einrichtungen zur Kinderbetreuung wird beklagt und die Situation auf dem Arbeitsmarkt. Wie können Mütter und Väter die Pflege und Versorgung der Kinder teilen, wenn es kaum Möglichkeiten der Halbtagsbeschäftigung gibt? Niemand kennt perfekte Lösungen, aber meist wird in diesem Zusammenhang klar, daß Menschen häufig bereits vorwegnehmen, daß sich unkonventionelle Lebensvorstellungen in dieser Gesellschaft doch nicht verwirklichen lassen, und es so erst gar nicht zu offensiven Handlungen kommt. Übereinstimmung gibt es fast immer in dem Punkt, daß ohne lautstarke Forderungen und Nachfragen nichts in Bewegung geraten wird und daß Eltern in viel größerem Ausmaß als bisher ihren Einfluß geltend machen könnten, wenn es um Bildungs- und Lehrinhalte geht, die in den Köpfen der Kinder immer noch die alten Rollenklischees reproduzieren, ihren Blick auf die Wirklichkeit vorprägen und Handlungs- und Lebensweise maßgeblich prägen.

Aber überwiegend bestimmen persönliche Themen die Gespräche. Abgesehen von den eingangs erwähnten Schwierigkeiten und Widerständen, die einzelne Frauen gegenüber dem Thema »Liebe und Gehorsam« zum Ausdruck bringen, schildern Frauen mehr oder weniger offen ihre eigenen Erfahrungen mit jenen Haltungen im Liebes- und Beziehungsbereich, die bei näherer Betrachtung auf Ängsten, Furcht vor Konflikten und Gehorsamsleistungen beruhen. Manchmal sind es vom äußeren Erscheinungsbild her »richtige Damen«, die selbstbewußt über ihre Lebensgeschichte berichten und bestätigen, daß ihnen die lebenslange Bemühung darum, liebevolle Gattin und selbstlose Mutter zu sein, inzwischen längst als Betrug am eigenen Leben bewußt geworden ist. Sie drängen energisch darauf, Mädchen und Frauen rechtzeitig über die Verlogenheit der von ihnen geforderten, moralisch glänzenden Liebesleistungen aufzuklären. Eine 60jährige geschiedene Frau sagt mit deutlicher Bewegung in der Stimme: »Ich muß jetzt auf niemanden mehr Rücksicht nehmen. Heute kann ich sagen, daß mein Leben anders verlaufen wäre, wenn ich das alles früher gewußt hätte. Den Betrug, von dem hier die Rede ist, habe ich erst erkannt, als die Kinder aus dem Haus waren und mein Mann mich wegen einer jüngeren Frau verlassen hat. Mein Leben lang wurde mir eingetrichtert, daß eine gute Frau sich um andere zu kümmern hat, und nun muß ich mühsam lernen, mich um mich selbst zu kümmern.«

Und immer wieder kommt die fehlende Solidarität zwischen den Frauen zur Sprache, der Wetteifer untereinander, die »perfektere Liebende«, die »richtigere Mutter« zu sein. Von Behinderungen durch Mütter, Schwestern und Freundinnen ist die Rede, die sich durch Ausbruchsversuche einzelner aus den weiblichen Zwängen selbst bedroht fühlen und nicht nur mit Unterstützung und Anerkennung sparen, sondern sich zur moralischen Instanz aufschwingen, die Strafandrohungen und Schuldzuweisungen verteilt.

Solche Schilderungen werden von unmittelbaren Erfahrungen während der Reise belegt, denn ab und zu erlebe ich, wie die Veranstalterinnen der Lesungen selbst zur Zielscheibe von Häme, Kritik und bissigen Bemerkungen aus den eigenen Reihen werden: »Na, du kannst gut reden. Du läßt ja deine

Kinder von jemand anders betreuen.« Auch in Heilbronn, wohin mich zwei junge Studentinnen der Fachhochschule für Verkehrswesen geladen haben, erzählen die beiden frustriert von ihren Schwierigkeiten, die sie an der Schule »wegen unseres Frauenstandpunktes« haben, und zwar keineswegs nur bei den Männern, sondern vor allem bei den weiblichen Kommilitoninnen. Der Abend verläuft entsprechend. Obwohl ein großer Saal sehr voll ist und die Frauen wie meist die Mehrheit bilden, dominieren die Männer das Gespräch. Mein Versuch, auf dieses Mißverhältnis aufmerksam zu machen und die Frauen zu ermuntern, sich »ihren Raum« zu nehmen, mißglückt. Die Diskussion bleibt seltsam blaß. Nur wenige haben den Mut, ihre Meinung auszudrücken und einen Standpunkt zu beziehen, während einige Männer mir eine Debatte über Definitionen aufzwingen wollen. Dem penetrantesten dieser Redner, einem jungen Mann, der rechts und links von attraktiven Begleiterinnen gerahmt wird, die den Mund nicht aufbekommen, erteile ich nach kurzer Zeit eine Absage. Am Beispiel dieser typisch männlich distanzierten Redeweise kann ich dem Publikum konflikthafte Situationen in Partnerschaften bestens erläutern. Diese Weigerung, auf ein Anliegen emotional einzugehen, sich statt dessen hinter scheinbarer Objektivität zu verschanzen, um in Wirklichkeit ein Macht- und Distanzspiel zu inszenieren, läßt Frauen häufig an der Berechtigung ihrer Wahrnehmungen und Gefühle zweifeln. Sie werden stumm und sprachlos oder verschleißen ihre Kraft in immer wieder neuen Anläufen, sich verständlich zu machen. Als ich zu dem jungen Mann sage: »Also strengen Sie sich nicht weiter an. Der Stumpfsinn hängt mir zum Halse heraus, und ich werde nicht mehr darauf eingehen«, werfen mir die Begleiterinnen empörte Blicke zu, um anschließend den Ärmsten zu trösten.

Abende wie diese machen immer wieder auf realistische Art deutlich, welches Ausmaß an Veränderungsarbeit noch notwendig ist, und wie wenig davon die Rede sein kann, daß die Anliegen der Frauenbewegung längst eingelöst und überholt sind.

Ermutigend sind für mich Erlebnisse wie in Filderstadt, wo im Anschluß an die von der Volkshochschule initiierte Lesung gleich eine Unterschriftenliste herumgeht, um eine Initiative für einen festen Frauentreffpunkt zu gründen. Hier bleibt mir auch eine Geschäftsfrau in Erinnerung, die gleich zu Beginn lebhaft von ihren Versuchen erzählt, Anregungen des Buches in die Praxis umzusetzen: »Ich habe das in einer kritischen Situation gleich mal ausprobiert, ›den Mann durchs Netz fallen zu lassen‹. Als er sich mal wieder zurückgezogen und rumgemuffelt hat, habe ich mir gesagt, das hat jetzt gar nichts mit dir zu tun, wenn er was von mir will, soll er sich selbst kümmern. Sonst habe ich dann immer nachgebohrt, um zu erfahren, was ihn denn beschäftigt, oder mir Vorwürfe gemacht. Für mich war das eine wichtige Erfahrung, daß das funktioniert, denn schließlich ist er wieder auf mich zugekommen.«

Einige der anwesenden Männer nehmen ebenfalls zu dem konfliktreichen Beziehungsthema »Nähe und Distanzwünsche« Stellung. Einer sagt: »Ich verstehe oft selbst nicht, warum ich diese Distanzmanöver in unserer Beziehung mache. Das ist wie ein Muß, ein Zwang. Heute habe ich, glaube ich, ein bißchen verstanden, warum ich das mache und woran das liegt.«

Nicht nur in den Diskussionen, auch beim Signieren des Buches erfahre ich von der Umsetzung des Gelesenen: »Mein Mann war sauer, solange das Buch auf dem Nachttisch lag.« Oder: »Ihr Buch war der letzte Anstoß dafür, daß ich mich getrennt habe. Ich wußte auf einmal, daß ich mir die ganzen letzten Jahre etwas vorgemacht habe.« Eine junge Schauspielerin sagt: »Ich gehe sonst gar nicht zu so was. Bisher habe ich immer gedacht, daß ich sehr ungehorsam bin, so wie ich mein

Leben eingerichtet habe. Aber in welchen Feinheiten und scheinbaren Kleinigkeiten sich die Anpassung und der Gehorsam dem Mann gegenüber ausdrückt, habe ich gar nicht wahrgenommen. In Zukunft werde ich viel genauer hinschauen, was ich da mache.«

Während ich in den Zügen zum Teil große Entfernungen zurücklege, nutze ich die Zeit zum Ausruhen, Erlebtes nachklingen zu lassen, und nehme die zahllosen Möglichkeiten wahr, unbemerkt zu beobachten und fremden Gesprächen zu lauschen. Ich achte auf Gesprächsinhalte zwischen Frauen und Männern, Erwachsenen und Kindern. Eigentlich ist es selbstverständlich, daß in der Öffentlichkeit nichts anderes stattfindet als im Privaten. Frauen untereinander tauschen sich intensiv über Beziehungsereignisse und Gefühlsfragen aus, erörtern Liebesprobleme, erkundigen sich nach dem Befinden anderer Personen und drücken dabei Gefühle aus. Die meisten Männer, die ich sehe, reisen schweigend, hinter einer Zeitung versteckt, der Kontakt mit anderen Männern im Gespräch bleibt auf Berufliches beschränkt, allenfalls noch Tagespolitik oder Sportereignisse.

Einmal fahre ich eine ziemlich lange Strecke von Norden nach Süden und teile das Abteil mit einem Vater und seinen zwei Söhnen, die für eine Bergtour gerüstet scheinen. Es wird sehr viel geschwiegen und ab und zu in Wanderkarten geschaut. Zahlen werden genannt. Der Mann macht durchaus einen freundlichen Eindruck, aber über Stunden richtet er kein persönliches Wort an die Jungen, bis auf Fragen nach Schulleistungen und Ergebnissen von letzten Klassenarbeiten. Diese Konstellation erlebe ich öfter. Andererseits fällt mir besonders bei meinem Unterwegssein auf, daß die Anzahl von Männern, die mit Kindern fürsorglich umgehen, offenbar im Wachsen begriffen ist. Diese neue Spezies taucht tatsächlich immer häufiger auf. Sie wirken nicht mehr holzig und fremd im Umgang, sondern füttern, trösten, spielen und albern erfreulich überzeugend. Die Kinder fühlen sich bei ihnen wohl und geborgen.

Überhaupt die Kinder: Ihre Veränderung fällt mir besonders auf, weil ich mein eigenes Kindsein noch so deutlich in mir spüre und jederzeit wachrufen kann. Viele wirken freier und selbstbewußter als wir damals, aber gleichzeitig auch angestrengter und ernst.

Einmal reise ich von Hannover aus im IC nach München. Im Großraumwagen habe ich eine Platzreservierung neben einem etwa dreizehnjährigen Jungen. Er reist ganz offensichtlich allein, hört Walkman und liest englische Comics. Ein paar Stunden vor München fragt er mich, ob ich ihn wecken könnte, wenn wir dort ankommen. »Selbstverständlich«, erwidere ich, »wie lange brauchst du denn ungefähr, um wach zu werden?« »Nicht sehr lange«, lautet die Antwort. Kurz vor München wird er von selbst wach. Ich frage ihn, ob er abgeholt wird. Sehr selbstbewußt und höflich gibt er mir Auskunft, daß er noch weiterreist nach Rom. Er macht die lange Reise von Kiel nach Rom allein. Für mich hat er die Ausstrahlung eines Kindes, dessen Würde nicht gebrochen wurde, und brennend gerne würde ich noch mehr von ihm erfahren. Aber ich schweige, um nicht aufdringlich zu sein.

In München verabschieden wir uns. Er verschwindet mit schwerem Rucksack und Koffer in der Menge. Die Begegnung mit diesem Jungen beschäftigt mich noch lange und weckt in mir den Wunsch, die Stellungnahmen und Wahrnehmungen von Kindern in bezug auf das Liebesthema kennenzulernen und mit einzubeziehen. Immer wieder wird in Diskussionen die Auffassung vertreten, daß die Veränderung hinsichtlich der Gleichstellung der Geschlechter doch schon weit vorangeschritten sei. Während besonders Frauen und Männer, die im Kindertages- und Schulbereich arbeiten, mitunter entmutigt davon berichten, wie wenig sich bisher im Spiel- und Sozialverhalten geändert habe, und bereits Vier- und Fünfjährige den traditionellen Rollenvorstellungen entsprechend »richtiges Mädchen« oder »richtiger Junge« sind. Ich frage mich, wie die Kinder Frauen und Männer wahrnehmen, was ihnen zu Hause als Mütterlichkeit und Väterlichkeit vorgelebt wird und welche Schlüsse sie für ihr eigenes Geschlecht daraus ziehen.

Noch während ich unterwegs bin, entwerfe ich einen Fragebogen mit einem kleinen Anschreiben, den ich nach meiner Rückkehr an alle Eltern in meiner Nähe mit der Bitte verteile, sie an ihre Kinder weiterzuleiten. Meine Erfahrungen mit derartigen Aktionen sind nicht besonders gut, so daß ich völlig überrascht bin, nach kurzer Zeit 90 ausgefüllte Bögen zurückzubekommen.

33 Jungen und 57 Mädchen im Alter zwischen neun und vierzehn, deren Durchschnittsalter bei zwölf liegt, haben auf meine Fragen geantwortet:

1. Was ist ein Junge/Was ist ein Mädchen?
2. Sind beide gleich wert und wichtig?
3. Welche Schimpfworte haben Jungen für Mädchen und umgekehrt?
4. Wenn du traurig oder ängstlich bist, wer tröstet dich und hilft dir dann?
5. Hilfst du zu Hause bei der Hausarbeit mit, wenn ja, wie?

Obwohl eine Befragung dieser Art kein repräsentatives Bild wie bei einer statistischen Untersuchung ergeben kann, enthalten die unkontrollierten Mitteilungen der Kinder (die Eltern bat ich, keine Hilfestellung zu geben oder gar Zensur auszuüben) einige interessante Selbstaussagen über ihre Bewertung der Geschlechterrollen. Sie bieten Anhaltspunkte für die Übernahme gängiger Vorurteile in der Wahrnehmung und geben in den zwei letzten Punkten ansatzweise Auskunft über die Situation im Elternhaus.

Möglicherweise erscheint einigen LeserInnen die Einbeziehung der Stellungnahmen von Kindern im Zusammenhang mit dem Thema des Buches unpassend, weil ihr Interesse der Auseinandersetzung mit »partnerschaftlicher Liebe zwischen Frauen und Männern« gilt. Mir liegt daran, diese enge und verkürzte Sichtweise zu korrigieren, da aus Jungen und Mädchen bekanntlich wieder Frauen und Männer werden, die ohne die Vermittlung grundsätzlich neuer Erfahrungen im Umgang mit Erwachsenen die alten Konflikte reproduzieren. Da im weiteren Verlauf des Buches der Blick auf die Kinder keine maßgebliche Rolle mehr spielt, sollten ihre Aussagen bei der Lektüre dennoch im Ohr bleiben und besonders Mütter und hoffentlich auch Väter dazu anregen, ihr weibliches und männliches Vorbild kritisch zu hinterfragen.

Bereits die Beantwortung der ersten Frage läßt Rückschlüsse darüber zu, daß die Aneignung des eigenen Geschlechts immer noch deutlich unterschiedlich verläuft. Während die Mehrheit der Jungen diese mit konkreten Hinweisen auf ihr Geschlechtsteil beantwortet: »Ist jemand, der ein Glied hat«, »einen Puller«, »einen Schniepel und Hoden« – schreiben die Mädchen: »... sind weibliche Menschen«, »sind Personen« und führen weiter aus: »sind meistens lieb«, »hübsch und zierlich«, »werden Mamas« und nur vier antworten mit: »Hat eine Scheide.« Das Wort »Kitzler« oder »Klitoris« taucht überhaupt nicht auf. Mit anderen Worten: Die meisten Jungen definieren sich über ihr Geschlecht, für das sie auch eine Sprache zur Verfügung haben, während den Mädchen Wissen und/oder Sprache fehlt und sie zur Charakterisierung auf »weibliche Eigenschaften« zurückgreifen. Nur vier Jungen ergänzen ihre Aussagen in ähnlicher Weise mit »Ein Junge ist intelligenter«, »ist mutiger«, »ist kräftiger gebaut«, »hat eine gröbere Haut«.

Ein 13jähriger schreibt: »Jungen reden immer über Sachen, die mich nicht interessieren, zum Beispiel Fußball.« Auf die Frage nach den Mädchen antwortet er: »Sind Geschöpfe, mit denen man oft gut reden kann«, während die Mehrzahl der

Jungen etwa schreibt: »Mädchen haben 'ne Muschi« oder »'ne Scheide.« Weitere Antworten sind »zickiges Kind«, »auch ein Lebewesen«, »sind schöner und empfindlicher«, »sind zärtlicher«. Ein Elfjähriger: »Mädchen sind das Gegenteil von Jungen, sie sind Sklaven.«

Auf die Frage nach dem anderen Geschlecht antwortet die Mehrzahl der Mädchen wieder ganz allgemein mit »männliches Geschlecht«, »männliches Wesen«, Vorstadium zum Mann«. Das Geschlechtsorgan wird nicht erwähnt. Einige führen noch weiter aus, daß Jungen »meistens Blödmänner sind«, »müssen immer angeben«. Eine Neunjährige schreibt: »Alle sagen, daß Jungen nicht soviel Schmerz spüren, aber das stimmt nicht.« Eine andere meint: »Sind etwas Fremdes und Sonderbares.« Vier Mädchen wissen gar keine Antwort.

Bei der Einschätzung, ob beide Geschlechter gleich wert und wichtig sind, entscheiden sich immerhin 25 Jungen und 42 Mädchen für ein klares »Ja« oder »Klar«. Nur drei Jungen und fünf Mädchen antworten mit »Nein«. Während kein Mädchen das eigene Geschlecht wichtiger als das andere findet, sind fünf Jungen aber davon überzeugt und meinen: »Weil wir intelligenter sind«, »weil wir schwereres Zeug tragen können«, »weil es ohne Jungen keine Mädchen gibt«, »weil man mit Jungen besser reden kann« und »weil es eben so ist.« Bei den Mädchen schreiben zehn zu dieser Frage: »Weiß ich nicht genau.«

Bei der Auswahl der Schimpfwörter stehen bei den Jungen an oberster Stelle sexistische Wörter, die aus dem Vokabular erwachsener Männer stammen könnten, während die Mädchen bei ihrer Aufzählung zunächst allgemeinere Schimpfwörter benutzen und erst später ebenfalls sexistische Beschimpfungen nennen, die aber weniger oft auftauchen.

Von den Jungen werden am häufigsten genannt: Nutte, Votze, Hure, Schlampe, dann folgen zum Beispiel: Pickelface, Alte, Bumskuh, Scheißhausfliege, abgebumstes Wildschwein.

Bei den Mädchen scheint mir die sprachliche Vielfalt größer. Ihre Beschimpfungen beginnen »harmloser«. Bei ihnen tauchen an erster Stelle die »Blödmänner« auf, dann folgen Hirni, Knacker, Alter Detlef, Mistvieh, Hornochse, Penner, Wichser, Ficker, Pimmelzwerg, Schwanzkoser, Schwabbelbacke, Ödling, Schleimi, Hurensohn, homosexuelles Arschloch, verfickter Sack. Möglicherweise ist der größere Sprachschatz der Mädchen ein Hinweis auf ihre ansonsten beschränkteren Fähigkeiten, sich zur Wehr setzen zu können.

Die Frage, bei wem die Kinder Trost finden, ist besonders im Hinblick auf die weitverbreitete Ansicht, »daß sich doch schon so viel verändert hat«, aufschlußreich und interessant. Zeigen doch die Antworten, daß die in diesem Zusammenhang notwendige Liebes- und Beziehungsarbeit nach wie vor in erster Linie den Frauen zufällt. Bei den Mädchen sind es 30 und bei den Jungen 15, die diesen Sachverhalt bestätigen. Der Vater wird als Trostspender bei den Jungen vier- und den Mädchen zehnmal genannt. Beide Geschlechter finden häufiger Trost bei ihren Tieren als beim Vater. Die Geschwister, Freunde und Großeltern werden als weitere Trostquelle genannt. Ein Junge nennt den Fernseher, vier weitere schreiben, daß es niemanden gibt, zu dem sie gehen könnten. Bei den Mädchen sind es acht, die keinen Trost oder Unterstützung finden.

Bei der letzten Frage, die die Mithilfe der Kinder im Elternhaus betrifft, zeigt sich ganz klar, daß Mädchen nach wie vor sehr viel mehr zu diesen Tätigkeiten herangezogen werden, während die Jungen offensichtlich eine Sonderstellung haben. Fünf Jungen und nur ein Mädchen schreiben, daß sie überhaupt keine Arbeiten verrichten. Bei den meisten Jungen beschränkt sich ihre Mitarbeit im wesentlichen auf das Heruntertragen des Mülleimers. Wenige saugen noch Staub oder trocknen ab. Nur ein einziger Junge berichtet, daß er regelmäßig den Tisch deckt und auch wieder abräumt. Bei den

Mädchen ist das Spektrum der Tätigkeiten und Mithilfe ungleich größer. Sie gehen einkaufen, hängen Wäsche auf, saugen Staub, wischen Treppen und Zimmer, bereiten Essen zu und hüten Geschwister, eine Tätigkeit, die bei den Jungen überhaupt nicht genannt wird.

Der Eindruck, daß grundlegende Veränderungen in den Geschlechterrollen vor allem in privaten Zusammenhängen und im familiären Aufgabenbereich noch ausstehen, vertieft sich, als ich im Frühjahr 1990 – dank der freundlichen Unterstützung von zwei Lehrerinnen, Dagmar Corelleis Brilleaut in West- und Ursula Streuber in Ostberlin – Gelegenheit bekomme, jeweils ein Gespräch in ihren Klassen zu führen. Bei meinem Besuch in der 4. Klasse in Westberlin stelle ich mich zunächst den Kindern mit meinem Anliegen vor, erzähle von der Arbeit, die ich mache, und stelle ihnen die bereits bekannten Fragen.

Auffallend ist für mich, wie bereitwillig und interessiert sich die Kinder auf die Situation einlassen, wobei rasch deutlich wird, daß die Jungen von Anfang an unbefangener und häufiger das Wort ergreifen als die Mädchen, obwohl ich diese immer wieder zur Beteiligung ermuntere und mich oft direkt an sie wende. Später werden mir beide Lehrerinnen bestätigen, daß die Jungen das Unterrichtsgeschehen dominieren, wenn von erwachsener Seite nicht darauf geachtet wird.

In bezug auf die Frage nach der Gewährung von Trost in Not-, Konflikt- und Angstsituationen reagieren zahlreiche Kinder mit einer Antwort, die vermuten läßt, daß beide Eltern diesen Trost geben. Als ich genauer nachfrage, wird deutlich, daß den Kindern sehr wohl ein Unterschied auffällt, und zwar schildern sie es ähnlich wie hier Anna: »Wenn ich mir was wehgetan habe, sage ich das meinen Eltern, und die trösten mich dann auch. Mutti manchmal eher als Papa. Die nimmt mich dann so in den Arm und spricht dabei. Die tröstet mich mehr mit Worten. Papa nimmt mich immer in den Arm und kuschelt dann. Manchmal erzählt er auch was Lustiges, und dann lache und weine ich zugleich.«

Das Bild wird noch differenzierter, als ich die Frage stelle: »Nehmen wir einmal an, ihr könntet euch wünschen, die Mutter oder den Vater zu verändern, was würdet ihr euch anders wünschen?« Diese Frage löst eine lebhafte Reaktion aus, und zu meiner Verblüffung lautet sie bei allen Mädchen und Jungen in unterschiedlichen Worten gleich: Die Kinder wollen ihre Väter anders, an den Müttern gibt es scheinbar nichts auszusetzen. Stellvertretend für alle Kinder zitiere ich hier einige der Aussagen:

Frank: »Also wenn ich die verändern könnte, würde ich beide gleichmachen. Ich meine so, daß ich zu beiden gehen kann und beiden das gleiche sagen kann. Mein Vater ist ja fast immer bei der Arbeit, und wenn er wiederkommt, ist er müde, und es geht nichts mehr, oder ich bin draußen beim Fußball.«

Sandra: »Ja, wenn ich meine Eltern verändern könnte, dann würde ich sie auch gleichmachen. Also meine Mutter, die ist mehr für mich da, hat mehr Verständnis, und der Papa, der ist irgendwie ... der kommt nach Hause, und dann kümmert er sich manchmal gar nicht um mich.«

Sarah: »Ich würde ändern, daß mein Vater mehr Zeit hat, weil der fast immer nur auf der Arbeit ist.«

Robert: »Mein Vater müßte so sein wie meine Mutter.«

Lutz: »Bei mir ist das so, wenn ich meinen Vater was frage, ist er meist mit irgendwas beschäftigt und antwortet nicht. Dann dauert es ungefähr 'ne Minute, und dann sagt er endlich was. Einmal war ich schon im Bett und habe ihn was gefragt. Da hat er wieder nicht geantwortet. Da habe ich gesagt: ›Papa, warum antwortest du denn nicht?‹ Das hab ich ihn fünfmal gefragt. Dann hat er gesagt: ›Was ist denn?‹ Ja, und da habe ich gesagt: ›Aber ich habe dich doch eben was gefragt.‹ Er merkt das gar nicht. Und meine Mutter, die sagt mir immer gleich was. Also das würde ich ändern.«

Oliver: »Ich würde gerne haben, daß er sich mal bei bestimmten Sachen um mich kümmert. Aber oft kommt er nach Haus und kümmert sich eben gar nicht. Dann setzt er sich in den Sessel, schaltet den Fernseher an und guckt Fernsehen. Dann sitze ich immer da und habe einen roten Kopf, weil ich ihm das sagen will, aber es geht nicht, weil er gar nicht zuhört.«

Ganz allgemein wünschen sich die Kinder alle mehr Möglichkeiten, mit beiden Eltern über ihre Erlebnisse und Erfahrungen sprechen zu können. Manche beklagen, daß selbst beim gemeinsamen Essen dazu wenig Gelegenheit ist, weil sich dann die Erwachsenen unterhalten.

Kurze Zeit später bin ich in Berlin-Treptow in einer 6. Klasse. Nachdem ich mich auch dort den Kindern bekannt gemacht habe, wähle ich als Einstieg für das Gespräch die jüngst erfolgte »Wiedervereinigung« und frage nach, wie die Kinder sich erklären, daß bei dem wichtigen Geschehen überwiegend Männer beteiligt zu sein scheinen, obwohl die zu treffenden Entscheidungen doch alle Menschen angehen. Warum fehlen die Frauen? Einige Jungen meinen spontan, daß die Männer sich in der Politik besser durchsetzen können, worauf eine Mitschülerin heftig protestiert: »Ich finde, das ist einfach eine Einbildung von den Jungen, also vom männlichen Geschlecht. Die fühlen sich nur protziger, weil sie ein Mann sind. Dadurch fühlen sie sich total groß, ja? Aber die Frauen, die sind manchmal klüger. Auch hier in der Schule. Auch wenn ihr jetzt lacht, aber manchmal haben wir doch mehr drauf als ihr. Mann, das ist doch wahr. Das muß doch auch mal respektiert werden« (Jolice).

Conny, ein weiteres Mädchen: »Vielleicht ist das so in der Politik, weil sich die Frauen mehr um die Kinder kümmern müssen, um den Haushalt und all so was. Und die Männer machen ja nichts, also selten mal. Na, meinetwegen waschen sie vielleicht mal ab, aber eigentlich machen das mehr die Frauen.«

Auffallend im Gespräch mit den Mädchen und Jungen dieser Klasse ist die Bereitschaft, Verständnis für die Probleme der Eltern aufzubringen. Sie sind erstaunlich gut über deren Befinden informiert, wissen um Schwierigkeiten am Arbeitsplatz, sind um sie besorgt und stellen die Vernachlässigung eigener Wünsche in diesen Zusammenhang.

In ihrer Wahrnehmung des Verhaltens von Müttern und Vätern im Elternhaus gibt es allerdings weitgehende Übereinstimmung zu den Aussagen der Kinder aus der 4. Klasse. Auch sie betonen, daß sie bei ihren Müttern in anderer Weise Verständnis finden als bei den Vätern. Sebastian sagt: »Mein Vater, der hat eigentlich nicht so viel Gefühl. Die Mutter, die kümmert sich mehr um mich. Die hat auch mehr Ahnung im Haushalt und so, die legt mir Wäsche zusammen, die räumt mein Zimmer auf, wenn ich mal keine Zeit habe, und die ist eigentlich immer da, wenn ich sie brauche. Das ist bei meinem Vater nie so, weil er weiß, daß meine Mutter dafür zuständig ist.« Seine Mitschülerin Josi meint dazu: »Bei mir ist das auch so, daß die Mutti anders zu mir ist als mein Vati. Der sagt nur: ›Ach, ja schön‹ und macht weiter nichts und liegt immer so auf der Couch.«

Eine interessante Beobachtung schildert Nicole: »Bei mir ist es auch ganz komisch. Wenn meine Eltern mit mir zusammen sind und mit mir über irgendwas reden, tut mein Vater so: ›Na, ich bin jetzt hier der Mann und darf nicht zeigen, daß ich eigentlich genauso Verständnis für die Tochter habe wie die Mutter.‹ Wenn wir alleine sind, ist er anders, aber sobald die Mutter da ist, läßt er sie alles regeln und geht raus. Da ist er so eigensinnig, als ob er jemanden überzeugen muß: ›Ich bin hier der Mann‹, also ganz komisch finde ich das.«

Ein Junge, der offenbar ähnlich schwer zu begreifende väterliche Reaktionen kennt, tröstet sich selbst: »Mein Vater ist auch so, der kann das nicht zeigen, aber man weiß, daß er einen trotzdem lieb hat. Meine Mutter kann das richtig zeigen. Die ist ganz liebevoll.«

Jolice, eines der wenigen Mädchen, die sich die ganze Zeit über lebhaft beteiligen: »Mir ist noch was aufgefallen. Wenn ich ins Bett gehe, dann sage ich nur meiner Mutti ›Gute Nacht‹. Dann stehe ich an der Tür und gucke auf Vati, aber der kriegt das gar nicht mit, daß ich ihm nichts gesagt habe. So was finde ich auch merkwürdig.«

Mich beeindruckt die Wachheit und Klarheit, mit der die Kinder das Erwachsenenverhalten beobachten, scharfsichtig kommentieren und zu verstehen versuchen. Gleichzeitig empfinde ich Empörung bei dem Gedanken, wie sehr sie offensichtlich mit lebenswichtigen Fragen und Erlebnisinhalten von den Erwachsenen in Stich gelassen werden, die kostbare Zeit und Möglichkeiten vertun, anstatt ihnen dabei zu helfen, ein anderes, ein neues Geschlechterverständnis zu erlernen. Denn bei aller gebotenen Vorsicht, irgendwelche Schlüsse zu ziehen, zeigen doch die Ergebnisse der Fragebögen als auch die Aussagen der Kinder in beiden Gesprächen eines sehr deutlich: die Abwesenheit von männlichen, liebes- und beziehungsfähigen Personen in ihrem frühen, prägenden Erfahrungsbereich. Sie bestätigen die Einseitigkeit der geschlechtlichen Arbeitsteilung und die Tatsache, daß die »Liebesarbeit« nach wie vor Aufgabe der Frauen ist – ein Zustand, der von den Kindern als veränderungsbedürftig wahrgenommen wird, ohne daß sie auf eine »Lobby« zählen können, die ihre Interessen vertreten würde. Die Kinder werden nicht gefragt. Es bleibt die Gewißheit, daß nur ein anderes Liebesverständnis, ein Umgang mit Liebe, der nicht blind macht, hier Entscheidendes verändern kann.

Wenn ich heute im Rückblick prüfe, ob der Aufwand und die Mühen der Lesereisen sinnvoll und lohnend war, sind es neben den unmittelbaren Anregungen von LeserInnen, ihrer Kritik und ernsthaften Fragen vor allem die Eindrücke und

Erfahrungen aus den Begegnungen mit Kindern, die mich schließlich motivierten, das Thema »Liebe« noch einmal aufzugreifen. Im übrigen brachte mich das Unterwegssein nicht nur an fremde Orte, in den Kontakt mit anderen Menschen, sondern auch weiter zu mir selbst, trug mit dazu bei, daß das anfänglich als bedrohlich empfundene »Neue« einen angemessenen Platz in meinem Leben fand. In der Beziehung zu Wilfried lernten wir beide in einem Prozeß, daß die zeitweisen Trennungen nicht notwendig zu »Beziehungslöchern« führen müssen, und bekamen allmählich Übung im bewußten Umgang mit Abschied und Ankunft, mit Loslassen und Annäherung. Meist fühlte ich mich auch während der Reisen von ihm durch Telefonate unterstützt, in denen er mir Mut machte, wenn Veranstaltungen schwierig oder enttäuschend waren, und mich mit seinem Verständnis und Humor zum Lachen brachte.

Während ich mit der Arbeit an diesem Buch begann, überstürzten sich gleichzeitig im politischen und gesellschaftlichen Gefüge vieler Länder die Ereignisse in einem bis dahin unvorstellbaren und noch immer schwer zu begreifenden Ausmaß. Hier bei uns waren es zunächst der Fall der Mauer und die Öffnung der Grenzen zur früheren DDR, die anfangs große Freude, aber dann rasch Ernüchterung und Besorgnis auslösten, als wieder einmal auf drastische Weise deutlich wurde, daß Männer die Geschichte machen und die Frauen nach kurzer Zeit auf den hinteren Rängen verschwinden.

In ihrem Artikel »Im Schatten der Vereinigung« schrieb Gisela Erler: »In der welthistorischen Großpolitik wird Frauenpolitik zur Nebensache.« Wir Frauen müssen damit rechnen, daß der »neue gesamtdeutsche Mann« der altbekannter Prägung ist. Aber auch die Verständigung zwischen Frauen von hüben und drüben ist nach dem Gewaltakt der »Wiedervereinigung« nicht gerade einfach. Die jeweiligen Erfahrungen und Lernprozesse sind teilweise so unterschiedlich, daß auch die gemeinsame Muttersprache die Fremdheit nicht so leicht überwindet. Austausch wird nur möglich, wenn es gelingt, die gegenseitigen Vorurteile kritisch unter die Lupe zu nehmen, auf Empfindlichkeiten und Besserwisserei zu verzichten, um statt dessen einander zuzuhören und wirklich kennenzulernen.

Als ich Anfang des Jahres 1991 mit dem Schreiben begann, wurde aus der Golfkrise ein blutiger, mörderischer Krieg, in dem die männliche Lust und Freude an perfekt funktionierendem Kriegs- und Mordwerkzeug wahre Orgien feierte, die mittels TV-Rundumberichterstattung in die Wohnstuben transportiert wurde. Unglaublich pervers und schamlos, denn von Toten und Opfern war lange Zeit keine Rede, statt dessen wurden die Gegner dieses Krieges als Feiglinge diffamiert. Sicher nicht zufällig schlitzte ich mir zu dieser Zeit die rechte Hand so tief auf, daß an Schreiben nicht zu denken war. Ohnehin fühlte ich mich buchstäblich sprachlos. Angesichts dieses unerträglichen Wahnsinns schien es mir sinnlos und absurd, ausgerechnet ein Buch über »Liebe« zu schreiben. Inmitten all dieser niederschmetternden Scheußlichkeiten gab es dennoch Erstaunliches, einen Hoffnungsschimmer, denn nie zuvor hatte ich erlebt, daß eine nicht zu übersehende und zu überhörende Anzahl von Männern, Soldaten, ehemaligen Militärs öffentlich bekannten, Angst zu haben, den Wahnsinn dieses Krieges anprangerten und ihre Weigerung kundtaten, hierbei mitzumachen.

Wie kam deren »Ungehorsam« zustande? Ich fragte mich, ob nicht auch Frauen an der Seite dieser Männer zu deren untypischer, unmännlicher Verweigerung beigetragen hatten. Vielleicht eben durch jene ungehorsame Liebe, die sich nicht nur in romantischen Verklärungen, in blinder Bejahung und unkritischer Akzeptanz »egal, was der Mann tut« erschöpft, die ihre Kraft nicht nur im Nahbereich der persönlichen Beziehungen einsetzt, sondern auch auf für viele Frauen noch scheinbar Fremdes und Entferntes richtet: der Mitverantwortung am Zustand dieser Welt.

So ist dieses Buch auch keinesfalls eine Anleitung zum besseren Lieben geworden, denn anders als die eingangs zitierte Frau, die meinte, daß es eine Katastrophe sei, wenn die Frauen aufhören würden zu lieben, geht es darum, endlich zu begreifen, daß blinde Liebe die eigentliche Katastrophe ist.

Dieses Buch ist der Versuch, Möglichkeiten für eine andere Denkweise zu eröffnen, aus der neue Handlungen und Haltungen folgen könnten. An manchen Stellen mag der Eindruck entstehen, daß ich bereits Beschriebenes wiederhole. Da ich nicht davon ausgehe, daß alle, die dieses Buch zur Hand nehmen, auch »Ihm zuliebe? – Abschied vom weiblichen Gehorsam« kennen, mußte ich aus Verständnisgründen einige Gedanken noch einmal kurz aufgreifen. Meine persönliche Erfahrung ist die, daß in einem so schwierigen Lernprozeß wie diesem Wiederholungen nicht schaden, sondern zugleich hilfreich und unvermeidbar sind.

Zweiter Teil

Unterwegssein: Befreiung aus weiblichen Liebes- und Gehorsamsmustern

1.

Annäherungen

»Wenn das wirklich stimmt, was Sie uns hier erzählen«, sagte eine völlig aufgebrachte junge Frau während einer Diskussion, »dann wäre doch die Erziehung von Mädchen nichts weiter als eine systematische Vorbereitung darauf, sich sehenden Auges betrügen und ausbeuten zu lassen und das Ganze dann auch noch für Liebe halten zu müssen.« Ähnliche Reaktionen tauchten nach meinen Lesungen immer wieder in einer Mischung aus Zustimmung, verzweifelter Ungläubigkeit und wütender Empörung auf. Die Abwehr der Frauen und ihr Widerstand gegen die Einsicht, daß mit ihren Liebesbemühungen etwas fundamental nicht stimmt, war eine typische Schmerzreaktion, die mir aus eigenem Erleben noch sehr vertraut war.

Von Ingeborg Bachmann stammt der Satz »Die Wahrheit ist dem Menschen zumutbar«, dessen Wucht besonders in diesem Zusammenhang trifft: Die Realität zeigt, daß die Wahrheit nur in kleinen Dosen zu verkraften ist, wenn es um die Wurzeln der Existenz geht, wenn die Erkenntnis, die sie enthüllt, nicht nur erschlagen, sondern Veränderung in Gang setzen soll.

Diese Art Wahrheitsfindung ist nicht in einem einzigen Kraftakt zu leisten, es bedarf vielmehr eines Prozesses, in dem vertraute Bilder, Illusionen und Wunschträume auf ihren

Täuschungscharakter hin untersucht werden müssen. Es gilt, sich von dem verklärten Blick auf die eigene Liebesfähigkeit und das »bessere Menschsein« zu verabschieden, indem hinter dem schönen Schein von moralischem Glanz die andere Wirklichkeit aufgedeckt wird. Dabei werden scheinbare Liebeshandlungen enttarnt, werden Konfliktscheu, Verlustängste, Identitätszweifel, Furcht vor dem Verlassenwerden, aber auch Bequemlichkeit als eigentliche »Liebesmotive« deutlich: eine ganz alltägliche Verquickung in reflexhaften Gehorsamshandlungen, so zu tun, als ob die skandalöse Ungleichheit der Geschlechter nur andere beträfe, es im eigenen Frauenleben keine Gründe für Beunruhigung, Empörung, Wut und Haß gäbe. In einem solchen Prozeß wird nicht nur von zweifelhafter Liebesfähigkeit, sondern auch von Haßfähigkeit die Rede sein müssen, jenem Tabuthema, an dem die meisten Frauen sich ihre Gefühle nicht schmutzig machen wollen, beanspruchen sie doch gerne, das harmlosere, »friedfertigere« Geschlecht zu sein. In einem Essay »Haßverbot« legt Christina Thürmer Rohr dar, wie sehr diese Selbsteinschätzung auf Verdrängungsleistungen beruht und die Tatsache leugnet, daß die Männergesellschaft ihnen keine Verneinung des Bestehenden erlaubt. Was auch immer in persönlichen und gesellschaftlichen Zusammenhängen an Unhaltbarem, an Mißständen und Destruktion produziert wird, von Frauen wird Bejahung erwartet, die diese gewöhnlich in ihrer alltäglichen Liebesarbeit auch erbringen, zumal das stunden-, tage-, wochen-, jahrefüllende Programm, die Liebesfähigkeit zu vervollkommnen, den Gedanken an Haßfähigkeit kaum gestattet.

Haß ist für Frauen ein Tabuthema, sie schrecken davor zurück, weil er die Abwesenheit von Nähe und Bejahung beinhaltet, die ihnen für die Sicherheit ihrer weiblichen Identität so fundamental wichtig sind. Dabei ist mit Haßfähigkeit hier kein blindes Erregungsgefühl gemeint, welches den Blick auf die Dinge ebenso vernebelt wie verklärte Liebesblicke.

Gemeint ist eine »Kategorie des Urteils«: Haß als Ausdruck einer vernünftigen und gleichzeitig leidenschaftlichen Ablehnung dessen, was *so* nicht existieren sollte, eine Verneinung dessen, was als schlecht erkannt worden ist. Thürmer Rohr schreibt: »Diese Verneinung macht uns nicht zu ›gehässigen Subjekten‹, macht nicht die Person als Ganze ›negativ‹. Denn das Motiv der Verneinung bleibt der leidenschaftliche Nachvollzug des Schadens: Ich will, daß etwas *nicht* sei und daß etwas anderes *sei*; ich will, daß etwas nicht sei, damit anderes sein kann und nicht geschädigt werde.«

Mit dieser inhaltlichen Bestimmung wird Haßfähigkeit zum notwendigen Bestandteil moralischen Wertens und Handelns und zu einem Aspekt von Liebesfähigkeit, die nicht in Blindheit und Gehorsam steckenbleibt. Bisher beschränkt sich das Haßpotential von Frauen meist auf das eigene Geschlecht, nicht selten auf die eigene Person. Dieser Haß ist Frauen erlaubt, da er die Vorhaben der Männergesellschaft nicht gefährdet. Haß spielt im Kampf von Frauen um einen Mann eine Rolle, dann nährt und stärkt er das ohnehin vorhandene Überlegenheitsgefühl. Die Zwangsjacke richtigen Weiblichseins läßt wenig Bewegungsmöglichkeiten zu, genehmes, zugebilligtes Terrain zu verlassen und zwischen liebens- und hassenswert zu unterscheiden und zu wählen.

Die Liebe neu zu denken, anders als erlaubt, setzt den Mut voraus, alles Gelernte in Frage zu stellen, im Kopf und im Herzen aufzuräumen, den Inhalt bei einem Licht zu betrachten, das erhellt und nicht weichzeichnet, Taugliches von Untauglichem zu trennen, Enttäuschung, Verzicht, um Platz für Neues zu schaffen, für all das, was diesen Gehorsams- und Vertuschungslieben fehlt.

Im Sommer 1990 war ich in Salzburg zu einem internationalen pädagogischen Kongreß eingeladen, dessen Thema lautete »Sinn des Lebens – Wofür lohnt es sich zu leben?« Meine Aufgabe war es, einen Vortrag über »Weibliche Werte und Konflikte« zu halten. In der Einführung wies ich darauf hin, daß das Motto der Tagung den Gedanken nahelegt, daß diese Frage unterschiedslos jedes menschliche Wesen betrifft, so daß die jeweilige Suche und Antwort bloßer Ausdruck individueller Wertefindung ist. Daß diese allgemeinmenschliche und geschlechtsneutrale Position die Lebenswirklichkeit von Frauen und Männern nicht erfaßt, wird besonders am Wert »Liebe« deutlich. Möglicherweise würde bei einer Befragung zum »Sinn des Lebens« der Begriff Liebe von beiden Geschlechtern als wesentlich genannt werden. Aber wir wissen, daß die konkrete Verwirklichung dieses Wertes in allen Beziehungszusammenhängen an Frauen delegiert wird: Von ihnen wird tätige Liebe erwartet, während Männer auf Grund ihrer Erziehung gelernt haben, Liebe in Anspruch nehmen zu können, ohne sie tätig erwidern zu müssen. So bleibt diese von einer arbeitsteiligen Moral produzierte Liebe abstrakt: für die Frauen, weil sie trotz ihrer Liebesarbeit nicht damit rechnen können, auf eine lebendige, umfassende Weise wiedergeliebt zu werden, und weil sie gleichwohl in romantischen Wunschvorstellungen verharren; für die Männer, weil sie sich in der Einseitigkeit ihres Nehmens »richtig« fühlen können und nicht gefordert sind, Akte des Gebens einzuüben, die über Materielles oder Lippenbekenntnisse hinausgehen, nämlich persönlich zu werden, Person zu verschenken.

Sich mit dem Thema »Weibliche Werte – Liebe – Moral der Frauen« zu befassen, beinhaltet die Aufgabe, zwischen allen Paradoxien, Widersprüchen, Ungereimtheiten, schizophrenen Gegebenheiten etwas zu entdecken, was den Namen *echt* verdient. Bereits beim ersten Schritt der Annäherung ist das Gelände sumpfig, ist keine Logik zu erkennen. Denn wo liegt der Sinn darin, daß eine Gesellschaft, die Frauen seit Jahrtausenden als unwert einstuft und behandelt, ihre Minderwertigkeit und Seelenlosigkeit in philosophischen und wissenschaftlichen Abhandlungen festschreibt, ihnen wirkliches

Menschsein, Personsein, abspricht, gerade die Verwirklichung jener Werte delegiert, die Leben überhaupt ermöglichen, erträglich machen.

Simone de Beauvoir schreibt in ihrem Buch »Das andere Geschlecht« zu diesem Phänomen: »Es ist ein verbrecherisches Paradoxon, der Frau jede öffentliche Betätigung zu verweigern, ihr die männlichen Berufe zu verschließen, auf allen Gebieten ihre Unfähigkeit zu proklamieren und ihr dabei das heikelste, das schwerwiegendste Unterfangen, das es gibt, ein Menschenwesen zu formen, anzuvertrauen. Es gibt eine Menge Frauen, denen das Herkommen, die Überlieferung immer noch Erziehung, Bildung, Verantwortlichkeiten, Tätigkeiten verweigern, die das Vorrecht der Männer sind, denen man jedoch skrupellos Kinder in den Arm legt, wie man sie früher mit Puppen über ihre Unterlegenheit gegenüber den Jungen tröstete. Sie werden am Leben verhindert. Zum Ausgleich dürfen sie mit Puppen aus Fleisch und Blut spielen ...«

Seit der Veröffentlichung ihres Buches im Jahre 1949 haben sich gesetzliche Bestimmungen, Ausbildungs- und Arbeitsmöglichkeiten für Frauen (zumindest für diejenigen, die als Weiße in der westlichen Welt leben) verändert. Details wurden verbessert, aber eine strukturelle Veränderung hat es bis heute nicht gegeben. An der traditionellen Aufgabenverteilung in den Familien hat sich nach einer Untersuchung des Deutschen Jugendinstitutes in München kaum etwas geändert. Zwar werde Berufstätigkeit auch von Müttern kleiner Kinder weitgehend akzeptiert, Arbeiten wie Kochen, Putzen und Kinderbetreuung seien doch immer noch fast alleinige Domäne der Frauen, ergab die Untersuchung. Mit anderen Worten: Frauen sind nach wie vor das kinderhütende Geschlecht und gestalten diesen Aufgabenbereich wie seit Jahrtausenden mit Fähigkeiten, die spezifisch weiblich genannt werden, in Wirklichkeit jedoch nicht an ein Geschlecht, sondern an Übung und Lernvorgänge gebunden sind.

So wurde im Laufe der patriarchalen gesellschaftlichen Arbeitsteilung »Weiblichkeit« und »Männlichkeit« nicht nur zur Erhaltung der Art und der Sicherung männlicher Privilegien konstruiert, sondern auch aus Furcht vor der Tatsache, daß der Mensch das einzige Lebewesen ist, das sich selbst schaffen kann und angesichts dieser Freiheit angstvoll und erschreckt an Rollenfestlegungen klammert. In diesem Arrangement aus ursprünglichen Notwendigkeiten und unreflektierten Ängsten entwickelten sich Vereinbarungen darüber, was Frauen und Männern erlaubt oder verboten ist.

Die Installierung patriarchaler Macht, die Dogmen von der Überlegenheit des Mannes und der Minderwertigkeit der Frau, die symbiotische Verquickung zwischen beiden sind Resultat dieses Prozesses. Und obwohl es der feministischen Bewegung zu verdanken ist, daß Frauen längst ihre eigenen Forschungen darüber betreiben, was Frausein unter diesen Bedingungen bedeutet, definiert die Mehrheit der Frauen den Inhalt ihrer Weiblichkeit nicht selbst. Noch immer sind es Männer, die bestimmen, was als »unweiblich« oder »richtig weiblich« gilt.

Es ist undenkbar, daß unter solchen Umständen die sogenannten weiblichen Werte oder die Liebes- und Verbundenheitsmoral der Frauen Ausdruck von frei gewählten Werten ist. Die Verwirklichung von Werten und deren Umsetzung in moralischen Entscheidungen setzt »Personsein« und das Vermögen voraus, Werte wählen und wieder verwerfen zu können.

Moralisches Handeln in diesem Sinne beinhaltet nicht das passive Festhalten an einem Kodex von Sitten und Regeln, gehorsame Unterwerfung oder Zufriedenheit mit einmal gefundenen Antworten. Es erfordert ständig eine wache Bereitschaft, in konkreten Situationen immer wieder neu zu prüfen, ob die gelebten Werte die angemessene Antwort sind.

Die Liebesmoral der Frauen legt diesen jedoch zwingend

nahe, unter allen Umständen, quasi um jeden Preis, weiterzulieben, völlig unabhängig davon, ob die Person, die Beziehung, die Lebensbedingungen überhaupt *liebenswert*, der Liebe wert sind. So erweist sich die glorifizierte Verbundenheitsmoral von Frauen als nicht authentisch, nicht echt. Sie hat über Jahrtausende weder das Antlitz der Erde, noch die Situation der Frauen selbst entscheidend verändert und verbessert, sondern in einer Art Gehorsamsmechanik dazu beigetragen, das System von männlicher Macht, Ausbeutung und Unterdrückung aufrechtzuerhalten und zu unterstützen.

Trotzdem werden die sogenannten weiblichen Werte als die scheinbar besseren, menschlicheren betrachtet. Die kritische Auseinandersetzung mit ihnen stößt auch bei Frauen auf massive Abwehr und Widerstand. Zumindest lösen sie immer wieder die Frage aus, ob nicht alle jene »weiblich« genannten Eigenschaften – wie Einfühlsamkeit, Nähefähigkeit, die Haltungen, Wärme, Trost und Geborgenheit spenden zu können – erhaltens- und bewahrenswert sind.

Auch nach meinem Vortrag in Salzburg war in der Diskussion zu hören: »Was soll denn werden, wenn die Frauen sich weigern zu lieben? Wie soll das Leben dann aussehen, ohne diese Kraft?« Oder: »Wie stellen Sie sich das denn vor in bezug auf die Kinder und die Pflege von Alten, Kranken und Schwachen? Dann bricht doch alles zusammen.«

Diese Fragen scheinen naheliegend und verständlich, gehen aber am Kern des Problems vorbei. So wie es überflüssig ist, darüber zu debattieren, ob wir angesichts der Umweltverschmutzung das Atmen einstellen oder auf wenige Stunden am Tag begrenzen sollen, anstatt zu sehen, welchen Beitrag wir zu dieser Verschmutzung leisten und welche Veränderungen in den Produktions- und Lebensbedingungen notwendig sind, um Luft und Umwelt zu entlasten, kann es nicht um die Abschaffung von Liebe gehen, sondern um eine radikale inhaltliche Neubestimmung. Wenn Liebesfähigkeit mehr sein soll als spezifisch weibliches Eigenschaftsbündel, mehr als zweifelhafte Quelle von Identitätserfahrung in einem eingegrenzten Machtbereich, wenn sie als potentielle menschliche Wahrnehmungs-, Ausdrucks- und Gestaltungsmöglichkeit von Leben und Welt begriffen wird, kann es selbstverständlich nicht um die Amputation dieser Fähigkeit gehen.

Notwendige Fragen zielen auf einen anderen Umgang ab, zu erkennen, unter welchen Bedingungen Liebe stattfindet, wem sie zugute kommt, wem sie schadet, wen sie ausschließt, wie eng oder wie umfassend sie ist. In diesem Klärungsprozeß ist die Abschaffung der Gehorsamslieben als Konsumgut für Männer, als Klebemittel für Kaputtes, als Rausch- und Betäubungsmittel für Frauen in der Tat unverzichtbar.

Liebe mit Eigensinn zielt darauf ab, aus einer Moral der Angst und Schuldgefühle auszusteigen und Glück als eine unverzichtbare moralische Kategorie einzuführen. Sie setzt das Eigensein der Frau voraus, konturierte, individuelle Person, die nicht als beliebig formbare Rohstoffmasse für fremde Bedürfnisse zur Verfügung steht.

Sie läßt nicht zu, daß sich die Liebende in ihrem Tun entleert, verarmt, verkümmert, während der oder das Geliebte reicher wird und an Kraft gewinnt. Liebe mit Eigensinn besteht auf Gegenseitigkeit, Erweiterung und Stärkung der eigenen Person, der eigenen Anliegen, will keine Almosen, ist unbescheiden, erhebt Anspruch auf Erfüllung, auf Selbst- und Welterfahrung. Sie akzeptiert die Dinge nicht, wie sie sind, will nicht nur festhaltende Bejahung, sondern Bewegung, die verändert, immer auch die eigene Person.

Die Frage, ob es unter den noch herrschenden patriarchalen Bedingungen für Frauen überhaupt möglich ist, Liebe mit Eigensinn zu leben, kann zumindest für einzelne, für Minderheiten bejaht werden. Biographien und Arbeit in der Öffentlichkeit geben darüber Auskunft, aber es bedarf keineswegs der Prominenz, damit Frauen den Mut und die Entschlossenheit aufbringen, in ihrem Lebens- und Liebesalltag aus den erlernten Gehorsamshaltungen auszusteigen.

Um solche Möglichkeiten aufzuzeigen, auf Fragen von Leserinnen genauer einzugehen, entschloß ich mich, die einzelnen Bestandteile des Konglomerats »Liebe« einmal aufzufächern und jene Haltungen und Eigenschaften, wie beispielsweise Nähe und Einfühlung, Fähigkeiten, die wir üblicherweise in diesem Zusammenhang assoziieren und mit denen Frauen ihre Liebe ausdrücken, genauer zu betrachten.

Dabei wird noch einmal sehr deutlich werden, daß die mystifizierten »weiblichen Werte« weder weiblich noch männlich sind. Wie bei der Legierung von verschiedenen Metallen sich deren ursprüngliche Eigenschaften verändern können und eine neue Beschaffenheit entsteht, sind »weibliche Werte« Resultat einer komplizierten Legierung.

Sensibilität, nährende Haltung, Fürsorge und andere Werte werden erst in der gehorsamen Verbindung mit anderen Stoffen, wie zum Beispiel Selbstlosigkeit, Bedürfnislosigkeit und Nachgiebigkeit, zu spezifischen weiblichen Werten. Und das deshalb, weil die patriarchale Werteordnung nicht vorsieht, daß die von den Frauen gelebten und verwirklichten Werte diesen selbst zugute kommen. Der Männergesellschaft, und häufig genug auch dem einzelnen Mann, genügt die Frau als »Rohstoff«, die lebenspendende und -erhaltende Fähigkeiten scheinbar grenzenlos zur Verfügung stellt. Als Wertträgerin wird sie nur in verbalen Lippenbekenntnissen gepriesen. Die patriarchale arbeitsteilige Moral bewirkt so, daß die Frau mit ihren liebenden, den Wert des Mannes steigernden Akten, sich ständig selbst entwertet und gleichzeitig zur Erhaltung des »Ist-Zustandes« beiträgt.

Der folgende Versuch einer kritischen Prüfung und inhaltlichen Umwertung dessen, was Liebe sein kann, ist als Denkanstoß gemeint. Aus dem umfassenden Eigenschaftenbündel weiblicher Liebe habe ich jene herausgegriffen, die mir besonders wichtig erscheinen und von denen zwangsläufig die Rede ist, sobald Frauen von Liebe sprechen.

2.

»Ihn« vom Sockel holen

In einem Therapiegespräch sagte mir eine 30jährige erfolgreiche technische Zeichnerin ratlos: »Ich weiß nicht, warum das so ist. Aber wenn ich eine Weile ohne Partner lebe und dann nicht wenigstens auf der Straße von Männern bemerkt werde, durch Blicke oder Pfeifen, verliere ich jedes Gefühl für mich als Frau. Ich empfinde mich dann als Neutrum, obwohl ich von Freundinnen und Kolleginnen viel Zuneigung und Anerkennung bekomme.« Vielen Frauen ist nicht wirklich bewußt, in welchem Ausmaß ihr Leben von männlichen Wertvorstellungen bestimmt ist. Sie haben sich nie die Frage gestellt, was es für sie konkret bedeutet, in einer Welt zu leben, in der fast alle Lebensbereiche nach männlichen Maßstäben geformt und eingerichtet sind. Angefangen von den alltäglichen Dingen, die uns umgeben, der Art, wie wir wohnen, wie und was wir konsumieren, der Art, wie Politik betrieben wird, wie produziert wird, was als Kulturleistung öffentlich wird, und schließlich, nicht zuletzt, das Bild der Frau, wie sie zu sein hat und wie sie keinesfalls sein darf. Selbst Frauen, die sich entschlossen »aus der Welt der Männer ausgeklinkt haben« und ihr Leben möglichst nur noch in weiblichen Welten leben, können dies nur begrenzt tun und werden immer wieder auf die Tatsache gestoßen, daß diese Welt ein Ort der Männer ist. In den letzten Jahren meiner therapeutischen Arbeit erlebe ich immer häufiger Frauen, die sich aus Männerbeziehungen endgültig verabschieden und ihr Liebesglück bei Frauen suchen. Sie sind nicht nur der Bewertung ihrer Weiblichkeit durch den männlichen Blick überdrüssig, sondern auch der Ansicht, daß es Kraft- und Zeitvergeudung ist, Männer zur Liebe bewegen zu wollen. Diese im Wachsen begriffene Minderheit ist auch für die übrigen Frauen von Bedeutung, weil sie mit dieser Tabuverletzung die traditionellen Beziehungsstrukturen aufbricht und allseits produktive Verstörung sät.

Es ist offensichtlich, daß die Mehrheit der Frauen trotz allem ein Leben mit Männern wünscht. Wenn sie dies nicht in Unterwerfungsakten tun wollen, gibt es keine Alternative zu einer offensiven Auseinandersetzung mit den bestehenden Herrschaftsverhältnissen. Für Frauen, die ihre Beziehungen anders als gehorsam auf den Mann bezogen gestalten wollen, ist die Entglorifizierung des Mannes unvermeidbar. Dabei geht es sowohl um den konkreten Mann an ihrer Seite als auch um männliche Werte und Prinzipien, die die patriarchale Wertepyramide ausmachen, um jenes breite Spektrum von Machtvorstellungen, Gewaltverherrlichungen und Privilegien, die auf dem Dogma von der Höherwertigkeit des Mannes und der Minderwertigkeit der Frau aufbauen, gestützt und getragen werden.

Wie die Frauenforschung inzwischen nachgewiesen hat, beginnt die Benachteiligung des weiblichen Kindes bereits im Säuglingsalter und durchzieht dann die gesamte Weiblichkeitserziehung wie ein roter Faden. Mädchen sollen lernen, ihre gesellschaftliche und kulturelle Benachteiligung, ihre Einstufung als Ungleiche und Minderwertige als Ausdruck einer natürlichen, biologisch verankerten Ordnung hinzunehmen und zu akzeptieren. In einem alles umfassenden Entfremdungsprozeß, in dem nicht Personwerdung, sondern Entpersönlichung erreicht werden soll, werden Mädchen und Frauen dumm gehalten. »Die ›Verdummung‹ der Frau ist notwendig, um sie festzuhalten, wo und wie sie ist«, schreibt Thürmer Rohr in ihrem Essay »Mittäterschaft und Entdekkungslust«.

So muß die Entglorifizierung des Mannes, seine Entthronung zunächst im Kopf beginnen, mit Akten der Erkenntnis, die seine Präsenz und Dominanz im Fühlen, Denken und Handeln von Frauen ausfindig und benennbar machen. Konkrete Fragen könnten lauten: In welchem Maß ist mein innerer und äußerer Lebensraum von männlichen Vorstellungen, Bildern, Erwartungen geprägt? Wieviel Platz nimmt die Beschäftigung mit »Ihm« in meinem täglichen Fühlen, Denken und Handeln ein? Wie steht es mit meinem »vorauseilenden Gehorsam«, der sich in ständigem »Um-ihn-und-seine-Bedürfnisse-Kreisen« ausdrückt, in der zwanghaften pausenlosen Beschäftigung mit Möglichkeiten, ihm etwas Gutes zu tun, sein Befinden zu verbessern, ihm Lasten abzunehmen.

Bei der Entglorifizierung geht es auch darum, jene Situationen aufzudecken, in denen Frauen männliches Fehlverhalten verschleiern und beschönigen. In ganz banalen Zusammenhängen nach dem »Männerbonus« fahnden. Dieser drückt sich zum Beispiel in einer alles verstehenden und verzeihenden Haltung aus, dem Belächeln männlichen Verhaltens im Sinne von »Sie sind nun einmal so«. Aus meiner eigenen Erfahrung, aber auch aus vielen Therapiegesprächen ist mir bekannt, daß Frauen im Zusammenleben mit Männern – auch während deren Abwesenheit – emotional und gedanklich mit der Beziehung stark beschäftigt sind. In ihren »inneren Scheindialogen« beziehen sie sich auf unausgesprochene Wünsche und Erwartungen, die der Mann vermeintlich hat, arbeiten an Problemlösungen, planen Zukunft voraus, Abende, Tage, Wochenenden. Wenn der Mann die Resultate ihrer Liebesarbeit gar nicht will, ist frau beleidigt, gekränkt oder empört. Nur selten ist sie entlastet, atmet durch und hält inne mit der Frage: »Was um Himmels willen mache ich da, tue ich mir selbst an?« So bedeutet Entglorifizierung schließlich auch Verzicht auf den Mann als Lebenszentrum, Sinn- und Sorgeobjekt, ihm situativ und inhaltlich nur die Bedeutung zukommen zu lassen, zu der er selbst positive Beiträge liefert. Die Abstinenz von Idealisierungen und Teilhaberschaft an seiner Macht wirft schließlich die Frage nach dem Wert der eigenen Person auf.

3.

Selbstwert statt Selbstverleugnung

In ihrem Buch »Jokastas Kinder« beschreibt Christiane Olivier, wie Selbstzweifel und Unzulänglichkeitsgefühle im kleinen Mädchen entstehen. Die auf den Mann bezogene heterosexuelle Mutter mag ihr Mädchen als ein hübsches, niedliches, zärtliches Wesen lieben, aber es ist kein erotisches begehrenswertes Objekt für sie, wie das beim Jungen der Fall ist. Der Vater, der seiner kleinen Tochter »die ihr angemessene Stellung als geschlechtliches Wesen« durch liebevolle Aufmerksamkeit, Fürsorge und Interesse an ihrer ganzen Person geben könnte, ist in der Regel abwesend. Unter diesen Bedingungen entwickelt bereits das kleine Mädchen ein Gefühl des »Nicht-richtig-Seins«. »Dies ist der Ursprung der permanenten ›Entfremdung‹ der Frau von ihrem eigenen Körper. Sie hält es immer für nützlich, hier und da zu mogeln, um als Frau akzeptiert zu werden; ihr tatsächliches Geschlecht reicht nicht aus, es muß immer noch etwas hinzukommen. Wovon sprechen denn die sogenannten Frauenzeitschriften? Von einer ›Frau, natürlicher als Natur‹, von einer ›total weiblichen Frau‹, von einer ›Super-Frau‹ usw. Als ob dem eigenen Geschlecht der Frau immer noch irgend etwas hinzugefügt werden müßte, als ob die Frau nicht Frau von Natur aus wäre, als würde ihr Geschlecht ihre Weiblichkeit nicht ausdrücken«, schreibt Olivier.

Vermutlich wird an diesem unerhörten Zustand wenig geändert, solange die Frauen den Männern überlassen, »Weiblichkeit« zu definieren. Das Patriarchat kann kein Interesse daran haben, daß Frauen mit ihren Verschönerungs- und Vervollkommnungsbemühungen, die sich auf den wertenden männlichen Blick beziehen, aufhören und das Spiel aufkündigen, welches ihre Kraft, Aufmerksamkeit und Zeit auf so unproduktive Weise bindet.

Die Männergesellschaft benötigt Frauen mit Selbstzweifeln, Minderwertigkeitsgefühlen und selbstverleugnenden Haltungen. Anais Nin, die zunächst durch ihre Tagebücher, später auch durch andere Schriften berühmt wurde, schreibt in »Sanftmut des Zorns«: »Was man allein zustande bringt und zuallererst tun muß, ist, zu existieren, zu sein, damit man dann Freund, Geliebter, Mutter oder Kind sein kann. Anders formuliert, was unsere Kultur behauptete, war so unlogisch, so unmöglich, sie sagte: Befasse dich nicht mit dir selbst, sei großmütig, sei aktiv in der Welt, gib dich konkreten Dingen hin, aber ohne ein Selbst. Was kann man aber geben, wenn es kein Selbst gibt, wenn man kein Feingefühl, keine Empfindungsfähigkeit, keine Wärme, einfach nichts hat, was den Kontakt mit anderen Menschen möglich macht?«

Nun ist die Kultur, die Selbstverleugnung fordert, nicht irgendeine, sondern patriarchaler Prägung. Innerhalb dieses Wertesystems ist es durchaus logisch, von Frauen Selbsteinschränkung zu fordern. Anais Nin hat hier nicht differenziert gedacht, denn der Satz »Befasse dich nicht mit dir selbst« ist der Appell an die Frauen, während »Sei aktiv in der Welt, gib dich konkreten Dingen hin« wohl doch eher in das Ressort der Männer fällt. Religion und Morallehren, die altruistische Haltungen als wertvoll propagieren, verführen Frauen ebenfalls, ihr Heil in Selbstverkleinerung zu suchen.

So bringt die Frage nach dem Selbst und dem Selbstwert viele Frauen in Verlegenheit, ihre Erfahrungen mit Akten von

Selbstverzicht und mangelnder Selbstbehauptung sind meist größer. Verwunderlich ist das nicht, denn wie bereits ausgeführt, zielt die traditionelle Weiblichkeitserziehung nicht darauf ab, daß eine »ganze Person« entwickelt werden kann. In der Psychologie werden die Begriffe Person und Selbst meist identisch gebraucht. Beide beinhalten die Fähigkeit, sich als Körper-Geist-Seele-Einheit zu erleben, ein Bewußtsein von der eigenen Existenz zu haben, die sich in Tätigkeiten, Denk- und Willensvollzügen ausdrückt und dabei Selbstgefühl und Selbstbewußtsein stärkt und weiterentwickelt. Im Selbst und in der Person sind auch die individuellen, unverwechselbaren Züge und Eigenschaften eines Menschen verkörpert. Frauen bezweifeln häufig die Einmaligkeit ihrer Person, fühlen sich beliebig austauschbar.

Tatsächlich fällt ihnen die Aneignung eines konturierten Selbst unter den jetzigen Bedingungen nicht einfach zu. Der Wunsch nach stabilem Selbstwertgefühl nützt nichts, ohne die Bereitschaft, dafür zu arbeiten und zu kämpfen. Über dieses mühevolle Ringen schreibt Simone de Beauvoir an einer Stelle ihrer Biographie: »Niemand nahm mich so, wie ich war. Niemand liebte mich. Ich selbst werde mich genügend lieben, beschloß ich, um diese Verlassenheit wieder auszugleichen. Früher fühlte ich mich zwar im Einklang mit mir, doch ich war wenig bemüht, mich selber kennenzulernen. Nun erforschte ich mich. In meinem Tagebuch unterhielt ich mich mit mir selbst.« Und an anderer Stelle: »Mein Weg war klar vorgezeichnet, mich vervollkommnen, mich innerlich bereichern und mich in einem Werk ausleben, das den anderen zu leben helfen würde. Nichts würde mich in irgendeinem Fall daran hindern, dieses Werk zu schreiben. Ich gelobte mir auch, daß ich von nun an die Freude wolle und zu ihr gelangen würde.«

»Ich habe kein Gefühl mehr für mich selbst« oder »Ich spüre mich gar nicht mehr wirklich«, sagen Frauen häufig zu

Beginn der therapeutischen Arbeit. Während sie äußerlich weiter funktionieren, für andere zur Verfügung stehen, hilfreich sind, Arbeit und Aufgaben bewältigen, haben sie den inneren Kontakt zu sich verloren. Dabei wird deutlich, daß der Beziehungsbereich, die Verstrickung und Verquickung im Tun und Mitfühlen für andere, all das, was Frauen als erlaubte Quelle von Selbsterfahrung zugestanden wird, in Wirklichkeit nicht ausreicht, um ein umfassendes Selbst zu entwickeln. Der Mangel an Gegenseitigkeit in diesem Bereich, die Liebesunfähigkeit vieler Männer auf Grund der geschlechlichen Rollenverteilung führt trotz aller Liebesarbeit eher zur Selbstentleerung, zur Selbstentäußerung, als zur Erweiterung und Erfüllung des Selbst.

Voraussetzung für mögliche Veränderung ist, daß Frauen beginnen, ihre bisherige Selbstentwicklung kritisch zu hinterfragen. Zu prüfen, unter welchen Bedingungen ihre Weiblichkeitserziehung verlaufen ist, welche Personen, Bilder und Wertvorstellungen Abdrücke im Selbst hinterlassen haben, ob diese Spielraum für eigene Selbstentwürfe ließen oder nicht. Ist mein heutiges Selbst der Aufguß oder Abklatsch mütterlicher Vorstellungen von »ihrem Mädchen«, Ergebnis väterlicher Erwartungen oder die anderer wichtiger Personen? Resultat institutioneller Beeinflussung von Kindergarten, Schule, Religion und andere Ideologien?

Diese Fragen kann ich mir nur stellen, wenn ich mich selbst als Wert begreife, wenn ich bereit bin, Zeit, Kraft und Anstrengung aufzubringen, Fähigkeiten und Neigungen, aber auch Schwächen und Unzulänglichkeiten zu entdecken und an ihnen zu arbeiten. Wenn ich mich selbst nicht für liebenswert, überhaupt für wertvoll halte, wie kann ich dann erwarten, daß andere dies tun? Wie kann ich auf Rechte pochen, Achtung beanspruchen, Forderungen stellen? Es ist eine strapazierende Angewohnheit vieler Frauen, sich selbst zu verleugnen und dann von anderen zu erwarten, daß diese das

Selbst auffinden und bestätigen mögen. Möglicherweise stoße ich bei der Selbstbefragung auf die zunächst bittere Erkenntnis, daß ich in der Tat gar nicht so wertvoll bin, weil ich es versäumt habe, mir Werte anzueignen, mich verantwortlich darum zu kümmern, mit wem ich meine Zeit verbringe, womit ich mich anfülle, woher ich mein Gefühl von Identität beziehe? Selbstaneignung für Frauen beinhaltet auch, aus dem passiven Zustand bloßen Erleidens, dem Opferstatus, herauszutreten, um sich auf den eigenen Weg zu machen, ihn schrittweise zu suchen. Dabei kann das »Vorangehen«, die Bewegungen anderer Frauen Orientierungshilfe sein, aber es kann nicht das eigene Erproben von Wahlmöglichkeiten, den Selbstversuch, ersetzen. Sinnvoll ist es, nach geeignetem Proviant für diese lebenslängliche Reise zu suchen, taugliches Wissen, Bildungsmöglichkeiten, die das Denken und Handeln herausfordern, hilfreichen WeggefährtInnen, Ziele und Orte aufzutun, die zu erreichen sich lohnen, und immer wieder Ballast abzuwerfen, damit Lebenswichtiges wieder aufgesammelt und im Gepäck bleiben kann.

In meiner therapeutischen Arbeit mit Frauen ist es ein wesentliches Anliegen herauszufinden, worin die Besonderheit der jeweiligen Person besteht, wodurch ihr Selbst, ihre Eigenheiten, behindert wurden und wie sie wiederbelebt werden können. Wenn sie dann beginnen, sich von inneren und äußeren Einschränkungen, dem so oft verinnerlichten Gebot »Nimm dich nicht so wichtig« zu verabschieden und ihre Selbsterfahrung nicht mehr dem Zufall zu überlassen, sondern aufrichtig und selbstfürsorglich Verantwortung für die Erfüllung eigener Aufgaben und Ziele zu übernehmen, kommen häufig erstaunliche Veränderungen zustande, die in alle Lebensbereiche hineinwirken. Sie betreffen den Umgang mit dem eigenen Selbst ebenso wie die Wahl ihrer Beziehungen und Freundschaften, Interessen, Entscheidungen, Tätigkeiten und die berufliche Stellung. Die Neuorientierung, Platz für lebendige Entwicklung zu beanspruchen, setzt mitunter verborgene, ungeahnte Kräfte frei, ist von Gefühlen der Freude, aber auch von vielen Ängsten und Verunsicherungen begleitet.

Eine 35jährige Konstrukteurin, deren Kindheit vor allem davon geprägt wurde, vier jüngere Geschwister und eine ängstliche, lebensunfähige Mutter zu versorgen und vor dem gewalttätigen, meist alkoholisierten Stiefvater zu schützen, begann ihre Therapie zunächst, weil sie sich unfähig fühlte, eine quälerische, ausbeuterische Partnerbeziehung zu lösen, und dabei ständig von massiven Angstgefühlen geplagt wurde. Erst nachdem sie in einem mehr als einjährigen Prozeß die ausweglose Überforderungssituation ihrer Kindheit, mit den traumatischen Erlebnissen von Gewalt, Ausbeutung und Mißbrauch sehen und in ihren Folgen verstehen lernte, wurde es ihr schrittweise möglich, die bis dahin als moralisch richtig bewertete und oft verteidigte selbstlose Haltung zu hinterfragen. Sie erkannte, daß diese in Wirklichkeit nicht Ausdruck freier Wahl, sondern Resultat einer aufgezwungenen Notlösung war, eine Strategie, mit der zwar ein Minimum an Überleben gesichert, nicht aber eigenes Leben selbstgestaltet werden konnte. Die innere Kontaktsuche zum ängstlich vermiedenen, fast vergessenen kindlichen Selbst half der Betreffenden, wieder Zugang zu sich zu bekommen und jene Wünsche nach Selbstentfaltung freizusetzen, die in der Kindheit abgeschnitten und bestraft wurden oder keinerlei Echo fanden.

Gleichzeitig neben der beglückenden Erfahrung, Konturen des Selbst zu entdecken, war es notwendig, sich auch von alten Idealisierungen zu verabschieden, zum Beispiel vom Zwang, immer liebenswert, gefällig und anspruchslos sein zu müssen, niemals schwierig sein zu dürfen. Es galt, weniger angenehme Gefühle wie Wut, Haß und auch Gier als ebenfalls zum Selbst gehörig akzeptieren zu lernen. Nachdem es ihr schließlich gelang, sich aus der destruktiven Partnerschaft zu lösen, tauchte sehr bald der Wunsch auf, noch einmal unbelastet von familiärem Chaos zur Schule zu gehen und lernen zu können. Trotz erheblicher äußerer Schwierigkeiten gelang der Betreffenden die Realisierung dieses Projekts, das inzwischen völlig neue Perspektiven für sie eröffnet, da sie – anders als ursprünglich beabsichtigt – nach bestandenem Abitur nicht mehr an ihren alten Arbeitsplatz zurückkehren, sondern ein Literaturstudium beginnen wird. Auch ihr soziales Umfeld hat sich verändert. Sie hat gelernt, sich von Menschen zu verabschieden, die sie in ihren Zielen und Plänen behindern, sie festhalten, kleinhalten, selbstlos wollen. Ihr derzeitiger Partner entspricht ebenfalls nicht mehr dem alten Liebesmuster, er ist um die Beziehung zu ihr bemüht und an einer gemeinsamen Entwicklung, von der beide wissen, daß sie nicht problemfrei verlaufen kann, tatkräftig interessiert.

Neben diesem Beispiel einer Frau aus ungewöhnlich schwierigen Verhältnissen gibt es zahlreiche andere, die beweisen, daß auch Frauen aus sogenannten geordneten Familien im Hinblick auf ihre Selbstgestaltung im Beziehungsbereich mit ähnlichen Problemen zu kämpfen haben, oder diese zunächst gar nicht wahrnehmen können, weil Selbstlosigkeit als akzeptiertes und erwünschtes Persönlichkeitsmerkmal von Weiblichkeit gilt und quasi die Grundausstattung für jene selbstlose Liebesfähigkeit bildet, die vor allem das Konsumgut von Männern ist.

Die Veränderung dieses Zustandes wird allerdings nicht erreicht, wenn Frauen das von der feministischen Bewegung geforderte Recht auf weibliche Selbstverwirklichung und Selbstentfaltung als Aufforderung zur »puren Nabelschau« begreifen, sich mit Beschäftigungen begnügen, die auf das eigene Ich beschränkt bleiben und damit die Enge traditioneller Weiblichkeit nicht wirklich sprengen. Wenn dieses Selbst sich für nichts anderes interessiert, als die eigenen privaten

Belange, den Bauchtanzkurs oder den tollen Trip nach Sonstwohin, den Gang ins Fitneßstudio und den nächsten Tantra-Workshop oder all die anderen Dienstleistungen des Psychomarktes zu konsumieren, ist wenig gewonnen. Die Fesseln der Selbstentwertung und -verleugnung abzustreifen beinhaltet entschieden mehr, zielt auf die Aneignung eines Selbst ab, welches nicht genügsam abgekapselt lebt, sondern aus den eigenen Grenzen heraustritt, das fähig sein will zur Hinwendung an andere, fremde Selbste, sich mit diesen in einen Zusammenhang stellt und damit auch Interesse aufbringt an Fragen und Aufgaben, die nicht unmittelbar die eigene Person betreffen. Ein solches Selbst wirft keine teilnahmslosen Blicke auf die Welt, sondern öffnet sich ihr, um Sorge und Mitverantwortung an ihrem Zustand zu tragen, um sie nicht zu lassen, wie sie ist.

4.

Nähefähigkeit – Distanz und Trennung

Frauen errichten besonders in ihrer Beziehung zum Mann eine Art Liebesgebäude, welches bis ins Detail sorgfältig eingerichtet und ausgestaltet wird. Die tragende Säule der jeweiligen architektonischen Schöpfung ist jene Nähefähigkeit, die bereits Mädchen auf charakteristische Weise einüben.

Und obwohl diese Fähigkeit ein breites Spektrum anderer menschlicher, nur scheinbar den Frauen vorbehaltener Fähigkeiten umfaßt, zum Beispiel Sensibilität, Verstehenkönnen, Gesprächsfähigkeit, Trösten-, Unterstützen- und Ermutigenkönnen, Zärtlichkeit in Berührungen, Geduld, das Schaffen von Geborgenheit und Wärme, die Fähigkeit, emotionale und gedankliche Verbindung zum anderen, dessen Existenz auch in seiner Abwesenheit wachzuhalten, werden wir sehen, daß diesen potentiell wertvollen Fähigkeiten in der konkreten Umsetzung Wesentliches fehlt.

Im Deutschen Wörterbuch, dem »Wahrig«, steht unter dem Begriff »Nähe« u. a: geringe Entfernung, Nachbarschaft, unmittelbare Umgebung, Reich-, Ruf-, Hör-, Sichweite. Die spontane Assoziation zu dieser Aufzählung ist das Bild vom hilflosen Säugling und der in seiner Nähe weilenden Mutter. Ganz offensichtlich besteht ein unmittelbarer Zusammenhang zwischen der jahrtausendealten Tradition von Frauen, die Kinder nicht nur zu gebären, sondern auch als kinderhütendes Geschlecht für deren Wachsen und Gedeihen, für deren Überleben Sorge tragen zu müssen und in diesem Kontext eine spezifische Nähefähigkeit erlernt zu haben, die Entfernung, eigene Bewegungen und Trennung als unerlaubt ausschloß.

In den Anfängen der Menschheitsgeschichte schien dieser Part der Frauen körperlich, emotional und technisch notwendig, um das Überleben der menschlichen Rasse zu sichern. Die so entstandene soziale Organisation menschlichen Zusammenlebens, die in der biologischen Geschichte wurzelt, prägte fortan die elementaren Geschlechtsmuster. Es erschien demnach »natürlich«, daß die Frauen gezwungen waren, ihre Fähigkeiten und Kräfte bei der Pflege der Art einzusetzen. Das ursprünglich Notwendige wurde so zum Teil der »Conditio humana« der Frauen und nicht mehr grundsätzlich in Frage gestellt. Und obwohl wir längst unter völlig veränderten Bedingungen, in einer hochtechnisierten Welt leben, wird an den alten arbeitsteiligen Geschlechtsmustern festgehalten.

Im Hinblick auf die Nähefähigkeit von Frauen bedeutet dies, daß sie an den Erfordernissen der Kinderaufzucht orientiert ist, der besonders in den Lebensanfängen notwendigen, zuverlässigen Nähe, an kindlicher Abhängigkeit und Bedürftigkeit, Mangelzuständen, die in der Nähe behoben werden wollen. Diese Nähefähigkeit legt der Frau zwingend nahe, sich als Gebende zu begreifen, als eine, der die Nähe zu Menschen erlaubt, aber auch Pflicht ist, während es ihr nicht in gleicher Weise gestattet ist, Nähe zu sich selbst, gewählten Aufgaben, eigenen Interessen, Projekten herzustellen. Die traditionell erlernte Nähefähigkeit führt häufig dazu, daß Frauen ihre Beziehungen zu Männern nicht anders als zu bedürftigen Kindern gestalten. Ihre Erziehung bewirkt, daß sie selbst eine festgelegte, einseitige Bewertung von Nähe verinnerlicht haben. Demnach betrachten sie sich selbst als Versorgungsquelle für andere, vertiefen die Rolle der Gebenden, ohne selbstverständliche und befriedigende Möglichkeiten zu sehen, Nähe für sich in gleicher Weise beanspruchen zu können und im Nehmendürfen die Befriedigung eigener Wünsche und Bedürfnisse zu erfahren.

In ihrem Buch »Die andere Stimme« schreibt Carol Gilligan: »Mädchen entwickeln eine stärkere Fähigkeit, die Bedürfnisse oder Gefühle eines anderen als ihre eigenen zu erleben (oder glauben, daß sie die Bedürfnisse und Gefühle eines anderen so erleben).« Diese Fähigkeit mag in Verbindung mit Säuglingen und Kindern zeitweise unerläßlich sein, da deren stabile Versorgung nicht von »Lust und Laune« der Erwachsenen abhängen darf, weil sie sonst verkümmern und sterben könnten.

In der Beziehung zwischen Erwachsenen, vor allem Frauen und Männern, liegen die Dinge jedoch anders. Hier stellt diese anerzogene Haltung, wenn sie starr und einseitig beibehalten wird, eine Gefahrenquelle dar, die zu Entfremdung, Ausbeutung und Unterdrückung – und damit zur Aufrechterhaltung von patriarchalen Machtstrukturen führen kann. Gilligan führt aus, daß »Weiblichkeit« durch »Bindung« definiert wird und die weibliche Geschlechtsidentität, die sich in der bestehenden Beziehung zur Mutter entwickelt, durch Trennung bedroht wird. »Männlichkeit« dagegen kommt durch Ablösung (von der Mutter) zustande, und männliche Geschlechtsidentität wird daher durch Intimität und Nähe in Frage gestellt. Das daraus resultierende Dilemma findet sich in fast allen Beziehungen zwischen Frauen und Männern wieder.

In ihrem Roman »Eine Frau von vierzig Jahren«, in der Vita Sackville-West die Liebesbeziehung zwischen einer Frau und ihrem jüngeren Liebhaber erzählt, gibt es Stellen, in denen sie diese völlig unterschiedlichen Positionen einfühlsam zum Ausdruck bringt: »Evelyn ging querfeldein, bis sie an den See in der Mulde kam, wo sie sich auf einen Baumstumpf setzte und über das glitzernde Wasser schaute. Sie hatte keine bestimmten Gedanken; ihr Wesen war einfach in sinnliche Wärme gebettet, die sich aus Liebe und aus der Schönheit des Sommertags zusammensetzte. Gleich würde Miles zu ihr kommen. Alles andere war unwichtig. Sie wußte, daß er an seinem Buch zu schreiben hatte; sollte er es schreiben! Sein Buch war wichtig und doch unwichtig... Es ist entsetzlich, es ist göttlich, dachte sie und preßte die Finger wieder in die Augen wie vorhin, als sie die Schwalben beobachtet hatte, es ist entsetzlich, es ist göttlich, als Frau so sehr zu lieben. Diese Pein mußte man sogar vor dem Geliebten verbergen; und daher rührt die Einsamkeit der Liebe einer Frau. Wie sehr wir uns auch lieben mögen, er und ich, immer ist es ein Unterschied: Ihm bleibt die Welt, mir vergeht sie. Die männliche Welt bleibt ganz getrennt von der Liebe bestehen. Deshalb – diesen logischen Schluß zog ihr Verstand – darf ich ihm nicht lästig werden. Ich muß mich der Stimmung fügen, die ihn beherrscht, und dankbar sein für das, was er mir schenkt. Er ist ein Mann, und ich bin eine Frau. Sein Leben ist erfüllt, und meins ist leer, soweit er es nicht erfüllt... Sie wartete so lange Zeit, daß ihre Vernunft anfing zu verfliegen und ihr Unwillen die Oberhand gewann. Wirklich, sie mußte ihm sehr wenig bedeuten, wenn er so viele Stunden verschwendete, in denen sie hätten zusammensein können. Sie riß ein Bündel Gras aus und nagte ärgerlich an den Halmen, wobei sie eine tapfere Anstrengung machte, sich zu beherrschen. Sie war entschlossen, ihn nicht unfreundlich zu empfangen, wenn er überhaupt zu kommen geruhte. Es war ihre eigene Schuld; sie hatte ihm gesagt, er solle an seinem Buch arbeiten und sich nicht beeilen. Er war nicht zu tadeln, wenn er sie beim Wort nahm. So ermahnte sie sich selber.«

In dieser Szene eines 1932 veröffentlichten Buches charakterisiert die Autorin in den Gedanken ihrer Heldin Evelyn weibliche Haltungen, die liebende Frauen auch heute noch so oder ähnlich fühlen und denken. Das Buch erzählt natürlich auch, wie es dem abwesenden Geliebten derweil geht. »Er schrieb besser als sonst, und sein Verstand arbeitete schärfer, weil er sich bewußt war, daß sie irgendwo draußen auf seinen Feldern sei und auf ihn warte... Er liebte sie, aber sie war Zerstreuung für ihn, nicht sein ganzes Leben. Er liebte sie gewiß. Doch er liebte sie besonders, wenn sie so heiter, so glücklich, so einfach, so unbeschwert und so malerisch war wie die Blumen an diesem Morgen vor der offenen Tür im Garten. Er konnte es nur nicht ertragen, wenn sie schwieg und anstrengend und eifersüchtig war. Dann hatte er den Wunsch, für immer von ihr zu gehen und von der Liebe mit all ihren lästigen und weiblichen Schwierigkeiten befreit zu sein, doch wenn sie froh und unbeschwert war und so hübsch, wie sie ausgesehen hatte, als sie in ihrem Musselinkleid am Türrahmen in der Sonne lehnte, hatte er das Gefühl, daß er für immer bei ihr bleiben wollte. Er war ihr besonders dankbar dafür, daß sie ihn an sein Buch geschickt hatte. Die Zeit und sein Verleger drängten, und in den letzten Monaten hatte er manchen Tag durch Evelyns Ansprüche verloren. Weshalb konnte sie nicht immer so vernünftig sein wie an diesem Morgen? Dann hätte es niemals Verdruß zwischen ihnen gegeben.«

Diese Passagen sind in der Tat Musterbeispiele für »zwei Welten«, zu deren Unvereinbarkeit und Aufrechterhaltung die Nähefähigkeit der Frau maßgeblich beiträgt. Ihr fehlt der Freiheits- und Handlungsspielraum, sich zu distanzieren, weggehen, sich trennen zu können, wenn die Nähe einseitig bleibt und inhaltsleer wird. Nähe, die nur aus der kritiklosen Bejahung in einer Beziehung zwischen erwachsenen Menschen, zwischen Frau und Mann besteht, ist keine. Sie verkommt zu einem Automatismus, zum angstvollen Reflex, zu mechanisierten Handlungen, Gefühlen und Gedanken. Sie hält das Näheobjekt im »Ist-Zustand« fest, entmündigt, unfrei, unbeweglich, wie frau sich selbst in diesem Zustand festhält. Auf diese Weise gehen Frauen »liebend« über Trennendes hinweg, vermeiden Strittiges, glauben Nähe um jeden Preis aufrechterhalten zu müssen, fürchten Nichtnähe als Leere, Angstquelle, verschlingendes Loch, als Existenzvernichtung.

Frauen, die ihre erlernte Nähefähigkeit um erwachsene Aspekte von Wahlmöglichkeit, Trennungs- und Distanzfähigkeit erweitern und bereichern wollen, kommen an kritischer Selbstbefragung nicht vorbei. Eine wesentliche Frage könnte lauten: »Wovon hält mich meine Art, Nähe zu leben, fern?« Sie zielt auf die Aufdeckung von Vertuschungsmanövern ab, auf Ablenkungsversuche, die als Alibi dafür dienen, eigenen angstbesetzten Entwicklungsschritten, der Bewältigung persönlicher Aufgaben ausweichen zu können. Unvermeidlich ist auch die Frage, ob ich als Frau selbst ein Bewußtsein von dem Wert meiner Nähe habe, der Art und Weise, wie ich sie lebe und zum Ausdruck bringe? Finde ich das, was ich in Beziehungen anbiete, selbstverständlich, nicht wichtig, unbedeutend, langweilig?

Es ist unvermeidlich, daß bei fast allen Versuchen, aus der Rolle zu fallen, die Angst, keine richtige Frau zu sein, ein zuverlässiger Begleiter ist. Manche Frauen bemogeln sich dadurch, daß sie auf Angstfreiheit warten, um dann endlich alle als notwendig erkannten Lernschritte machen zu können. Darauf zu warten hieße ewig warten, denn Ungewöhnliches, Neues, Unvertrautes einzuüben ist ohne Gefühle von Unsicherheit und Furcht nicht denkbar. In vielen Gesprächen mit Frauen ist eben das ein heikler Punkt, der immer wieder abschreckt.

Ohne Risiko, ohne Bereitschaft, die Beziehungstatsachen mutig anzusehen, ist Veränderung nicht möglich. Wenn ich mich an einem Ofen verbrenne, ist die instinktive Reaktion die, daß ich mich blitzschnell aus der Gefahrenquelle wegbewege und versuche, den Schmerz durch Kühlung und Salben zu lindern, mich also auf irgendeine sinnvolle Weise um die Aufhebung des Schadens kümmere. Dieses reflexhafte, intuitive Verhalten scheint vielen Frauen bei psychischen Verletzungen und Kränkungen nur schwer möglich. Oft sieht es so aus, als ob ihr innerer Schutzmechanismus nicht auf die eigene Person bezogen wirkt, sondern auf den Erhalt der Beziehung. So kann es passieren, daß sie nach Kränkungen sogar Nähebemühungen verstärken, das Gespräch suchen, sich zur Verfügung stellen und bedrängend wirken.

Die Möglichkeiten, mit Distanz umzugehen, sind umfassend, können körperlich, geistig, seelisch sein. Am ehesten sind Distanzschritte möglich, wenn ich nicht auf eine einzige Beziehung angewiesen, sondern in einem sozialen Netz eingebunden bin. Freundinnen und Freunde sind hilfreich, auch in Krisen einer Liebesbeziehung ein Bewußtsein davon zu behalten, daß ich es wert bin, daß der andere um Aufhebung der Distanz bemüht ist.

Frauen fehlt häufig die positive Erfahrung mit dem Alleinsein, der Möglichkeit, Freiräume äußerer und innerer Art für eigene Anliegen zu nutzen. Ich halte Alleinsein für ein menschliches Grundbedürfnis, welches von Frauen nur selten wirklich befriedigt werden kann, weil ihnen zumindest in der Beziehung zu Männern meist die Sicherheit fehlt, daß diese ihre Abwesenheit bemerken und dafür sorgen, sie in die Nähe zurückzuholen.

In einer bestehenden Beziehung ist es daher unerläßlich zu prüfen, wie der Mann in meiner Nähe diese erwidert, durch Bemühungen zum Ausdruck bringt, daß er sie nicht selbstverständlich, gedankenlos konsumiert, sondern sie wertschätzt, achtet, respektiert. Wie sieht die Nähe aus, die er anbietet? Gebe ich ihm als Frau genügend Raum, etwas für mich zu tun, oder habe ich bereits mit zwanghaften Liebesbemühungen alles besetzt? Warte ich schweigend, hofend auf seine Gesten von Fürsorge und Nähe, oder weise ich klar und deutlich auf die Möglichkeiten hin, bringe Wünsche und Vorstellungen immer wieder eindeutig zur Sprache, achte konsequent darauf, daß sich das Gesagte nicht in »Gewölk und Luftblasen« auflöst oder immer wieder »auf später« vertagt wird? Die konkrete Frage hat zu lauten: Bin ich, sind meine eigenen Nähewünsche, Entwicklungsmöglichkeiten, Lebensvorstellungen bei diesem Mann aufgehoben? Da diese Frage nur höchst selten mit einem klaren Ja beantwortet werden kann, könnte die Zusatzfrage über Bleiben oder Nichtbleiben, Festhalten oder Loslassen entscheiden. Es ist die Frage nach der Bereitschaft des Mannes zu lernen, aktiv an der eigenen Rollenveränderung zu arbeiten und die Partnerin in ihrem Lernprozeß zu unterstützen, sie nicht zu behindern. Die Beantwortung der letzten Frage ist keineswegs leicht, weil sie bereits aktive Prozesse von Klärung und Auseinandersetzung voraussetzt.

Da die erlernte Nähefähigkeit in der traditionellen Erziehung Mädchen und Frauen dazu anhält, die Wünsche und Bedürfnisse anderer Personen wichtiger zu nehmen als die eigenen Interessen, sie in diesem Prozeß nicht in gleichberechtigter Weise geben und nehmen lernen können, und sie daher kein befriedigendes Echo auf ihr Tun erhalten, bleibt bei vielen Frauen die Unsicherheit bestehen, ob sie nicht vielleicht zu wenig lieben, etwas mit ihrer Nähefähigkeit nicht stimmt. So kommt es, daß sie, anstatt klare Forderungen zu stellen, auf Gegenseitigkeit zu achten, in ihren Vorstellungen, Gefühlen und Gedanken an der Perfektionierung der eigenen Liebesfähigkeit arbeiten, in der Hoffnung, daß sie irgendwann einmal, quasi »im Zustand der Gnade«, wiedergeliebt werden, die Nähe erfahren, die sie so selbstverständlich zur Verfügung stellen. Weil sie den eigenen Fähigkeiten mißtrauen oder sie gar abwerten, vermeiden sie angstvoll, Nähe auf die Probe zu stellen.

In meiner therapeutischen Arbeit mit Frauen erlebe ich immer wieder, wie erstaunt sie sind, wenn nach unerlaubten Trennungsschritten, dem Verharren in Distanz, der Verweigerung von Gespräch, von Zusammensein, von Versorgungstätigkeiten, von beziehungsloser Sexualität, überhaupt einer deutlichen Beziehungspause, etwas produktiv in Bewegung gerät. Ohne die Erfahrung, daß der gelöste Beziehungsfaden auch vom anderen wieder geknüpft wird, er durch kompetente Bemühungen Annäherung und Veränderung bewirkt, bleibt Frauen nur die Spekulation darüber, wie tragfähig die Gemeinsamkeit eigentlich ist.

Grundsätzlich ist zum jetzigen Zeitpunkt, bei der Beibehaltung einer geschlechtsspezifischen Erziehung, die patriarchalen Interessen dient, bei der Entstehung von Liebesbeziehungen zwischen Frauen und Männern immer von einem vorprogrammierten Beziehungsnotstand auszugehen, von dem möglicherweise in der ersten Phase der Verliebtheit noch wenig oder gar nichts zu spüren ist, aber spätestens dann, wenn nach dem Zauber des aufregend Neuen Kontinuität beginnt und die Lebensräume in der Beziehung verteilt werden. Dann geht es jedesmal um die Frage, ob und wie sich beide an der Eroberung des Glücks beteiligen. Die Nähe, in der frau ganze Person sein kann, in der sie mit ihren Vorzügen und Schwächen, Fähigkeiten und Grenzen, ihrem wirklichen Sein, mit Wünschen, Träumen, Schwierigkeiten und Ängsten aufgehoben ist, ist im gesellschaftlichen Beziehungskonzept nicht vorgesehen. Diese muß in der Tat erst erobert, errungen, erkämpft werden. Die Notwendigkeit der Veränderung weiblicher Nähefähigkeit, die in allen Lebensaspekten zum Ausdruck kommt, ist nicht nur auf den privaten Bereich zu begrenzen. Die gleiche Problematik findet sich in allen helfenden Berufen, die der weiblichen Domäne zugerechnet werden, in der Kinder-, Alten- und Krankenpflege, in allen Lebenszusammenhängen, in denen das Patriarchat von der Ausbeutung und Minderbewertung weiblicher Nähefähigkeit profitiert. Grundlegende Veränderungen in diesen Bereichen werden ohne eine andere Geschlechtererziehung und politische Arbeit nicht erzielt werden können.

5.

Gesprächsfähigkeit – Mut zum Schweigen

»Mädchen gleichen Alters und gleicher Intelligenz sprechen sehr viel früher als der Junge«, schreibt Olivier in »Jokastes Kinder«. Gleichzeitig äußert sie ihr Befremden darüber, daß diese Tatsache in wissenschaftichen Abhandlungen zum Thema »Sprachentwicklung bei Kindern« offenbar als Normalität akzeptiert wird, ohne zu hinterfragen, warum das so ist.

Sie selbst stellt einen Zusammenhang zwischen der Benachteiligungssituation von Mädchen und deren frühem Spracherwerb her. Sie schreibt: »Wenn der Ruf und das Schreien die Funktion haben, die wahrgenommene Entfernung von der Mutter auszudrücken und die Verbindung mit ihr wiederherzustellen, dann fangen Mädchen, nachdem sie in den ersten Monaten ihres Lebens mehr geweint haben, früher an zu sprechen und bekunden damit eine Abwesenheit, einen Abstand, den es zu überwinden gilt, um wieder bei der Mutter zu sein, was für Jungen gleichen Alters nicht gilt. Der Junge wird nämlich nicht von dem starken Gefühl der Einsamkeit geplagt, die er nicht kennt, da er seit seiner Geburt durch das von der Mutter ausgehende Ganzheitsphantasma (Olivier meint damit, daß Frauen sich in der Symbiose mit ihren Söhnen vervollständigen, quasi »zum ganzen Menschen« machen. *Anm. d. Autorin*) abgesichert ist, die aus ihm ein narzißtisches Objekt macht. Er fühlt sich behaglich da, wo er ist, wie er ist.«

Als ich diese Zeilen zum ersten Mal las, fühlte ich mich an mütterliche Schilderungen über meine Säuglingszeit erinnert. In ihnen tauchte meist an irgendeiner Stelle folgende Aussage auf: »Na, du hast ja als Baby öfter völlig grundlos geschrien. Du lagst in deinem Bettchen, es war alles in Ordnung, und trotzdem hast du gebrüllt wie am Spieß, so daß die alte Oma Cox aus dem Hause oben kam und sagte: ›Christine, du mußt nach dem Kind sehen, das hat doch was.‹ Eines Tages hab' ich der gesagt, so, nun komm mal gucken, was die hat. Der fehlt nämlich gar nichts. Ich wußte ganz genau, daß dir nichts fehlte. Du wolltest bloß auf meinen Arm. Wenn ich dich hochnahm, hörtest du sofort mit dem Brüllen auf und hast ganz freundlich und zufrieden gelächelt. So war das mit dir. Aber du hast ja dann gelernt, daß es so nicht geht.«

Der Wunsch nach körperlicher Nähe, das Herausschreien von Einsamkeits- und Sehnsuchtsgefühlen war demnach kein ausreichender Grund, um auf den mütterlichen Arm zu kommen. Ich wurde ein Kind, das früh und viel sprach und gleichzeitig das grundlose Wutschreien für lange Zeit verlernte. Und obwohl ich wie fast alle Kinder die meiste Zeit mit meiner Mutter verbrachte, ist es mein Vater, der mich in der ersten Kindheitserinnerung, mit ca. 15 Monaten, in einer Angstsituation schützend und tröstend auf seinem Arm hält, während die Mutter im Hintergrund steht. In den Schilderungen von Frauen, die mir erzählen, wie sie als Kinder oder Heranwachsende ihre Mutter unterhielten, trösteten, sie zum Lachen brachten und von Kummer ablenkten, Leere und Schweigen mit kindlichem Geplauder über Erlebnisse anfüllten, finde ich mich wieder.

Olivier kennzeichnet die Unterschiede in der Sprache von Frauen und Männern: »Die eine, früh gesprochene, hat die Aufgabe, die Verbindung zu schaffen und den als unerträglich empfundenen Abstand zum/zur anderen aufzuheben; das ist die weibliche Sprache, die die Leere überspringt, Ähnlichkeit anstrebt und immer Zustimmung sucht (die vom Vater hätte kommen können, dem kleinen Mädchen aber immer gefehlt hat). Man sagt gern von den Frauen, daß sie sehr mitteilsam sind. Die andere Sprache, spät gesprochen, drückt den Abstand aus, der gegenüber dem/der anderen gewahrt werden soll. Die männliche Sprache ist meist bar von Gefühlen und Angst. Der Mann hält sich an sehr allgemeine und wenig verpflichtende Banalitäten. Wir beobachten es immer wieder: Er sucht nicht nach der tiefgehenden Kommunikation, von der er, wie es scheint, seinen Teil mit der Mutter gehabt hat, für den Rest seiner Tage ...«

In seinen Interviews betonte Jean Paul Sartre, daß er Gespräche mit Frauen denen mit Männern vorzog, weil er sich von ihrer Emotionalität und Lebendigkeit inspiriert und bereichert fühlte. Ihm schien, daß Unterhaltungen und Gespräche mit Männern immer in berufliche Gespräche ausarteten. Seine langjährige Beziehung zu Simone de Beauvoir bestand nach Auskunft beider vor allem »in einem nichtendenden Dialog«, in dem alles zur Sprache kam, was Leben ausmacht, und sie gemeinsam eine Welt schufen.

Auch in der therapeutischen Arbeit mit Männern höre ich immer wieder, daß sie sich im Gespräch mit Frauen besser aufgehoben und verstanden fühlen, während sie mit ihresgleichen nicht offen und persönlich werden können, weil sie Konkurrenz, Abwertung und mangelndes Verstehen befürchten. Wenn ich Männern nach einer Weile der Zusammenarbeit mit mir nahelege, ihren Lernprozeß in einer der von Wilfried geleiteten Männergruppen fortzusetzen, sind viele von ihnen anfangs ängstlich und skeptisch. Später sind sie dann erstaunt, daß unter Anleitung und bestimmten Bedingungen Männer sehr wohl in der Lage sind, untereinander einen einfühlsamen und offenen Gesprächsraum herzustellen, in dem Unterstützung, Ermutigung, aber auch Korrektur stattfinden. Was aber ist mit der frühen Gesprächsfähigkeit von Frauen? Zunächst einmal legen die Ausführungen von Olivier nahe, diese nicht unbedingt als Resultat einer günstigen Entwicklung zu betrachten, sondern als ein Phänomen, das Mangel und Not bewirkten. Wie Untersuchungen von Senta Trömel-Plötz (Frauensprache – Sprache der Veränderung) gezeigt haben, ist die Sprache der Frauen von einem breiten Spektrum besonderer Merkmale charakterisiert. Zunächst einmal sind viele Frauen imstande, für andere Menschen eine Gesprächswelt zu schaffen, ein Klima, in dem Nähe und Offenheit entstehen können und dazu führen, daß Persönliches mitgeteilt werden kann. Die Bemühung um Verständigung ist da, die Akzeptanz der anderen Person, das Interesse an ihr und der anderen Welt. Es wird weniger argumentiert und auf objektiven Standpunkten beharrt, sondern zugehört, nachgefragt und nach Gemeinsamkeiten gesucht. Während des Gesprächs finden Gesten unterstützender Bejahung statt, und das Gegenüber wird sehr viel weniger unterbrochen, als dies in typischen Männergesprächen der Fall ist.

Dieser Wert Gesprächsfähigkeit, den Frauen in allen Liebesbeziehungen leben, wird ihnen – vor allem und in erster Linie in der Verbindung zum Mann – nicht in gleicher Weise angeboten. In Partnerschaftsbeziehungen ist es sehr häufig so, daß die Gesprächsfähigkeit der Frau dem Partner dazu verhilft, sich lebendiger zu fühlen, durch ihre Fragen mehr über das eigene Befinden zu erfahren, sich überhaupt in Beziehung eingebettet zu fühlen, während sie leer ausgeht und nach seinen Worten hungert.

Wie mir scheint, sind Frauen primär gesprächsfähig in bezug auf andere; im Hinblick auf ihre eigene Befindlichkeit, Gedanken, Wünsche und Probleme wirken sie eher verschwiegen, still und sprachlos. Sie vertrauen sich allenfalls dem Tagebuch oder der besten Freundin an, häufig aber nicht einmal dies.

Obwohl Frauen bekanntlich im Kontakt mit anderen Frauen Beziehungsdefizite auszugleichen versuchen, sich hier Wärme, Trost und Entlastung holen, sind sie selbst dabei aus unterschiedlichen Gründen nicht immer wirklich offen. Oft schweigen sie sich über ihr tatsächliches Befinden aus, empfinden es als Makel oder Versagen, über Ängste und Schuldgefühle zu sprechen, über Schmerz, Depressionen und Aggressionen. Das Ausgesparte scheint weniger explosiv und gefährlich zu sein, als wenn es einmal mitgeteilt real wird, möglicherweise Konsequenzen gezogen werden müßten, bei denen Kälte, Ablehnung, Ignoranz und Gewalt als mögliche Reaktion des anderen vorweggenommen und als existentielle Bedrohung empfunden werden.

Die österreichische Schriftstellerin Marlen Haushofer schreibt in ihrem Roman »Die Wand«: »Ich habe an derartigen Ängsten gelitten, solange ich mich zurückerinnere, und ich werde darunter leiden, solange irgendein Geschöpf lebt, das mir anvertraut ist. Manchmal, schon lange ehe es die Wand gab, habe ich gewünscht, tot zu sein, um meine Hürde endlich abwerfen zu können. Über diese schwere Last habe ich immer geschwiegen; ein Mann hätte mich nicht verstanden, und die Frauen, denen ging es doch genau wie mir. Und so tratschten wir lieber über Kleider, Freundinnen und Theater und lachten, die heimliche verzehrende Sorge in den Augen. Jede von uns wußte darum, und deshalb redeten wir nie darüber. Es war eben der Preis, den man für die Fähigkeit bezahlte, lieben zu können.«

In den Beziehungen zu Männern scheint die Art der Frauen zu sprechen oft wie eine Musik, eine Melodie, mit der sie sich selbst Mut machen, die ihnen suggeriert »Ich bin nicht allein«. Sie erzählen, fragen nach, plaudern, reden und reden in der Hoffnung auf ein Echo, auf eine Resonanz ihres »Beziehungsgesangs«, während die Männer hinter der Zeitung versteckt oder vor dem Fernseher gar nicht hinhören, schweigen, gedankenverloren woanders sind, bei ihrem Computer, dem Auto, der Arbeit, dem Sport. Es kann passieren, daß sie in das Gespräch einsteigen, um Distanz- und Machtspiele zu spielen. Dabei weisen sie die Frau darauf hin, daß diese viel zu emotional spricht, zu unsachlich, zu unlogisch. Sie argumentieren, ziehen sich auf einen objektiven Standpunkt zurück und reden sich um Kopf und Kragen, damit kein wirklicher Austausch, keine Nähe entstehen kann. Oder sie hören tatsächlich einmal fünf Minuten hin, um dann rasch, mit einem eleganten Schlenker, bei ihren eigenen Belangen zu landen.

Meist fließt in solchen Situationen trotz der entstandenen Selbstzweifel, Verwirrung und Enttäuschung die Sprache der Frau weiter, füllt die Leerräume und geht über das lieblose Schweigen und die fehlende Nähe hinweg. Vielleicht sind ihre Wünsche ja wirklich ganz absonderlich? Die Wahrnehmung, zu kurz zu kommen, ist vielleicht tatsächlich unrealistisch und egoistisch? Vielleicht hat er recht, wenn er meint, daß ihre Sprache zu gefühlvoll und unklar ist? Mit diesen und anderen Fragen sind Frauen angesichts der Gesprächsunfähigkeit ihrer Männer, Geliebten, Freunde, Väter, Brüder, Chefs, Kollegen beschäftigt.

Die zu erlernende Schweigefähigkeit ist eine Möglichkeit, diesen unproduktiven Kreislauf zu durchbrechen. Sie ist daher nicht als Ausdruck von Angst und Schwäche zu verstehen, sondern als gewähltes Mittel, einen Ausstieg zu dokumentieren, Nichtanwesenheit, Nichtbejahung, Protest und Verweigerung auszudrücken, auf der Forderung zu beharren, ernstgenommen und verstanden zu werden. Das bedeutet auch konkret, das Gespräch abzubrechen, den Gesprächsfaden reißen zu lassen, wenn das Gegenüber nicht zuhört, nicht um wirkliche Verständigung bemüht ist, sondern Machtspiele spielt. Ferner beinhaltet es, die sich drehende Mühle von

Sticheleien und Nörgeleien abzustellen. Diese signalisiert ohnehin nur, daß die Frau nicht bereit ist, wirklich zu handeln, zu konfrontieren und auf Konfliktklärung zu bestehen.

Das Schweigen der Frauen ist erwünscht, wenn es um die Kritik am Mann geht, an der Bloßstellung seiner Liebes- und Beziehungsmängel. Ihre Sprache soll der Bewunderung, der Beschönigung, der Beruhigung dienen. Aus diesem Grunde erlernen Mädchen selten, streitbar mit Widerworten und Eigensinn umgehen zu dürfen, laut zu werden, wenn es nötig ist. Sie erlernen Sprache nicht als ein Instrument, welches über die Verständigung hinaus auch der eigenen Grenzsetzung dient, der Abwehr von Übergriffen, Verletzungen und Kränkungen.

Zu Beginn meiner Beziehung mit Wilfried Wieck, meinem Lebensgefährten, war es mir in Situationen von Verletztheit und Gekränktsein buchstäblich unmöglich, einen Satz der Klärung herauszubringen. Sprachlos litt ich unter Magenschmerzen, wurde still und traurig, vorwurfsvoll oder angespannt gereizt. Dabei waren Gespräche ein wesentliches, tragendes Element in unserer Beziehung. Ich hatte mich in ihn nicht nur deswegen intensiv verliebt, weil er mir mit seinen wirren dunklen Haaren, dem großen, schlanken Männerkörper, seinem lebendigen, ansteckenden Lachen schön und begehrenswert erschien, sondern vor allem deswegen, weil ich mit ihm über alles sprechen – und weil er zuhören konnte, mich im Denken anregte, zu Einfällen ermutigte und Lernprozesse herausforderte. Besonders unsere ersten Begegnungen bestanden darin, daß wir ohne Unterbrechung stundenlang miteinander sprachen.

Das Bedürfnis von Frauen, nicht nur wegen ihres Körpers, sondern auch als Person im Gespräch geliebt zu werden, drückt Olivier an einer Stelle in »Jokastes Kinder« ganz persönlich aus: »Ich wußte, daß ich Männer mit dem unwichtigsten meiner Person anzog; ich hätte gewollt, daß einer mit einer anderen Sprache begonnen hätte als mit der, die aufs Äußerste abzielt. Ich hätte gewollt, daß einer mich gefragt hätte: Wer bist du? Was denkst du? Wie lebst du? Was suchst du?«

In unserer Beziehung war es lange Zeit Wilfried, der darauf bestand, daß ich nicht nur die Sprache der Verbindung, sondern auch des Konflikts und der Auseinandersetzung lernte. »Ich weiß nicht, womit ich dich verletzt habe, du mußt es mir sagen. Ich halte dein Schweigen nicht aus«, hörte ich immer wieder von ihm. Mein Mund blieb trotzdem verschlossen, es kamen keine Worte. In einer Übergangsphase halfen mir Zettel mit »Botschaften«, dann folgten weitere Schritte, die mir wie das Erlernen einer »verbotenen Sprache« erschienen. Eine Sprache, in der Worte da waren für Kritik, Wut, Zorn, Mißbilligung, Enttäuschung und Forderungen. Der Lernprozeß war anfangs furchterregend und angstbesetzt und wurde erst sehr allmählich zu einer deutlichen Befreiung.

Die Bedeutung von Sprache in Beziehungen ist umfassend, ein Mangel an echtem Gespräch, dem emotionalen und geistigen Austausch, bei dem Bedürfnisse, Wünsche und Erwartungen immer wieder neu ausbalanciert werden, in dem Diskurs möglich ist, Klärung gemeinsamer, aber auch unterschiedlicher Positionen, führt nach einer Weile unweigerlich zu Entfremdung und Beziehungsstarre.

Die Erfahrungen in der therapeutischen Arbeit weisen darauf hin, daß offenbar viele Kinder, nicht nur Mädchen, im Laufe ihrer Entwicklung Sprache nicht unbedingt als zuverlässige Quelle von Verständigung mit Erwachsenen erlebten, die häufig vereinbarte Regeln nicht einhielten, Versprechen nicht einlösten oder ihre Kommunikation auf Anweisungen, Kontrollen, Ge- und Verbote beschränkten. Wenn Worte nur sinnentleerte Hülsen waren oder mit der erlebten kindlichen Wirklichkeit nicht übereinstimmten, ist es schwer, in ihnen Taten oder Handlungsmöglichkeiten zu sehen. Dabei haben

hier und da ein Knopf gedrückt oder ein Hebel betätigt wird. Das kann ich ihm aber gar nicht sagen, dann bricht für ihn die Welt zusammen.«

»Er will immer, daß wir uns unsere Phantasien erzählen und uns damit gegenseitig ein bißchen antörnen. Aber mir macht das Angst. Erstens hab' ich nicht so wilde Phantasien, und die ich habe, will ich lieber für mich behalten. Im Grunde mag ich seine auch nicht anhören, weil mich manches in Leistungsstreß bringt oder abstößt.«

Sehr häufig durchzieht diese und andere, weniger harmlose Aussagen von Frauen über Sexualität ein roter Faden, es ist die hilflose oder bittere Klage über männliche Unzärtlichkeit, mangelnde Sensibilität und Wärme, geringes Interesse an ihrer Person und ein verletzendes Schweigen, welches sie in der Beziehung einsam und unverstanden sein läßt.

Sie schildern ihre ohnmächtigen Gefühle, wenn sie nach Streitigkeiten und Konflikten *vor* sexuellen Begegnungen die Annäherung im Gespräch brauchen und auf emotionale Gewalt in Form von Verweigerung stoßen. Oder sie sind mit Anklagen von seiner Seite konfrontiert, daß doch sie diejenige sei, die Probleme mit dem Sex habe, überempfindlich sei, wahrscheinlich sogar frigide. Oft sind es Situationen, in denen sie in sexistischer Weise abgewertet werden.

In einem in der Zeitschrift »Elle« veröffentlichten Artikel über den Psychoterror von Männern gegen Frauen schreibt Shere Hite in diesem Zusammenhang: »Viele Frauen berichten, daß ihr Mann in dieser Situation nicht bereit ist, zuzuhören und über das Problem zu sprechen. Sie stößt auf feindseliges verärgertes Schweigen. An diesem Punkt versucht die Frau meistens, alles noch einmal von vorne zu erklären, in der Hoffnung, daß er diesmal mehr Verständnis zeigen und antworten würde. Das Schweigen eines Mannes – wenn eine Frau verzweifelt versucht, mit ihm über ein Problem zu sprechen, oder sie ihn bittet, sich zu öffnen, seine Gefühle zu zeigen und die Ursachen des Problems zu ergründen – ist eine extrem gewalttätige Antwort ... Tatsächlich beginnen viele Männer an diesem Punkt, sich selbst als diejenigen zu betrachten, deren Gefühle verletzt werden, und erwarten von den Frauen, daß sie sich entschuldigen ... Es droht der Frau Nichtakzeptanz und Zurückweisung ›als eine von denen, die kein Mann aushalten kann‹. Frauen verwenden oft eine Menge Energie darauf, diese Angriffe zu verstehen, um wieder zu einer psychischen Ausgeglichenheit und einer positiven Weltanschauung zu gelangen. Das ist schwierig, da die emotionale Gewalt meist in regelmäßigen Abständen wiederkommt.«

Für eine Vielzahl von Frauen ist die hier geschilderte emotionale Gewalt Bestandteil alltäglicher weiblicher Lebenserfahrung, die das Selbstgefühl schädigt, den selbstbestimmten Umgang mit sexuellen Wünschen einschränkt und überhaupt die Möglichkeiten, Sexualität lust- und freudvoll zu genießen, extrem beschneidet, oft sogar verunmöglicht.

»Eigensinn in der Liebe« ist vor allem im Hinblick auf die Entfaltung weiblicher Sexualität unter patriarchalen Lebensbedingungen nicht vorgesehen. Im Gegenteil, jedes nur denkbare Mittel scheint angemessen, um eine solche Entwicklung zu verhindern. Bevor Überlegungen darüber angestellt werden können, ob es unter diesen Umständen für Mädchen und Frauen dennoch Möglichkeiten gibt, zu einer eigenen Sexualität zu finden, ist es zunächst einmal notwendig, einen klaren, ungeschönten Blick auf den »Istzustand« zu werfen, sich mit den realen Gegebenheiten zu konfrontieren und auseinanderzusetzen.

In einer Meldung im »Tagesspiegel« (29. Oktober 1990) wurde unter der Überschrift »Fast jedes vierte bundesdeutsche Mädchen wird sexuell mißbraucht« darüber berichtet, daß als neue Form von Mißbrauch die Produktion von kinderpornographischen Videofilmen zu betrachten sei, die häufig von Vätern oder Onkeln mit den eigenen Kindern hergestellt würden. Diese Filme würden privat mit anderen Interessenten ausgestauscht. Renate Schmidt von der SPD ergänzte, in der BRD gebe es ein Videoaustauschnetz von 30000 solcher »Sammler«.

Der Artikel wies darauf hin, daß in diesen Pornos vier- oder fünfjährige Kinder, aber auch Säuglinge, meist Mädchen, zu sexuellen Handlungen bis hin zum Geschlechtsverkehr gezwungen würden.

In einem von Esther Knorr-Andres verfaßten Artikel in der »Zeit« war unter dem Titel »Wenn es einer erfährt, schlägt er mich krumm« zu lesen: »Der in der Nachbarschaft als ›häuslich‹ gelobte Vater ließ es sich nicht nehmen, die Tochter zu Bett zu bringen. Dem Gute-Nacht-Kuß folgten Streicheleinheiten, die sich schließlich über den Leib des Kindes ausdehnten. Stets versuchte es die Hand des Vaters wegzudrücken. ›Du liegst still und sagst keinem Menschen ein Wort. Was wir machen, ist unser Geheimnis. Wenn du es verrätst, passiert was, verstanden!‹ Später bestand er darauf, die Tochter zu baden, beim Fernsehen mußte sie auf seinem Schoß sitzen. Er zeigte ihr pornographische Abbildungen und erläuterte sie an seinem und ihrem Körper... Als die Tochter elf Jahre alt war, vergewaltigte er sie; als sie zwölf war, lud er einen Kollegen zum gemeinsamen Mißbrauch der Tochter ein. Die von dem Mädchen angeflehte Mutter, doch bitte zu Hause zu bleiben und nicht nachts zu arbeiten, reagierte ärgerlich mit der Feststellung: ›Red nicht dummes Zeug. Vater ist hier, du bist gut aufgehoben.‹«

Inzwischen ist hinlänglich bekannt, daß bereits mißbrauchte Mädchen oft nicht mehr sprachlich mitteilen können, was ihnen geschehen und zugestoßen ist. Daher ist es im Umgang mit Kindern unbedingt notwendig zu wissen, welche Symptome zu Rückschlüssen auf sexuellen Mißbrauch Anlaß geben. Einige davon möchte ich hier nennen: grundsätzliche, auffällige Verhaltensänderungen, Bauchschmerzen, Sprechstörungen, Schlafstörungen, Verletzungen am Unterleib, Schreie im Schlaf, verändertes Eßverhalten, häufige Übelkeit, Bettnässen, Schulschwierigkeiten, Angstzustände, Klammerverhalten, der immer wiederkehrende Wunsch, bestimmte Orte oder Personen meiden zu wollen, Probleme mit Spielkameraden und bei älteren Mädchen auch Süchte oder Drogenprobleme.

Besonders bei kleinen Kindern kann auch auffallend verführerisches Verhalten und nicht altersgemäßes Wissen über sexuelle Details Anlaß sein, zu prüfen und nachzufragen, was passiert ist. Es ist von entscheidender Bedeutung, den Hinweisen der Kinder Glauben zu schenken, sie nicht abzuwimmeln oder der Lüge zu bezichtigen. Dem Mädchen hilft es, wenn die erwachsene Person nicht in Panik gerät, sondern dem Kind zu vermitteln versucht, daß es richtig war, das Erlebte zu erzählen (soviel wie es kann und mag), es zu entlasten, indem man ihm versichert, daß es keine Schuld an dem Vorfall hat und man es beschützen und gemeinsam Hilfe suchen werde.

Noch leben wir nicht unter Bedingungen, in denen davon ausgegangen werden kann, daß Töchter bei ihren Vätern gut aufgehoben sind. Deswegen besteht vor allem für Mütter die Aufgabe, den Mädchen dabei zu helfen, sich schützen zu lernen, die persönliche Schamgrenze des Kindes absolut zu respektieren und Beistand zu leisten, wenn es sich bei Übergriffen, ungewollten Berührungen und Zärtlichkeiten zu wehren versucht.

Die Tatsache, daß die Kette menschenverachtender, grauenvoller Enthüllungen nicht mehr abreißt, und die berechtigte Annahme, daß die Zahl der Opfer in Wirklichkeit viel höher liegt als in den Statistiken, zwingt zu der Erkenntnis, daß es sich bei diesen sexuellen Gewalttaten keineswegs um Ausnahmen handelt, um das vereinzelte Herausfallen von Tätern aus dem ansonsten gut funktionierenden gesellschaftlichen Sittenkodex. Der furchtbaren Wahrheit kommt es näher, davon auszugehen, daß diejenigen Mädchen und Frauen, die in ihrer Entwicklung keinerlei sexuelle Übergriffe, Gewalt und Persönlichkeitsenteignung erlebt haben, in der Minderzahl sind. Sie sind die wirklichen Ausnahmen.

In den von mir betreuten Therapiegruppen sind von zehn Frauen meist acht oder neun Betroffene. In fast jeder Einzeltherapie wird der sexuelle Mißbrauch früher oder später zum Thema gemacht. Inzwischen ist es für mich unübersehbar, daß die Häufigkeit dieser sexuellen Mißhandlungen an Kindern und Frauen, die offenkundige Alltäglichkeit ein Symptom der patriarchalen Herrschaftsordnung ist, die ihren männlichen Mitgliedern fast uneingeschränkt Privilegien einräumt und mittels des Höherwertigkeits- und Überlegenheitsdogmas ein Menschen- und Frauenbild suggeriert, welches Ausbeutung, Mißbrauch und Gewalt quasi erlaubt.

Diese Tatbestände prägen nicht nur individuelle Paarbeziehungen. Sie werfen die Frage auf, was es für eine Gesellschaft eigentlich bedeutet, wenn die Mehrzahl ihrer weiblichen Mitglieder als Kinder oder Erwachsene mißhandelt, gedemütigt und in ihrer Persönlichkeitsentwicklung teilweise oder ganz zerstört werden. Es ist fraglos so, daß die Auswirkungen dieser Katastrophe ihre Spuren in allen Lebensbereichen hinterlassen haben und in zukünftige Forschungen aller Art als eine Untersuchungsdeterminante einbezogen werden müßten, damit notwendige Konsequenzen im Bereich der Gesetzgebung, des Erziehungs-, Gesundheits- und Bildungswesens erfolgen könnten. Ob dies je der Fall sein wird, hängt nicht zuletzt davon ab, wie viele Frauen begreifen, das der Kampf um Menschenrechte und Gleichberechtigung noch keineswegs abgeschlossen und überholt ist.

Die Statistiken über Vergewaltigungen, auch und gerade in der Ehe, die Belegzahlen in den Frauenhäusern, Berichte über sexuellen Mißbrauch, Menschenhandel mit Frauen und Kindern zum Zwecke der Prostitution, Sextourismus, der Umgang mit dem § 218, der Frauen in Notsituationen zusätzlich bestraft und kriminalisiert, bezeugen eine andere Wirklichkeit, als Zeitgeistpostillen uns suggerieren. Im übrigen weist Benoîte Groult in »Ödipus' Schwester« darauf hin, daß auch heute noch in vielen Ländern Klitorisbeschneidungen an der Tagesordnung sind und Mädchen und Frauen vom Kult um Jungfräulichkeit tyrannisiert werden.

Parallel zu diesen verheerenden Mißständen finden die Frohlockungen über die sexuelle Befreiung der Frau immer wieder neue reißerische und sensationelle Nahrung, die bestens geeignet ist, von der Wirklichkeit abzulenken, die die Mehrheit der Frauen in punkto Sexualität teilt. Die Öffentlichkeit begnügt sich damit, ab und zu schockiert zu sein, wenn die Enthüllungen über sexuelle Ausbeutung von Kindern und Frauen aus sogenannten Dritte-Welt-Ländern allzu deutlich macht, daß es unsere Väter, Brüder, Freunde, Männer sind, die dort ihren Macht- und Herrschaftsneigungen nachgehen, weil die einheimischen Frauen allzu empanzipiert sind und in ihren Augen »nicht mehr taugen«.

Erst auf Grund heftiger Proteste in der Öffentlichkeit verzichtete der renommierte Baedeker-Allianz-Reiseführer für Bangkok auf folgenden Hinweis: »Taubstumme junge Mädchen sind äußerst beliebt und können Rekordzahlen an Kunden aufweisen, da zum einen das Problem der sprachlichen Verständigung entfällt und sie zum anderen im Wunschlesen konkurrenzlos sind.«

Die schicksalhafte Hinnahme dieser unvereinbaren dramatischen Widersprüche können nur als Ausdruck kollektiver Verdrängung und Realitätsverleugnung verstanden werden, Abwehrmechanismen, die dem Schutz männlicher Herrschaftsprivilegien dienen sollen.

So bleibt die Frage, welche Sexualität für wen und wozu befreit wurde? (Da ich in meinem Buch »Berührungen:

Sexualität und Lebensgeschichte im Patriarchat« zu diesem Thema Stellung genommen habe, greife ich an dieser Stelle auf Passagen des Buches zurück.) Fest steht, daß zumindest die Frage nach dem Wissen über sexuelle Vorgänge keinem Tabu mehr unterliegt. Alle wissen über alles Bescheid. Zumindest besteht kein Mangel an Information. Lawinen von detaillierten Untersuchungen haben uns eine Flut von Reports beschert, in denen über das Sexualverhalten von Frauen und Männern berichtet wird, über ihre Vorlieben und Abneigungen, über Praktiken, die als normal oder pervers eingestuft werden, über Phantasien, unterschiedliche Erregungskurven, Diskussionen über den vaginalen und klitoralen Orgasmus bei der Frau, von der seit jüngster Zeit fest steht, daß auch sie fähig ist zu ejakulieren.

Inzwischen wissen wir auch, daß homosexuelle und lesbische Liebe, Bisexualität ebenfalls, keineswegs nur eine verschwindend kleine Anzahl von Menschen betrifft.

Neben der erfreulichen und notwendigen Offenheit im Umgang mit menschlichen Möglichkeiten, Wünschen und Bedürfnissen setzte gleichzeitig die Vermarktung des Themas Sexualität ein, deren Auswirkungen in einer Weise unseren Alltag bestimmen, die uns kaum noch bewußt wird.

Wir sind an sexuelle Anmache gewöhnt worden. Egal, ob es um den Verkauf von Autos, Seife oder Computern geht, überall wird uns in einer Art Gehirnwäsche suggeriert, daß Sex toll ist, Lust das Größte, und wer nicht mitmacht oder auf seine Kosten kommt, selbst schuld, hoffnungslos prüde und ein Sexmuffel ist. Selbst die latente Furcht vor Aids hat an der Parole »Alles was Lust macht, ist erlaubt und kann nicht schaden« noch nichts Wesentliches verändert. In den Medien tönt es schon lange und deutlich erfreut, daß die Frauen offenbar wieder vernünftig werden und jetzt selbst bekennen, was Mann immer schon wußte, daß nämlich ein bißchen Gewalt- und Machoverhalten im Bett ihnen zu lustvollen

Höhenflügen verhilft. Besonders seit der von der Zeitschrift »Emma« ausgelösten Debatte über ein Antipornographiegesetz und der damit verbundenen »PorNo«-Kampagne ließen Illustrierte und Magazine genüßlich Frauen zu Wort kommen, die »Lust auf Pornos« haben. Schadenfreude im männlichen Lager: »Na bitte, die Frauen sind auch nicht besser als wir.«

Die KritikerInnen der Anitpornokampagne beschwören in Schreckensvisionen den Rückschritt in die muffigen fünfziger Jahre und versuchen eloquent, das eigentliche Anliegen zu verfälschen. Das lautstarke Getöne von der Notwendigkeit sexueller Selbstverwirklichung ist zumindest glänzend dazu geeignet, Verwirrung in den Köpfen zu stiften. Die Bandbreite der Widersprüche scheint unendlich.

Neben Meldungen von einer US-amerikanischen Vertreterin des weiblichen Geschlechts, die mit einem ganzen Koffer voll Vibratoren um die Welt reist, mit der frohen Botschaft an ihre Schwestern, daß Frauen sich dieser Instrumente bedienen sollen, um endlich unabhängig von den Männern ihre Lust auf Sex quasi jederzeit und an jedem Ort befriedigen zu können, gibt es weniger lustige, die eine ganz andere Realität beschreiben.

So erhielt zum Beispiel Jutta Ditfurth, die bekannte grüne Politikerin, Drohungen, nachdem sie sich öffentlich dazu bekannt hat, zweimal abgetrieben zu haben, und in diesem Zusammenhang die Aussage machte, daß sie bei einem knapp 20jährigen lustvollen Geschlechtsleben zwei Abtreibungen für relativ wenig halte.

Die Drohungen, die sie vor allem von Männern erhielt, die sie als obszöne Person beschimpften, bezogen sich keineswegs allein auf den Tatbestand der Abtreibung, sondern als skandalös wurde es in der Öffentlichkeit empfunden, daß sie sich als Frau zu einem lustvollen Geschlechtsleben bekannte.

Sexualität heute findet nicht im luftleeren Raum oder einer

irgenwie gearteten Idylle statt, sondern in einer patriarchalen Gesellschaft, die, durch die Arbeit der Frauenbewegung aufgeschreckt, zu erbitterten Gegenmaßnahmen greift, um die »Herrschaft« zu sichern. Sexualität im Patriarchat kann per definitionem nicht anders als »mannfixiert« sein, da dieser in der Wertepyramide immer an oberster Stelle steht. Die Tatsache, daß es einzelne Menschen gibt, Frauen und Männer, denen es gelungen ist, zumindest teilweise aus diesem Wahnsystem auszusteigen, kann nicht darüber hinwegtäuschen, daß die Strukturen des Geschlechterverhältnisses immer noch auf die Bedürfnisse des Mannes ausgerichtet sind. Sein verkorkstes Frauen- und Menschenbild, die Reduzierung auf Funktionen und austauschbare Teile, die Trennung von Körper und Geist, von Sinnlichkeit und Vernunft, hat einen erheblichen Anteil an seiner deformierten Sexualität, die dennoch als Norm und Maßstab aller Dinge gilt.

Das Taxieren des Mannes entscheidet über das Selbstbewußtsein von Frauen, die – in ihrem Wunsch nach männlicher Anerkennung und in Erwartung seines kritischen Blicks – kostbare Lebenszeit damit verbringen, ihren Körper und seine Einzelteile entsprechend herzurichten. Mag sein, daß wir uns von Unwissenheit befreit haben, die Befreiung von der Deformierung durch die patriarchalen (Un-)Werte, die das Wesen der sexuellen Beziehung zwischen Frauen und Männern prägen, ist noch längst nicht geleistet. Eines ist jedoch klar, um »Gleichberechtigung« kann es bei dieser Entwicklung nicht gehen, denn so, wie sich die Männersexualität präsentiert, bietet sie alles andere als lustvolle Orientierung.

In einer von Bernhard Strauß veröffentlichten Studie zu »Empfängnisverhütung und Sexualverhalten der Männer« wird in den Untersuchungsergebnissen darauf hingewiesen, daß die Männer selbst von ihrer eigenen Sexualität kein verlockendes Bild entwerfen. Ihre Einstellung dazu ist von Leistungsdruck und Versagensängsten geprägt und eher unsinnlich. Ihre Beurteilung der weiblichen Sexualität ist positiver, insofern, als 53 Prozent der befragten Männer die Ansicht vertraten, daß Frauen in diesem Bereich empfindsamer sind. 42 Prozent meinten, daß die Erlebnisfähigkeit bei Frauen bei sexuellen Aktivitäten größer sei als bei Männern. 29 Prozent schätzen den Umgang mit Sexualität bei den Frauen vielseitiger ein als bei sich selbst. Allerdings sind auch nur 12 Prozent der Meinung, daß sich die Sexualität beider Geschlechter nicht wesentlich voneinander unterscheidet.

Die Studie sagt ferner aus, daß für Männer offenbar generell die Häufigkeit sexueller Kontakte wichtiger ist als die Art und Weise, wie diese gestaltet werden. Die immer wieder propagierten Unterschiede zwischen den Geschlechtern sind in erster Linie Resultat äußerer Einflüsse wie Erziehung, Geschlechterrolle, Religion, gesellschaftliche Dogmen und Wissenschaft. Was den biologischen Bereich anbelangt, sind sie keineswegs so gravierend, wie oft getan wird. Hierfür liefert das Buch »Evas Geheimnisse« neue Erkenntnisse zur Sexualität der Frau und eindrückliches Material. Die Autorin, Josephine Lowndes Sevely, kommt auf Grund ihrer Forschungen zu der Erkenntnis, daß zwischen den Geschlechtsorganen von Frauen und Männern eine weitgehende Symmetrie besteht und bei beiden dasselbe erektile Gewebe zu finden ist. Die Autorin betont, daß – wie in anderen Forschungsbereichen, auch in diesem Zusammenhang – zuerst die männliche Anatomie bestimmt und benannt wurde und erst danach die weibliche Anatomie in Relation gesetzt wurde.

So wird auch die Tatsache, daß Frauen ebenso wie Männer ejakulieren, von männlichen Autoritäten in diesem Forschungsbereich bestritten, obwohl nach Aussagen der Autorin eine Fülle von kulturellen und medizinischen Nachweisen das Gegenteil belegen. Das Buch enthält umfassendes wissenschaftliches Material, welches in verständlicher Sprache und mit Hilfe von detaillierten Zeichnungen und Erklärungen mit gängigen Irrtümern aufräumt und zu einem besseren Verständnis von weiblicher Sexualität beitragen will.

Die Autorin schreibt: »Die Entdeckung, wie sehr sich die ›Geschlechtsapparate‹ von Männern und Frauen bis in kleinste Einzelheiten gleichen, dürfte beiden Geschlechtern helfen, sich selbst und auch einander besser zu verstehen.« Anders als in den herkömmlichen medizinischen Definitionen weiblicher Anatomie, beinhaltet die von der Autorin vorgestellte Theorie, daß Klitoris, Urethra und Vagina in sexueller Hinsicht als eine Einheit fungieren: »Im Zustand der Leidenschaft ist die Vagina durchaus kein passiver Hohlraum, sondern vielmehr ein komplexes Gebilde aus aktivem Raum und tieferliegendem Sexualorgan.« Sie betont ferner, wie wichtig es ist, sich klarzumachen, daß bei der Gestaltung von Sexualität nicht eine ausschließliche Konzentration auf die Geschlechtsorgane erfolgen soll, da Gehirn und Bewußtsein am Orgasmus beteiligt sind und ebenfalls eine große Rolle spielen.

Mir scheint die Aneignung und Verbreitung der von Lowndes Sevely erarbeiteten Erkenntnisse nicht nur wichtig, weil sie einen völlig neuen Blick auf die weiblichen Sexualorgane und ihre Funktion ermöglichen, sondern auch deswegen, weil ich im Gespräch mit Frauen unterschiedlichen Alters diesbezüglich häufig auf erstaunliche Unwissenheit und Unsicherheit stoße. So ist beispielsweise die Größe der Schamlippen nicht selten Anlaß zur Sorge, ob frau »normal gebaut« ist. Hierzu schreibt die Autorin: »Die Größe beider Strukturen (große und kleine Schamlippen) variiert von Frau zu Frau erheblich und kann sich bei ein und derselben Frau von der Reifezeit bis ins mittlere Alter verändern.« Andere Frauen berichteten mir zögerlich schamvoll davon, daß sie ihre Klitoris »anormal« groß fänden und darüber sehr beunruhigt seien.

Die im Verlauf einer typischen Mädchenerziehung verinnerlichten Schamgefühle und Verbote, das Schweigen in bezug auf das eigene Geschlecht, die Bestrafung von sexueller Neugier führen offenbar dazu, daß viele Frauen noch im Erwachsenenalter Mühe und Widerstände haben, sich aktiv Wissen über Sexualität anzueignen. So bleiben sie den Bewertungen und »Zuschreibungen« anderer ausgesetzt.

Entgegen den in allen Tonarten klingenden öffentlichen Verlautbarungen über die sexuelle Befreiung der Frau, begleitet von Bildern aus der Reklamewelt, drängt sich mir täglich – nicht nur im Rahmen meiner therapeutischen Arbeit – eine andere Wirklichkeit auf. Trotz einiger detailhafter Veränderungen und Verbesserungen an der Gesamtsituation von Frauen kann von wirklicher sexueller Befreiung überhaupt keine Rede sein, denn schließlich bestimmen immer noch maßgeblich patriarchale Werte und der Herrschaftsanspruch von Männern die Lebensbedingungen, Gesetze, Politik, Wirtschaft, Wissenschaft und damit den Alltag der Menschen.

Patriarchat und Befreiung weiblicher Sexualität sind ein eklatanter Widerspruch, der unauflösbar bleibt, solange nicht ein anderes Menschen- und Frauenbild integriert wird, welches die Abschaffung der Herrschaft des männlichen Geschlechts über das weibliche zur Folge hat. Wenn man Sexualität nicht als einen von der übrigen Lebenswirklichkeit losgelösten Trieb versteht, sondern als umfassende physische, psychische und soziale Ausdrucksmöglichkeit einer Person, als ein lebendiges Potential, von einer Fülle von Einflüssen geprägt, dann wird deutlich, daß nur eine unter dem Aspekt der Gleichheit veränderte Lebensbasis Voraussetzung für sexuelle Befreiung ermöglichen kann.

Verständlicherweise ist es für eine Männergesellschaft weniger aufwendig und gefährlich, Ablenkungsmanöver anzubieten, den Frauen beispielsweise mittels geschickter Werbung zu suggerieren, daß sie bereits beim Kauf verführerisch glänzender Dessous ihr Recht auf selbstbestimmte Sexualität und Erotik ausdrücken. Ob sie in diesen vielleicht zu schillernden Mogelpackungen verkommen, interessiert weiter nicht.

Wirkliche Befreiung setzt das Recht des weiblichen Kindes auf volle, ganze Menschwerdung voraus; das Recht auf körperliche Selbstbestimmung und auf Schutz, ist ohne die Abschaffung der Zwangsheterosexualität nicht vorstellbar, denn wirkliche sexuelle Befreiung beinhaltet auch, nicht von vornherein und qua Erziehung auf eine »richtige« Sexualität festgelegt zu sein, deren Spielregeln letztlich von männlichen Bedürfnissen diktiert werden. Sie beinhaltet, wählen zu können, sich für oder gegen etwas entscheiden zu können, ohne mit mannigfaltigen Sanktionen und Nachteilen aller Art rechnen zu müssen.

Befreiung hieße auch, Bedingungen für eine andere erotische Kultur zu schaffen. »Frauen sind gewohnt, ihre erotischen Kräfte in ihrer sogenannten Beziehung zu verpacken. Erotik ist für Frauen die Hindressierung eines Potentials, die spezialisierte Sexualisierung bis zur Pornographie oder zur normalen Ermüdung in Ehe- und anderen Betten. Diese historisch gewollten Schrumpf- und Erkältungsformen – Ausdruck panischer Angst des Patriarchats vor jeder unkontrollierten Ausbreitung von Frauen – haben mit einem erotischen Verhältnis von Welt nichts zu tun. So gelingt es Frauen schwer, andere Räume, ein anderes Tun, andere Menschen mit Liebe, mit Qualität zu füllen. Männer haben sich und uns einzureden versucht, das seien bloße ›Sublimierungen‹, und alle Begeisterungen außerhalb des Bettes, außerhalb der Bettvorbereitung und Bettnachbereitung, seien ein vom Eigentlichen abgeleiteter Ersatz«, schreibt Thürmer Rohr in dem Essay »Mittäterschaft und Entdeckungslust«.

Die bisherigen Versuche von Frauen, wenigstens im Bereich der Literatur zu einer eigenen Sprache zu kommen, Sexualität und Erotik auf eine andere, weibliche Weise zu beschreiben, sind nicht überzeugend. Sie können es im

Grunde auch nicht sein, weil da keine *Tabula rasa* ist, die das kreative Ausphantasieren von Noch-nicht-Möglichem, Nichterlebtem, kühne Entdeckungen und Entwürfe, Neubeschreibungen offenließe. Es gibt keinen leeren Raum, der nach Belieben gestaltet und eingerichtet werden kann, es gibt keinen leeren Kopf und keine leeren Gefühle. Es ist alles besetzt, das Begehren, die Phantasien, die Sprache, die Szenen, die Praktiken, die Berührungen – alles.

Der Roman »Lust« der Österreicherin Elfriede Jelinek wurde lange vor seiner Veröffentlichung sensationslüstern als »weibliche Pornographie« angepriesen. Die Autorin selbst meinte in einem Interview dazu, daß sie ihren »Versuch« als gescheitert betrachtet und das Schreiben des Buches sie an die Grenzen ihrer Kraft gebracht und sie zeitweise krank gemacht habe. Wer sich der Tortur des Lesens unterzieht, weiß, warum. Die Worte, die sie benutzt, erscheinen wie ausgepreßt, bar jeder Wärme. Maschinentöne. Daraus werden Sätze, die wie kalt blitzende Seziermesser ins Gehirn schneiden, perfekt geführte Instrumente bei einer Operation, die mit der erbarmungslosen Aufdeckung des Schadens noch nicht für Heilung sorgen. Hier eine Passage des Buches: »Die Frau lacht nervös, als sich der Mann, noch im Mantel, gezielt vor ihr entblößt. Er entblödet sich nicht, seinen Schwanz dahingestellt zu lassen. Die Frau lacht lauter und schlägt sich mit der Hand erschrocken auf den Mund. Ihr werden Prügel angedroht. Sie hallt noch wider von der Musik auf dem Plattenteller, wo sich ihre und anderer Menschen Gefühle in Gestalt von Joh. Seb. Bach, für den menschl. Genuß bestens geeignet, im Kreis herumdrehen. Der Mann ragt inmitten seiner Stacheln von Haar und Hitze aus sich heraus. So vergrößern die Männer sich und ihre Werke, die aber bald wieder hinter ihnen zusammenfallen ... Der schwere Schädel des Direktors wühlt sich beißend in ihr Schamhaar, allzeit bereit ist sein Verlangen, etwas von ihr zu verlangen. Er neigt sein Haupt ins Freie und drückt statt dessen das ihrige an seinen Flaschenhals, wo es ihr schmecken soll. Ihre Beine sind gefesselt, sie selbst wird befühlt. Er spaltet ihr den Schädel über seinem Schwanz, verschwindet in ihr und zwickt sie als Hilfslieferung noch fest in den Hintern. Er drückt ihre Stirn nach hinten, daß ihr Genick ungeschickt knackt, und schlürft an ihren Schamlippen, alles zusammengenommen und gebündelt, damit still aus seinen Augen das Leben auf sie schauen kann. Das Obst wird schon noch reifen.«

In einem SPIEGEL-Artikel vom 7. Januar 1991 schreibt Ariane Barth unter dem Titel »Schau mir in die Augen, Kleiner« über die Emanzipation weiblicher Lust: »Nie zuvor in der Weltgeschichte war das weibliche Geschlecht so frei wie in unserer Epoche, Sexualität und Fortpflanzung einigermaßen sicher zu trennen. Erst die Frauengeneration, die sich in diesem Menschheitstraum mit großer Selbstverständlichkeit bewegt, kann es sich leisten, auf die Suche nach ihren elementaren Wünschen zu gehen.« Die Autorin konfrontiert mit einer Fülle von Material, Zitaten aus Büchern, Aussagen von zeitgenössischen Künstlerinnen, wie Elfriede Jelinek und Giesela Breitling, Wissenschaftlerinnen wie Barbara Sichtermann, Marieluise Janssen-Jurreit und Margrit Brückner, die vor allem eines ganz deutlich machen, daß die Frauen selbst ihre Chance für das offensive Ausleben eigener erotischer Wünsche sehr kontrovers einschätzen. Brückner formuliert: »Wir leben in einer Zeit, die Sexualität so zugerichtet hat, daß sie zwar in aller Munde ist, dafür aber die Herzen und den Schoß als lebendiger Eros verlassen hat.« Janssen-Jurreit ärgert sich über die PorNo-Kampagne, ihr hängt die »ganze Opfer-Diskussion zum Halse heraus«. Sie will sich endlich mit der »begehrenden Frau« als dem Gegenteil des »Sexualobjekts Frau« befassen, während Sichtermann dazu meint: »Begehren heißt objektivieren, heißt es sogar auf radikale Weise. Wie sollen Frauen, belastet von ihrem drückenden, jahrhundertealten Defizit, von heute auf morgen dazu imstande sein?« Aber selbst wenn sie sich dazu imstande fühlen, wie sollen sie ihr Begehren leben, wenn das männliche Objekt ihrer Begierde nicht darauf vorbereitet ist, von einer Frau gewählt zu werden. Es trotzdem zu versuchen, kann sie das Leben kosten, wie im Falle von Maryse Holder (siehe ihre biographischen Aufzeichnungen »Ich atme mit dem Herzen«).

Bei allem Diskurs über die Möglichkeiten der Emanzipation weiblicher Lust bleibt doch unüberseh- und -hörbar die starke Sehnsucht nach einer neuen Erotik, nicht nur in den Reihen arrivierter Frauen, wie sie in dem Artikel von Ariane Barth zu Wort kommen. Der Erfolg des Romans »Salz auf unserer Haut«, von der französischen Literaturwissenschaftlerin Beonîte Groult verfaßt, wurde bereits in 14 Sprachen übersetzt und stand allein in Deutschland zwei Jahre an der Spitze der Bestsellerlisten. In ihm erzählt sie die schier unglaubliche Liebesgeschichte zwischen einer Pariser Bürgerstochter und einem bretonischen Fischer, die, aus zwei völlig verschiedenen Welten stammend, weder im Gespräch noch in Stil und Geschmacksfragen übereinstimmen, dafür aber um so eindeutiger und unermüdlicher in bezug auf ihre »Lust aufeinander«, die auch dann nicht endet, als beide, mit einem anderen Partner verheiratet, in ihrer standesgemäßen Welt leben. »Er, ein Seemann, sie, eine Intellektuelle, die von ihrer ›Anstandsdame‹ zwar immer wieder getadelt wurde, weil sie ihren geistigen ›Neandertaler‹ so rasend begehrte, aber alle inneren und gesellschaftlichen Beschränkungen immer wieder triumphierend beiseite schob. Schon beim ersten Tanz überflutete sie ›das Gefühl, daß sich unsere Körper erkannten und unsere Seelen – denn unsere Hirne waren es nicht‹. Ihre erste Nacht wurde zu einer von ›jenen Nächten ohne Dauer, wie sie einem nur ganz selten im Leben widerfahren‹, denn ›die Lust an der Lust erschöpfte sich nicht durch die Befriedigung an der Lust‹« (Zitat aus dem SPIEGEL-Artikel von Ariane Barth).

Benoîte Groult gelingt es tatsächlich, in einer unbekümmerten, saftigen, appetitanregenden und gleichzeitig humorvollen Sprache das eine Thema immer wieder neu auszuschmücken: »Das Erstaunliche für sie war nach wie vor, daß Gauvin so stark auf ihren Körper reagierte, daß er sich leidenschaftlich für diese Scheibe Wassermelone interessierte, das er doch auswendig kannte, daß es ihn fast umwarf, wenn er ihren Venushügel oder ihre Lippen berührte, und daß er schier in Ohnmacht sank, wenn er endlich in das kleine Tal gelangte. Wie konnte dieser Mann beim Anblick ihrer Vagina in Verzückung geraten und sich nicht für Picasso interessieren? Fünftausend Kilometer zurücklegen, um sich auf sie zu legen, aber keinen Schritt tun, um Notre-Dame zu besichtigen? – Er mag eben lieber meine Vagina, das ist alles! sagte sie zu ihrer Anstandsdame, um sie zu ärgern ... Er behauptet, sie beherberge einen Wundergarten zwischen den Beinen, einen Lunapark, ein Disneyland mit Achterbahnen, Wasserfällen und einer Frau mit zwei Unterleibern. Er sagt, er fahre immer neue Kurven aus, er finde neue Parkmöglichkeiten, sie besitze verschiebbare Wände, aufblasbare Teile, sie mache ihn verrückt, kurz, er sagt alles, was eine Frau nicht müde wird zu hören.«

Bei der Debatte um neue erotische Spielräume und Vielfalt ist seit einiger Zeit ein weiterer Aspekt aktuell und öffentlich geworden, es ist die Paarkonstellation »Ältere Frau und jüngerer Mann«. Besonders das Buch von Ursula Richter, »Einen jüngeren Mann lieben – Neue Beziehungschancen für Frauen«, räumt mit den gängigen erlaubten Klischees auf.

Die in Österreich lebende 48jährige Autorin, die ihr Leben mit einem 13 Jahre jüngeren Mann teilt, hat in vielen Interviews, die sie mit Paaren in Deutschland und Amerika führte, systematisch die Vor- und Nachteile solcher Beziehungen erforscht, ihre Häufigkeit und Stabilität, aber auch die Reaktionen der Umwelt einbezogen. Dabei wurde deutlich, daß es diese »ungewöhnlichen Paarkonstellationen« weitaus häufiger gibt, als bisher angenommen wurde, aber vor allem die männliche Öffentlichkeit dieser Tatsache nicht gerne ins Auge sieht. Erwünscht und erlaubt sind Beziehungen zwischen alten oder älteren Männern und jungen oder sehr viel jüngeren Frauen, die dem männlichen Ego und der Potenz schmeicheln.

Hierbei wird die der Frau vom Patriarchat zugedachte Rolle als »hübsche Staffage ohne Eigenleben« besonders kraß deutlich. In den von Ursula Richter untersuchten Beziehungen spielt die Erotik und Sexualität eine durchaus bedeutende Rolle, aber für die Frauen sind im Zusammenleben mit dem jüngeren Mann von mindestens ebenso großer Bedeutung, daß sie »als Personen anerkannt« sind, der emotionale und geistige Austausch, die Kooperation im Alltag und das Spielerische in der Beziehung eher möglich sind, als mit einem älteren »typischen Mann«, der auf seiner Position unflexibel beharrt und jede lebendige Entwicklung verunmöglicht.

Offenbar birgt diese »neue Konstallation« sehr viel mehr Möglichkeiten, die starren Rollenmuster der Geschlechter aufzubrechen, Bedingungen zu schaffen, in denen Frau und Mann sich tatsächlich als »Geliebte und Geliebter« begegnen können, beide Freude am Geben und Nehmen empfinden. Ich kenne in meiner unmittelbaren Umgebung Paare, die diesen Versuch mit Erfolg gewagt haben, aber noch mehr Frauen, denen der Mut fehlt, »anders als erlaubt zu wählen«, die sich vor Diskriminierung fürchten und noch mehr davor, irgendwann von einem jüngeren Partner verlassen zu werden, weil sie nicht mehr attraktiv sind oder Pflege und Hilfe benötigen, »die einen Mann überfordern oder abschrecken muß«.

Die Verinnerlichung dessen, was gesellschaftlich als »normal« gilt, führt dazu, den alternden Liebhaber mit seiner jugendlichen Frau, die seine Tochter sein könnte, zu bewundern, während ältere und alte Frauen möglichst unauffällig von der erotisch sexuellen Bildfläche zu verschwinden haben, als asexuelles Neutrum dazu bestimmt, den guten Geschmack nicht mit Wünschen und Bedürfnissen zu verletzen.

In dem Buch »Verschwiegene Lust, Frauen über 60 erzählen von Liebe und Sexualität« sagt Carla G., eine 73jährige Frau, an einer Stelle im Gespräch mit der Autorin Renate Daimler: »Jetzt weiß ich erst, was ich in meinen Ehen nie kennengelernt habe, jetzt weiß ich erst, was eine gute Geliebte ausmacht: Man muß ganz in dem Moment leben, in dem man sich hingibt.

Wenn man an etwas anderes denkt, an die Moral oder an die Mutter, dann ist alles vorbei. Man muß sich von allem lösen und in dieser Sekunde frei sein.

Die Sexualität ist eine Sache der Reife und des Alters. Ich glaube nicht, daß diese hübschen, jungen Mädchen, denen die Männer verfallen, wirklich tief empfinden können. So wie man im Alter besser denken kann, wenn man nicht verkalkt ist, so kann man auch besser lieben.

Aber wir leben in einer Zeit, in der das Alter keinen Wert hat. Die alten Männer nehmen sich lieber junge Frauen. Wenn eine ältere Frau sich einen jungen Mann nimmt, dann ist das gesellschaftlich nicht anerkannt. Warum, weiß ich nicht.

Ich finde die älteren Frauen viel attraktiver als die älteren Männer. Eine dicke Frau mit einem großen Busen ist doch viel schöner als ein alter Mann mit einem dicken Bauch. Und dann glauben die Männer auch noch wirklich, daß diese jungen Dinger sie um ihrer selbst willen lieben. Sie sind so überheblich, daß sie nicht sehen, was für ein schweres Gewicht ihr Bankkonto, ihr Mercedes und die Sicherheit haben. Das ist doch lächerlich! Und so ähnlich ist es mit dem Orgasmus. Mindestens 90 Prozent aller Frauen haben einem Mann schon einmal einen Orgasmus vorgespielt. Dann stöhnen sie ein paarmal, und die Männer glauben, sie sind befriedigt. Sie merken nicht einmal, daß das alles Theater ist.

Aber alle haben Angst vor der Wahrheit.«

Tatsächlich ist es so, daß die lautstarken Parolen von sexueller Freizügigkeit und Toleranz die tieferliegende »Furcht vor der Wahrheit« nicht übertönen, die bei öffentlicher Berichterstattung meist zwischen den Zeilen zu finden ist. So wurde in einem SPIEGEL-Artikel über die Partnerschaft zwischen dem englischen Thronanwärter, Prinz Edward, und der Amerikanerin Wallis Simpson mit Häme darüber spekuliert, welche seltsamen Verführungskünste diese »reizlose Frau« wohl angewandt haben mochte, um diesen Mann so an sich zu binden, daß er ihretwegen sogar bereit war, auf »seinen Thron« zu verzichten. Sie müsse auf perverse Neigungen von ihm eingegangen sein, anders sei diese »unmögliche Bindung« gar nicht zu verstehen.

Auch Tim McGirk, der Verfasser einer Biographie über Gala Dali, der Frau des spanischen Malers, wird giftig und haßerfüllt, sobald es um das Thema Sexualität geht: »Sie war sexuell unersättlich und amoralisch. Selbst als sie schon über achtzig war, betrog sie ihren jugendlichen Liebhaber«, schreibt er in »Gala – Dalis skandalöse Muse«. Aber auch die harmlosen Aussagen bleiben nicht ohne männliche Bewertung: »Für Gala war es schwierig, irgend jemand treu zu sein.« »Galas Ausflüge mit jungen Männern waren in den sechziger und siebziger Jahren ein fester Bestandteil ihres Lebens.« Die Wut und Empörung des Autors auf diese in der Tat ungewöhnliche Frau gipfeln zum Ende des Buches in einer Flut von Schmähungen und Herabsetzungen. Und schließlich schreibt er: »Jetzt, nachdem Gala gestorben ist, kann ich mich als Autor selbst einbringen ... Ich beneidete Buñuel darum, daß er Gala zu würgen versucht hatte, und manchmal wünschte ich, ich hätte sie wenigstens biographisch ermorden können.«

Frauen müssen damit rechnen, daß die Umwelt mit drakonischer Abwehr reagiert, wenn sie offen und selbstbestimmt mit sexuellen Wünschen umgehen. Das Spektrum der Sanktionen reicht von Abwertung und Mißachtung bis hin zur offenen Gewaltanwendung, bis hin zum Mord. Die Abweichung von der für Frauen vorgesehenen »sexuellen Norm« gestatten Männer nur als Kuriosum, als Ausnahme, die ihre männlichen Privilegien nicht bedroht, sondern die allenfalls pikante Anregung für die Phantasie ist.

Offenbar ist es unvermeidlich, daß im Rahmen dieser gesellschaftlichen Arrangements auch immer wieder Frauen mit Bekenntnissen an die Öffentlichkeit treten, die glauben machen wollen, daß sie Tabus gebrochen und sich befreit haben, wenn sie in männlich rüder Weise ehrlich auspacken. Der Wert dieser »Selbstzeugnisse« besteht bei eingehender Betrachtung meist nur darin, daß sie dem emanzipationsgeschädigten männlichen Selbstwertgefühl wie Balsam erscheinen müssen und nur das bestätigen, was die Männer immer schon geahnt haben. Ein solches »Bekenntnis« stammt von Sina Geißler, die in einem STERN-Artikel mit dem Titel »Eine Liebe mit Schmerzen« über ihre »Lust am Masochismus« berichtete. Da heißt es: »Wenn sie mit ihm ißt oder arbeitet, im Kino sitzt, weiß sie: ›Ich komme gegen diesen Mann nicht an. Er ist verständnisvoll und liebevoll, aber es passiert das, was er sagt.‹ Und da kann sie sich einfach nur unterordnen.« Diese und ähnliche öffentliche Aussagen von Frauen tragen dazu bei, daß die männliche Welt wieder in Ordnung ist, und selbstverständlich kann den armen Frauen geholfen werden.

Sina Geißler hat das Recht, ihre Sexualität so zu leben, wie sie mag, und kann auch darüber berichten, aber etwas sensationell Neues ist es nicht und schon gar nicht ein Ausdruck selbstbefreiter weiblicher Sexualität. Es ist ein Beitrag zu dem von den Medien transportierten Bild, daß Frauen männliche Aggressionen und masochistische Praktiken stimulierend finden. Ein Beitrag zur Beschwörungslitanei, daß wir alle im Grunde »alle möglichen Schweinereien toll finden«, Frauen und Männer sich diesbezüglich nur wenig oder gar nicht unterscheiden und es keinerlei verbindliche Wertvorstellungen im Umgang mit Sexualität mehr gibt.

In der Regel ignorieren solche auflagenfördernden Sensationsnachrichten sehr bewußt Zusammenhänge, von denen zum Beispiel in dem Buch »Das kann ich keinem erzählen – Gespräche mit Frauen über ihre sexuellen Phantasien« von Constanze Lawrenz und Patricia Orzegowski die Rede ist. In diesem Buch machen die Autorinnen deutlich, in welchem Ausmaß weibliche Sexualphantasien von klischeehaften Weiblichkeitsbildern geprägt und in der inviduellen Lebensgeschichte umgesetzt werden: »Schon in den ersten zufällig entstandenen Auseinandersetzungen über die Phantasien stießen wir auf wiederkehrende Zusammenhänge: die (Un-) Fähigkeit, Sexualität zu genießen und eigene Bedürfnisse – nicht nur sexuelle – zur Geltung zu bringen, die ersten sexuellen Begegnungen mit Partnern, die Art und Weise, wie sich Vermutungen über Sexualität im Kindesalter herausbildeten, die kindlichen Erfahrungen im Umgang mit Erregungsgefühlen und Onanie, das Erziehungsverhalten der Eltern und die emotionalen Beziehungen zu ihnen. In Gesprächen über Schuldgefühle, sexuelle Ängste, Tabus und Moralpostulate fanden wir erste Erklärungsansätze.« Die nachfolgenden Gespräche und Untersuchungen lassen erkennen, daß zwischen den sexuellen Phantasien der Frauen und dem, was sie in der Realität erlebt haben oder »als Frauen vorfinden«, eine enge Verbindung besteht. Den Autorinnen geht es darum, daß Frauen verstehen lernen, warum sie sadomasochistische Sexualphantasien haben, daß sie erfahren, wie es anderen Frauen ähnlich geht, um eigene Scham- und Schuldgefühle abbauen zu können. Die Aussagen der interviewten Personen, aber auch der Autorinnen, lassen keinen Zweifel daran, daß hinter den produzierten Phantasien in der Regel nicht die Wunschvorstellung steckt, diese auch in der Realität zu erleben. Von Männern wird aber gerade dies bereitwillig so interpretiert. »Ziel der Phantasien ist es nicht, real gedemütigt zu werden, sondern eigene Lust zulassen zu können. Das ist für viele Frauen ein Problem. Der Hauptgrund liegt in ihrer Erziehung, Mädchen wuchsen bislang meistens so auf, daß das Thema Sexualität und alles Sexuelle mit Peinlichkeit, Verbotenem und Unanständigem behaftet war. Sie wurden zudem viel weniger als Jungen dazu erzogen, zu fordern, zu nehmen, was sie brauchen, tatkräftig zu handeln. Sie haben schlecht gelernt, sich gegen Beschränkungen zu wehren und ihren eigenen Bedürfnissen nachzugehen. Das wirkt sich in der Sexualität aus. Vielen Frauen fällt es schwer, die früheren Verbote und Tabus hinter sich zu lassen. In Gewaltphantasien kommen Wünsche nach Kontrollverlust zum Ausdruck; die verbotenen und angstmachenden Lustgefühle können durch die Bilder der Phantasien gelebt werden.« So sind also diese von Gewalt, Herrschaft und Unterwerfung geprägten Vorstellungen auch ein Ausdruck dafür, daß uns Bilder fehlen, die anders als in klischeehafter Weise Gefühle von intensiver Sinnlichkeit, Begierde und Leidenschaft widerspiegeln.

Unterwerfungsphantasien haben viele Funktionen: Mit ihrer Hilfe können Ängste kompensiert, Lust ermöglicht und verinnerlichte Verbote umgangen werden. Sie sind nicht einfach per Willensbeschluß abzuschaffen. Die Autorinnen wollen Frauen ermutigen, selber zu forschen, welcher Zusammenhang zwischen ihren sexuellen Phantasien, den Schwierigkeiten in diesem Bereich und der eigenen Lebensgeschichte besteht, um mit den Phantasien selbstbestimmter umgehen zu können, ihnen nicht einfach ausgeliefert zu sein. Ideal wäre in ihren Augen eine Paarsituation, in der Frau und Mann Phantasien erzählen und damit spielen können, um ihre Sexualität zu bereichern. Diese Situation setzt jedoch das unbedingte Einverständnis beider und die gegenseitige Sicherheit voraus, daß aus dieser »schamlosen Offenheit« keine späteren Verletzungen und Abwertungen erfolgen.

Die öffentliche Berichterstattung über Sadomasochismus wird meist lustversprechend schillernd so dargestellt, daß jede andere Form von Sexualität daneben wenig erregend und farblos erscheint. Die Realität sieht anders aus. In meinen Therapiegesprächen mit Frauen, die als »Domina« im Bereich der Prostitution arbeiten, ist immer von Kindheitssituationen die Rede, in denen die Betreffenden Gewalt, Demütigungen und fast immer auch sexuelle Gewalt durch einen Elternteil oder beide erlebt haben. Das sexuelle Arrangement mit dem Kunden enthält häufig Wiederholungsszenen mit umgekehrten Rollen, das ehemals mißhandelte und unterdrückte Mädchen darf nun in der Rolle der Peinigerin und Bestraferin einem anderen Qual und Schmerzen zufügen. Doch während sie in ihrem Beruf die Situation unter Kontrolle haben, bleiben sie in ihrer realen Paarbeziehung häufig in der Position einer Person, die sich gegen die Abwertung und Gewalt der Partner nicht wirklich wehren können und unter einem tiefsitzenden Gefühl des Ungeliebtseins und der Wertlosigkeit leiden, sich selbst und andere Menschen verachten.

Die Mehrheit der Frauen, die mir in der therapeutischen Arbeit begegnen, beschäftigt im Hinblick auf den Umgang mit Sexualität ganz andere Fragen und Überlegungen, als in der Öffentlichkeit diskutiert werden. Ihnen geht es weniger um exotische Extravaganzen als um ganz naheliegende und grundsätzliche Wünsche. Sie möchten mehr Zärtlichkeiten und Berührungen vor dem eigentlichen sexuellen Miteinander, sie wollen mehr Gespräch als Annäherung, Gesten der Aufmerksamkeit, die ihrer Person gelten. Sie wollen, daß der Partner auf ihre sexuellen Vorlieben oder Abneigungen in bezug auf bestimmte Praktiken Rücksicht nimmt, möchten sich »gefahrlos« nackt und unverschämt zeigen können, hemmungslos, ohne abgewertet zu werden.

Viele möchten ganz einfach mehr persönliche Lustbefriedigung, wünschen der Sexualität einen anderen Platz in ihrem Leben, einen, der mehr Raum einnimmt, der vielfältiger und schöner ist als bisher. Dabei taucht in vielen Gesprächen immer wieder auf, daß Frauen dazu tendieren, ihre sexuellen Wünsche ganz hinten auf der Prioritätenliste rangieren zu lassen. Im Alltag scheint alles andere wichtiger zu sein, so daß die Beschäftigung mit Sexualität wie ein Luxusartikel bewertet wird, etwas, das zwar schön und möglich, aber nicht eigentlich lebenswichtig ist.

Den Frauen ist häufig nicht wirklich bewußt, daß der Hintergrund dieser Fehleinschätzung in der festgelegten Optik begründet ist, diesen Bereich fast immer unter dem Gesichtspunkt des Gebens und nicht des Nehmens zu betrachten. Die Assoziation »zur Verfügung stehen zu müssen« scheint im Denken gebahnter und selbstverständlicher als die Möglichkeit, aus dem sexuellen Erleben Genuß, Freude und neue Energie zu schöpfen, es als eine Quelle von Vergnügen zu betrachten. Es kommt öfter vor, daß Frauen von der inneren Hürde, der Barriere erzählen, die sie zu überwinden haben, bevor sie sich einlassen können: »Es ist ganz komisch. Ich verstehe gar nicht, warum so lange Pausen entstehen. Wenn ich mich dann einlasse und es richtig schön ist, frage ich mich immer, warum ich vorher solche Mühen habe. Richtige Widerstände. Eigentlich ist es doch blöd, daß ich mir das nicht öfter hole.«

So unterschiedlich im Einzelfall die Ursachen für derartige Widerstände sein mögen, Tatsache ist, daß auch die Übersexualisierung im Alltag, in den Medien und der Öffentlichkeit überhaupt keineswegs lustfördernd und stimulierend, sondern eher abstumpfend wirkt. Sie trägt dazu bei, daß der erotisch sexuelle Bereich zum Leistungsstreß verkommt, in dem viele Frauen ihre Körperlichkeit auf dem Prüfstand empfinden und dabei diffuse Abwehr- und Wutgefühle spüren. Die allgegenwärtige Pornographie, von Abwehrmechanismen ins Vorbewußte abgedrängt, wird ebenfalls nicht unerheblich dazu beitragen, daß Frauen in ihrer Sexualität gedrosselt werden. Nach einer Lesung im süddeutschen Raum sprach mich eine Frau an, die mir erzählte, daß sie gerade in einer großen Krise stecke. Ihr Mann, den sie immer für einen nicht typischen Mann gehalten habe, der schüchtern und zurückhaltend sei und als Hausmann mehrere Kinder versorge, habe Pornogeschichten geschrieben, von denen sie nichts wußte. Sie habe sie zufällig gefunden und gelesen und sei dabei in ein Gefühlschaos geraten, welches sie beinahe das Leben gekostet hätte. Wörtlich sagte sie: »Mir war plötzlich, als ob jemand ein Tuch von meinen Augen weggezogen hat und ich überall auf Schritt und Tritt diese scheußlichen Bilder gesehen habe. Ich konnte die Wahrheit nicht ertragen und wollte mich vom Balkon stürzen. Mein Mann hat mich in eine Klinik gebracht. Er hat immer wieder beteuert, daß das mit mir gar nichts zu tun habe. Das Schlimmste war für mich, daß die Ärzte in der Klinik meinten: ›Aber was regen Sie sich denn so auf. Das ist doch nichts Besonderes, ihr Mann ist völlig normal.‹ Da wußte ich, ich muß da raus und mir andere Hilfe suchen.« Sie erzählte weiter, daß sie schließlich zu einer Therapeutin kam, die sie verstehen konnte. Sie war allerdings der Ansicht, daß der Mann therapeutische Beratung aufsuchen sollte, um seine Entwicklung, sein Frauenbild und die Beziehung zu seiner Frau zu klären. Angeblich war er nun dabei, etwas für sich und die Beziehung zu tun.

Während ich diesem Bericht über dramatische Ereignisse zuhörte, war mir sehr bewußt, wie »anormal« die durchschnittliche Frau auf die tägliche Pornographie und Obszönität in der engeren oder weiteren Umwelt reagiert. Sie will in der Regel gar nicht wissen, ob ihr Freund, Mann, Bruder,

Sohn Pornos liest, Peepshows und Sexshops besucht und Sexvideos braucht, um die Phantasie ein bißchen zu beleben. Oder aber sie ist sich ihrer Situation als Frau so wenig bewußt, daß sie auch findet, »daß doch nichts dabei ist«.

Bei einem Gespräch über Pornographie vertraten die Frauen einer Gruppe sehr kontroverse Ansichten zu dem Thema. Einige berichteten darüber, wie erschrocken und irritiert sie waren, als sie bei ihren Partnern Pornolektüre entdeckten, zum gemeinsamen Lesen aufgefordert wurden oder Sexvideos nachspielen sollten. Aus Furcht, als prüde und verklemmt zu gelten, gestatteten sie sich nicht, nachzufühlen und zu klären, ob ihre eigenen Vorstellungen von Sexualität und ihre Bedürfnisse in diesen Aktivitäten aufgehoben waren. Andere wagten nicht, die Kränkung zum Ausdruck zu bringen, die sie bei der Vorstellung empfanden, mit diesen »Sexmodels« verglichen zu werden, und fürchteten, im sexuellen Zusammensein mit dem Partner gar nicht mehr gemeint zu sein. Andere Frauen meinten verwundert, daß es doch gut sei, diese Art Stimulans auch für sich selbst zu nutzen, und schienen gänzlich unbekümmert. Über den Inhalt von Pornographie herrschte ziemliche Unklarheit. Es war zunächst wenig Bewußtsein darüber vorhanden, daß es nicht um die Wertfrage geht, was einigen Menschen sittlich oder unsittlich erscheint, sondern um den grundsätzlichen inhaltlichen Unterschied, der zwischen der bloßen Darstellung von sexuellen Handlungen, von Nacktheit und Erotik besteht, und der in der Pornographie enthaltenen und progagierten Frauenfeindlichkeit, die nicht mit Sexualität, sondern Gewalt, Ausbeutung und Unterdrückung zu tun hat, die eine Aufforderung zur männlichen Herrschaft über die Frauen darstellt. Pornographie legt Männern einen bestimmten Blick auf die Frauen nahe, suggeriert Frauenhaß und daher die Erlaubnis, diese gefesselt, geschlagen, gedemütigt vorzuführen, so wie Gegenstände zur Befriedigung von Machtgelüsten zu benutzen. Pornographie ist keine Variante von Sexualität, sondern eine Kriegserklärung an alle Frauen.

Als ich vor etwa zwei Jahren das Buch »Pornographie – Männer beherrschen Frauen« von Andrea Dworkin las, wurde mir nicht nur beim Lesen übel. Ich hatte in der Folge schlimme Angst- und Alpträume, und für eine ganze Weile verunmöglichten die Bilder in meinem Kopf das Aufkommen sexueller Lust. Diese Reaktion war mir erneut ein Beispiel für die tägliche Verdrängungsarbeit, die wir Frauen leisten müssen, um im eigenen Lebensalltag annähernd ein Gefühl von Normalität aufrechterhalten zu können. Gerade wegen der schwierigen Auseinandersetzung mit der Wahrheit ist es notwendig, all jene Aspekte und Erfahrungen zu verteidigen und festzuhalten, die trotz allem das Leben reich und schön machen. So sind auch die Gespräche über Sexualität in der Therapiegruppe keineswegs immer nur schwer und bedrückend. Im Gegenteil, wenn auch die Annäherung an das Thema trotz des einhelligen und intensiven Wunsches, darüber zu sprechen, anfangs meist eher zögerlich ist, kommt nach und nach ein Klima von Offenheit und Vertrautheit zustande, in dem Komik und Lachen Platz haben.

Wir sprechen über das sexuelle und erotische Klima im Elternhaus, über den Umgang der Eltern, über Sinnlichkeit, Essen, Körperpflege, erste sexuelle Eindrücke und (oft merkwürdige) Vorstellungen, über moralische Ge- und Verbote, Sprache, Frauenbild der Familie, Menstruationserfahrungen, Selbstbefriedigung, Phantasien. Das Thema ist unerschöpflich. Die Intimität der Gespräche enthüllt den Frauen auch untereinander neue Aspekte ihrer Personen, zum Beispiel, wenn als zurückhaltend oder schüchtern wahrgenommene Frauen von ihren Träumen berichten, in denen sie als selbstbewußte Verführerinnen agieren, die durch erotische Raffinesse jeden begehrten Mann mühelos für sich gewinnen. Eine Frau schildert, wie sie Begegnungen in der U-Bahn, auf der

Straße oder beim Einkaufen dazu benutzt, ihre erotische Phantasie zu stimulieren, spannende Geschichten mit unbekannten, fremden Männern erfindet. Was eine Frau zu dem spontanen Ausruf veranlaßt: »Was, da kannst du ja jeden in deiner Phantasie benutzen«, worauf die Erzählerin lachend meint: »Na klar, aber ich benutze nur die, die mir besonders gut gefallen. Was regst du dich auf? Das kannst du doch auch.«

Die Frauen sprechen darüber, was sie »anmachend« finden, bringen Bücher und Bilder mit. Zum Zeitpunkt der Gespräche erscheint in einer Ausgabe der Zeitschrift STERN eine Bildserie »Erotische Fotografien von Frauen«. Von den makellos steril hindekorierten Körpern fühlt sich niemand angesprochen. Keine Schweißperle, keine Auflösung in den Gesichtern und Bewegungen ist zu erkennen. Einzig ein Bild, welches zwei Frauen in versunkener Umarmung und Berührung zeigt, vermittelt eine Spur von Sinnlichkeit. Wir schauen uns andere Bilder an, Zeichnungen, Fotografien, Malerei, betrachten entblößte Brüste, pralle und knospige, verlockende nackte Hintern, schlaffe und aufragende Schwänze, verdeckte und offene Mösen, Paare in Aktion, lustvoll verdrehte, ineinander verschmolzene Körper, begehrliche, triumphierende Gesichter. Paare, die liegen, sitzen, einander betrachten, locken, verführen. Es ist sehr unterschiedlich, was im Blick der Betrachterinnen anregend und aufreizend wirkt. Manche Kommentare werden von kleinen Seufzern begleitet: »Ach, ja, das finde ich auch toll.« Oder: »Hm. Da kriegt man ja direkt auch mal wieder Lust.«

Die Frauen tauschen sich darüber aus, was sie bei Männern als erotisches Signal empfinden. Sie erzählen von Blicken, Gesten, dem Klang einer Stimme, das Prickeln beim Anblick eines Haaransatzes, die Linienführung eines Rückens, behaarte Männerarme in einem aufgekrempelten Hemd, Hände, Lachen und Bewegungen, Körperhaltungen, die ein

Kribbeln im Bauch verursachen, ein sehnsuchtsvolles, schmerzlich süßes Zusammenziehen im Innern. Fast immer gibt es eine Geschichte zu den »Signalen«, ein »erstes Mal«. In einem dieser Gespräche über Sexualität und Erotik, in denen in erster Linie von Frauen-Männer-Beziehungen die Rede ist, platzt eine Frau heraus: »Ich muß euch ein Geständnis machen. Meine erotischen Phantasien und Träume drehen sich in der letzten Zeit nur noch um Frauen. Es verwirrt mich ziemlich, aber ich kann gar nichts dagegen machen.« Offensichtlich ist sie über die Reaktion der anderen Frauen – eine Mischung aus Neugier und Ermutigung, den anderen Weg auszuprobieren – ziemlich erleichtert. In den letzten Jahren passiert es immer häufiger, daß im Verlauf der Gruppenarbeit mit Frauen einzelne ihre Liebe zu Frauen entdekken bzw. bis dahin latent vorhandene Wünsche zulassen und auszuleben beginnen. Die Möglichkeit, anders »als erlaubt« zu wählen, wird auch nach meinen Lesungen immer wieder einmal angesprochen. So meinte eine Frau: »Wieso empfehlen Sie eigentlich nicht den Frauen, daß sie sich Frauen zur Liebe wählen sollen? Das ist doch eigentlich die Konsequenz aus Ihrem Buch ›Ihm zuliebe?‹«

Ich finde es durchaus erfreulich, wenn Frauen durch das Lesen des Buches zu einem solchen Schritt ermutigt werden, aber glaubwürdige und überzeugende »Empfehlungen« kann ich nicht aussprechen, da mir selbst lesbische Erfahrungen fehlen, und ich auf Grund meiner eigenen Entwicklung in den erotisch-sexuellen Bedürfnissen bisher an Männer gebunden bin. Bei den jungen Frauen in meiner näheren Umgebung scheint diesbezüglich einiges im Umbruch bzw. Aufbruch zu sein. Immer selbstverständlicher probieren einige sowohl die Beziehung zu Frauen als auch zu Männern aus, sind neugierig auf die Unterschiede und legen großen Wert darauf, in der Liebe wirklich wählen zu können. So erzählte mir die zwanzigjährige Tochter einer Freundin bei einem Besuch: »Stell dir vor, ich habe seit ein paar Monaten eine Liebesbeziehung mit einer Frau. Sie heißt Lisa, und es ist ganz toll. Jetzt spüre ich erst, wie ich mich bei Männern immer anstrenge und kontrolliere. Wenn wir zusammen im Bett sind, spielt es für sie keine Rolle, ob mein Bauch dick ist, weil ich Blähungen habe. Wir lachen darüber, und ich fühle mich einfach richtig mit ihr. Mit den Männern konnte ich mich nie wirklich fallenlassen. Nach kurzer Zeit war ich immer total auf die ausgerichtet und habe mich immer mehr aus dem Gefühl verloren. Ich konnte mir dabei zuschauen, wie ich mich merkwürdig verhalte und so komisch angepaßt werde. Aber das lief einfach ab. Mit Lisa ist das ganz anders. Ich weiß noch nicht, ob ich nun nie mehr mit Männern will. Muß mich ja auch noch nicht festlegen, aber jetzt geht's mir einfach gut.«

Ähnliche Erfahrungen höre ich auch von anderen, meist jugendlichen oder jungen Frauen. Als gemeinsamer Nenner dieser Schilderungen fällt ein sozialer Hintergrund auf, in dem ihre »ungewöhnlichen Neigungen« nicht verheimlicht werden müssen – und wenn auch nicht immer ausdrücklich akzeptiert – so doch zumindest nicht abgewertet oder mit »Strafen« belegt werden.

Wenn auch diese Ausnahmen im Wachsen begriffen sind, bleiben wir noch weit davon entfernt, eine Gesellschaft zu werden, in der lesbische und homosexuelle Beziehungen zwischen Menschen gleichwertig zur üblichen Heterosexualität gelebt werden können. In einem kleineren Ort, in der Nähe von Stuttgart, korrigierte mich eine der anwesenden Frauen, als ich eine Stelle aus meinem Buch vorlas, in der die Rede davon ist, daß in der traditionellen Mädchenerziehung zwischen Müttern und Töchtern das erotische Begehren fehlt. Sie sagte: »Das stimmt nicht. Ich habe von Anfang an auch meiner Tochter gegenüber erotische und zärtliche Gefühle gehabt. Aber ich frage mich, welche Entwicklung sie nehmen wird, wenn ich das deutlich zeige. Ich bin mir da sehr unsicher, was daraus wird. Vielleicht wird sie dann lesbisch, und ob ich ihr damit einen Gefallen tue, weiß ich nicht.«

Obwohl es das einzige Mal war, daß ich in diesem Zusammenhang erfreulicherweise Widerspruch erlebte, steht diese Reaktion für die weitverbreitete und tiefverwurzelte, durch patriarchales Denken geprägte Unschlüssigkeit, ob es für die heranwachsenden Mädchen hilfreicher ist, ihnen Unterstützung dabei zu bieten, »aus der Rolle« zu fallen, oder ihnen durch Anpassung an das gesellschaftliche Weiblichkeitsklischee (angeblich) Konflikte zu ersparen. Die Beantwortung dieser Frage ist in der Tat kompliziert, obwohl für den letzten Teil die Antwort nur in einer Verneinung bestehen kann, da unkritische Anpassung an die erlaubten Weiblichkeitsmuster einer vorprogrammierten Anleitung zum Unglücklichsein gleichkommt. Was jedoch die Alternative betrifft, weibliche Kinder vorbehaltlos und umfassend zum Eigensinn zu ermutigen und ihnen damit sehr wahrscheinlich eine einseitig erotisch-sexuelle Festlegung zu ersparen, geht es doch offenbar nicht nur um das Glück des Kindes, sondern auch um das Maß an Mut, welches Mütter/Väter brauchen, um mit den Resultaten ihrer anderen Erziehung selbstbewußt und offen umzugehen.

Nachdem ich versucht habe, ein Bild von der bewegten und widersprüchlichen Situation zu entwerfen, mit der Mädchen und Frauen heute zwangsläufig in Verbindung mit Sexualität konfrontiert sind, auf unerträgliche, verrückte Bedingungen, aber auch auf »Aufbruchsstimmung« aufmerksam gemacht habe, wende ich mich der Aufgabe zu, trotz allem Möglichkeiten aufzuzeigen, die einzelne Frauen vielleicht ermutigen können, sich auf ihren eigenen, selbstbestimmten Weg zu machen. Denn obwohl die Zahl der Frauen wächst, die ihr Recht auf sexuelle Selbstverwirklichung nicht nur fordern, sondern auf unterschiedliche Weise leben, bleibt für die

Mehrheit der in traditionellen Rollenvorstellungen erzogenen Frauen nach wie vor die Frage nach ihrem »ersten Schritt«, ob sie nun allein oder in einer Partnerschaft leben. Mitunter scheint es nämlich doch, als ob die in der Öffentlichkeit, der Presse und anderen Medien als Galionsfiguren für befreite weibliche Sexualität vorgeführten Schwestern doch sehr weit von der Liebesrealität der übrigen, durchschnittlichen Frauen entfernt sind. Sie laufen Gefahr, eine Alibifunktion zu übernehmen, die davon ablenkt, daß eine wirkliche Veränderung Bedingungen schaffen muß, die potentiell allen weiblichen Menschen und nicht nur einigen, wenigen Ausnahmefrauen lustvollen, selbstbestimmten Umgang mit Sexualität erlaubt.

Wie bereits an anderen Stellen in diesem Buch möchte ich auch in diesem Zusammenhang noch einmal die Wichtigkeit einer aufrichtigen Standortklärung betonen, das heißt, Fragen an die eigene Person und die individuelle Entwicklungsgeschichte zu richten, die dabei helfen werden, ein klares Bild davon zu schaffen, wie das wirkliche Befinden im Hinblick auf Sexualität ist.

Es kann sinnvoll sein, die Antworten schriftlich festzuhalten, weil der Mut zur Aufrichtigkeit nicht immer gleich groß ist – und das Gedächtnis mit seiner Tendenz, zu verdrängen und zu beschönigen, keine zuverlässige Stütze ist. Hilfreich kann auch die Gegenwart einer Freundin sein, die zuhören kann, ohne gleich zu bewerten, oder die eines Mannes, der sich bereits als Freund bewährt hat.

Der hier vorgelegte Fragenkatalog entstand, als ich Vorträge zum Thema »Sexualität im Patriarchat« vorbereitete, die ich dann vor ca. dreihundert Personen, Frauen und Männern, in der Lessing-Hochschule in Berlin hielt. Die Fragen lösten im Publikum sehr bewegende Stellungnahmen aus, wobei ich damals sowohl für Frauen als auch für Männer spezifische Fragen entwickelte.

Fragen an Frauen

1. Wie war meine Geschichte als weibliches Kind?

War ich als Mädchen in meiner Familie erwünscht? Wovon erzählen meine frühesten Erinnerungen? Bin ich mit einem Elternteil oder in einer Familie mit Geschwistern aufgewachsen? Wie habe ich meine Mutter erlebt? Hat sie mir Frausein als etwas Lebenswertes oder als Last vorgelebt? Konnte sie für mich sorgen? Wie war ihre Beziehung zum Vater, zu männlichen Partnern? Wie ist sie mit ihrem Körper umgegangen? Liebevoll? Pfleglich? Hat sie Interesse an Zärtlichkeit, Erotik und Sexualität gezeigt? Wie war das Klima zu Hause in bezug auf Sinnlichkeit, beim Essen, Baden und anderen Pflegevorgängen, beim Schmusen, Spielen?

Wie wurde ich angefaßt, berührt? Sachlich, schnell? Gab es Schmerzen? Verletzungen? Oder waren die Berührungen liebevoll, geduldig, zärtlich und lustvoll? Wie war die Haltung der Mutter auf mein Mädchensein bezogen? Hatte sie ein festes Bild, wie ich »richtig« sein sollte? War Platz für eigene Entwürfe? War sie in bezug auf Sexualität ein Lust- oder Unlustvorbild? Durfte ich meinen Körper kennenlernen, ausprobieren, sexuelle Spiele mit Gleichaltrigen machen? Habe ich Selbstbefriedigung gelernt? Wie? Mit welchen Gefühlen und Phantasien? Habe ich eine Sprache für Sexualität gelernt? Namen für mein Geschlecht?

Durfte ich körperliche Nähe mit der Mutter und dem Vater gestalten, mich abgrenzen, weggehen, wenn ich keine Lust auf Kontakt hatte? Wurde ich ermutigt und unterstützt, mich zu bewegen, kräftig zu werden, neugierig und wißbegierig zu sein? Durfte ich laut werden und mich bei Angriffen oder Verletzungen wehren? Durfte ich Nahrung und Kleidung nach Möglichkeit und eigenem Geschmack wählen, zurückweisen, verweigern? Entsprach meine kindliche Erscheinung meiner inneren Vorstellung von mir selbst?

Habe ich bei meinen Eltern Freude an meiner Existenz erlebt?

Welche Rolle spielte der Vater für mich? War er anwesend oder abwesend? Wie war er anwesend? Hat er mich wahrgenommen, mit mir gesprochen, gespielt, geschmust, ohne daß ich Angst haben mußte? Konnte ich auf seinen Schoß und in seine Arme, wenn mir danach war? Hat die Mutter den Kontakt zum Vater zugelassen, unterstützt, verhindert? Hat der Vater mich unterstützt, mich als Mädchen ermutigt, anspruchsvoll zu sein, Wünsche auszudrücken, zu fordern? Fand er mich schön, hatte er Freude an mir? Hatte ich Angst vor ihm? Warum?

Wurden Frauen in meiner Familie als wirkliche Personen betrachtet? Als vollwertige Menschen? Wurden sie abgewertet? Gab es Sexismus? Welche Beziehung haben mir die Eltern vorgelebt? Welche Zukunftsperspektive wurde mir als Mädchen vermittelt? Von der Mutter? Vom Vater? Welche Bedeutung kam in diesem Zusammenhang dem Thema »Mann«, »Liebe«, »Sexualität« und »Ehe« zu? Hatte ich eigene Vorstellungen von Ausbildung, Beruf, meiner Zukunft? Gab es andere Vorbilder als die der Mutter? Wenn ich auf meine Vergangenheit zurückblicke, kann ich dann sagen, daß ich mir in dieser Entwicklung Sexualität als etwas aneignen durfte, das zu meiner Person gehört ebenso wie andere Fähigkeiten und Potentiale? Habe ich mich gefreut auf das Dasein als erwachsene Frau? Erinnere ich mich meiner ersten sexuellen Erfahrungen mit anderen? Waren es Mädchen oder Jungen, Frauen oder Männer? Waren diese Erlebnisse von Lust oder Angst geprägt? Waren sie selbstbestimmt, aktiv gestaltet oder entfremdet?

Habe ich sexuellen Mißbrauch, Gewalt und Übergriffe erlebt? Mit wem? Gab es eine Person, der ich mich anvertrauen konnte? Bekam ich Hilfe? Wie habe ich die Erlebnisse verarbeitet? In welchem Maße haben diese Erlebnisse meine Sexualität, mein Leben geprägt?

2. Wie ist heute mein Umgang mit Sexualität?

Lebe ich eine eigene Sexualität, oder ist sie nur Widerspiegelung der Wünsche der jeweiligen Männer, mit denen ich zusammen bin? Empfinde ich mich in diesem Bereich selbstbewußt und klar? Weiß ich, welche sexuellen Praktiken besonders lustvoll, erregend und befriedigend für mich sind? Habe ich Sprache und Gesten, um dem Partner zu vermitteln, was ich mir wünsche? Täusche ich Lust vor, um Konflikten aus dem Wege zu gehen? Bin ich zu einem klaren Ja oder einem deutlichen Nein fähig? Weiß ich, welche Bedingungen in der Partnerschaft oder Ehe meine Lust stimulieren oder zerstören? Bringe ich das dem jeweiligen Mann zum Ausdruck? Achte ich auf Körpersignale? Gestehe ich mir Unlust und Verweigerung, überhaupt Schwankungen in den sexuellen Bedürfnissen als normal zu, oder gerate ich in Unruhe und Angst?

3. Körperbild und Vorstellungen

Betrachte ich Sexualität als Möglichkeit, Sinnlichkeit und Lebensfreude auszudrücken, Genuß zu erleben, Kraft zu tanken, als Quelle lustbetonter Spannung und Entspannung oder als Problem, notwendigen Warenaustausch, weibliches Kapital? Weiß ich, was ich in der Intimität des sexuellen Zusammenseins in erster Linie suche? Ist es Geborgenheit, Erregung, Intensität, Lust, Sicherheit, Angstfreiheit, Macht, Selbstbestätigung, Kompensation von Minderwertigkeitsgefühlen in anderen Lebenszusammenhängen?

Erlebe ich mich in der sexuellen Begegnung wie das kleine Mädchen, das ich war, oder wie eine erwachsene Frau? Gestehe ich mir und dem Partner die Zeit zu, die ich brauche, um vertrauen, mich fallenlassen zu können?

Wie gehe ich mit sexuellen Phantasien um? Genieße ich wollüstige Gefühle und Geilheit oder machen sie mir Schuldgefühle und Angst? Habe ich meinen eigenen Körper akzeptiert? Fühle ich mich wohl mit und in mir? Gehe ich liebevoll und fürsorglich mit ihm um? Nehme ich mir Zeit für Pflege und Bewegung, ohne mich mit herkömmlichen Klischees von Schönheit zu plagen und ihnen zu unterwerfen?

4. Wie steht es mit dem Nehmenkönnen?

Bin ich eine anspruchsvolle Geliebte? Kann ich mich mit gutem Gefühl verwöhnen lassen? Bin ich sicher, daß es meinem Partner Freude macht, mir etwas zu geben, sich um mich zu bemühen, mich zu erregen und mir Lust zu machen? Lasse ich es zu, daß er etwas »mir zuliebe« tut? Spreche ich mit ihm über meine Unsicherheit und mein Mißtrauen, wenn ich etwas nehme? Gebe ich ihm die Chance, auf meine Wünsche einzugehen, indem ich sie selbst äußere? Delegiere ich die Verantwortung für das, was sexuell geschieht, an ihn? Denke ich, daß Männer über Sexualität besser Bescheid wissen als Frauen?

5. Und ansonsten?

Welchen Raum nimmt Sexualität in meinem Leben ein? Zuviel? Zuwenig? Selbst gewählt oder fremdbestimmt? Wie sieht es mit meiner Zufriedenheit und Selbsterfahrung in anderen Lebensbereichen aus? Wie erlebe ich mich in meiner Arbeit, Ausbildung, meiner Anteilnahme am Leben überhaupt? Schöpfe ich Kraft, Sinngefühl und Identität in erster Linie aus Beziehungen oder auch aus meiner Arbeit, anderen Tätigkeiten, der Aneignung von Wissen und Kompetenz?

Suche ich mir Partner, die lieben können oder bereit sind, es zu lernen, oder »Liebeskonsumenten«, »Beziehungsvampire«? Weiß ich, warum ich mich in wen verliebe? Kenne ich das »Muster« meiner Partnerwahl?

Würde ich vielleicht lieber mit einer Frau eine Liebesbeziehung haben? Warum traue ich mich nicht?

Beschäftige ich mich mit Erotik und Sexualität, um meine Erlebnismöglichkeiten zu erweitern? Weiß ich, daß selbstbewußte Frauen ein reicheres, erfüllteres Sexualleben haben können als die im traditionellen Sinne »richtig weibliche Frau«? Weiß ich, daß deswegen mit zunehmendem Alter, Klarheit des Lebensstandpunktes, Sexualität weiterentwikkelt und befriedigender werden kann? Bin ich bereit, mich mit meiner anerzogenen Weiblichkeit kritisch auseinanderzusetzen und die »erlaubten Grenzen« zu überschreiten, um die eigene Sexualität entfalten zu können?

Bei meinen Vorträgen über Sexualität lag mir sehr daran, diese nicht einfach abstrakt und unpersönlich zu halten, sondern als Einführung in das Thema Teile meiner eigenen Geschichte einzubeziehen, um damit die Anwesenden zu ermutigen, sich ebenfalls offen nach ihren Erlebnissen zu befragen, gemeinsam ein gutes Gesprächsklima schaffen zu können. Dabei machte ich die interessante Erfahrung, daß ich nach der ersten Veranstaltung, anders als sonst, kein Gefühl dafür hatte, wie der Abend verlaufen war, obwohl das Publikum sich sehr zufrieden und begeistert äußerte. Erst als ich mit mir allein war und Zeit hatte nachzufühlen, wurde mir bewußt, daß ich als schamhaft erzogenes Mädchen eine »erlaubte Grenze« überschritten hatte. Das »Nichtgefühl« stand quasi für das Neue und Unvertraute. Mit behaglichen Gefühlen durfte ich noch nicht rechnen. Einen Ausschnitt aus meinen persönlichen Erfahrungen möchte ich hier wiedergeben:

Als ich mich zum ersten Mal in meinem Leben zu uneingeschränkter Sexualität mit einem Mann entschloß, war ich gerade zwanzig. Bis zu diesem Zeitpunkt hatte ich, etwa vom vierzehnten Lebensjahr an, bei ersten Verliebtheiten und Flirts angenehm aufregende Berührungsannäherungen erlebt, den Austausch von Küssen und sexuellen Zärtlichkeiten,

Petting nannte man das damals, lustvoll genossen. Da ich mit neun Jahren durch einen glücklichen Zufall die Möglichkeiten der Selbstbefriedigung entdeckte, war ich zudem nicht unvertraut im Umgang mit eigenen Lusterfahrungen. So kam es, daß die Art und Weise, wie ich mich bewegte und das Geschehen mitgestaltete, den damaligen Partner, einen einfühlsamen und zärtlichen Mann, an meiner Jungfräulichkeit etwas zweifeln ließ. Damals belustigte mich diese Haltung nur, weil ich weit davon entfernt war zu begreifen, daß es Mädchen nicht selbstverständlich zugestanden wird, sich ohne männliche Hilfe sexuell zu entdecken.

Obwohl meine Entwicklung und damit auch die Aneignung von all dem, was mit Erotik und Sexualität zu tun hat, 1946 geboren, in einer Zeit der Prüderie, muffigen Unoffenheit und bigotten Moral begann, nahm ich aus der Beziehung zu meinem Eltern ein Gefühl für das Recht auf Selbstbestimmung mit und wurde zudem nie mit der Aussicht konfrontiert, daß erst die Beziehung zu einem Mann mich zu einer ›ganzen Person‹ machen würde. Daß in der Enge des Dorfes, geprägt vom Katholizismus, die sinnenfeindliche Morallehre nicht zur lustfeindlichen Zwangsjacke für mich wurde, verdanke ich dem Zusammenspiel günstiger Umstände, vor allem aber dem Vorbild meiner Eltern und deren meist liebe- und respektvollem Umgang mit meinen Gefühlen, Gedanken und Bedürfnissen.

Von Aufklärung im herkömmlichen Sinne war nie die Rede, aber ich sah als heranwachsendes Mädchen tief befriedigt, wenn meine Eltern sich umarmten und küßten, oder wenn mein Vater die Mutter nach dem Mittagessen auf seinen Schoß zog, um zu schmusen. Diese genoß es offensichtlich, obwohl sie sich mitunter ein wenig zierte, worüber ich mich ärgerte. Mit Nacktheit wurde eher schamhaft umgegangen, aber ich hörte die Eltern herumalbern und lachen, wenn sie in einem Bett lagen. Dieses Zusammenlachenkönnen in intimen Situationen blieb haften und der Eindruck, daß da etwas Schönes zwischen ihnen stattfinden mußte. Bei dem Versuch, die Neugier an Sexuellem zurückzuverfolgen, lande ich im zweiten Lebensjahr.

Eine Situation in unserer Küche: Es sind mehrere Erwachsene anwesend, wir, das heißt mein zwei Jahre älterer Bruder und ich, sind gerade in einer Wanne gebadet worden. Mein Bruder hat nur ein Hemdchen an, sein Po ist nackt, und ich sehe sein Glied, laufe auf ihn zu, um daran zu ziehen und es wie ein Glöckchen hin und her zu schwenken. Kein Mensch hindert mich, die Frauen sind amüsiert. In einer anderen Erinnerung taste ich den dicken Busen einer Tante ab und finde das sehr interessant, weil meine Mutter, die sehr schlank ist, sich anders anfühlt. Mit vier Jahren fordere ich Hansi, einen Nachbarjungen, in einer Hecke hinter dem Haus dazu auf, sich seine Hose auszuziehen, damit ich ihn anfassen und untersuchen kann. Als Gegenleistung biete ich ihm an, daß er das gleiche mit mir machen kann. Wir werden erwischt und unter lautem Gezeter zu meiner Mutter geschleppt. »Frau Hülsemann, die Irmgard hat...« Es gab keinerlei Bestrafung oder Zurechtweisung, nur eine gewisse Belustigung. Etwa zum gleichen Zeitpunkt kommt mein Bruder in die Schule. Bald darauf ist er in seine Lehrerin verliebt. Zu Hause wird beratschlagt, was er tun kann, um es ihr zu zeigen. Diese Ernsthaftigkeit und Akzeptanz, mit der unsere Verliebtheitsgefühle anderen Menschen gegenüber von den Eltern behandelt werden, hat sich nie verändert.

In meinen Kindheitserinnerungen gibt es eine Fülle von Eindrücken, Bildern, Szenen, die meine Vorstellung von Sexualität mitprägten. Dazu zählen auch die unterschiedlichen Düfte und Gerüche, die ich, auf dem Schoß von Frauen oder Männern sitzend, wahrnahm. Männer rochen anders, fühlten sich anders an und waren auffallend behaart, was ich sehr reizvoll fand.

Es gibt sexuelle Spiele mit Gleichaltrigen, harmlose Untersuchungen auf Kindergeburtstagen und Spekulationen über ›das Geheimnis‹ zwischen den Erwachsenen. Ich habe keine Sprache für ›da unten‹. Alle Körperteile haben einen Namen. Was die Jungen haben, wird Pimmel genannt, und sie nennen das, was wir Mädchen haben, Pflaume. Unbehaart sieht es ja auch so ähnlich aus wie diese Frucht.

Normalerweise wird aber nur von ›da unten‹ gesprochen, auch zu Hause.

»Vergiß nicht, dich auch da unten zu waschen.«

Ich übernachte öfter bei anderen Kindern. Einmal, ich bin acht, fordert mich in dieser Situation ein etwas älteres Mädchen auf, beim Rückenkraulen mit meiner Hand tiefer und weiter zu streicheln. Sie macht das gleiche bei mir. Es ist ein sehr schönes kribbelndes Gefühl, aber mir kommt auch der Gedanke, daß die Erwachsenen uns dabei besser nicht erwischen sollten.

An Darstellung von Nacktheit ist schwer heranzukommen. Zu Hause gibt es keine Illustrierten, weil sie von meiner Mutter, wie Comics, der Kategorie ›Schundliteratur‹ zugeordnet werden. Aber es gibt eine Menge Bücher, die ich ziemlich früh nach eindeutigen Stellen durchzuforsten beginne. Manchmal werde ich fündig. Bei Sätzen, die ungefähr so lauteten: »... zitternd vor Erregung sank sie nun endlich in seine starken Arme, und er preßte die Lippen mit großer Entschlossenheit ...«, liefen mir wohlige Schauer über den Rücken. Ansonsten versuchte ich möglichst unauffällig, die bunten Kinoplakate zu studieren, sah Ingrid Bergman hingebungsvoll in den Armen von Gary Cooper und wie James Dean coole und doch begehrliche Blicke auf Elizabeth Taylor warf. Die Filme selbst sah ich erst viele Jahre später, weil Kinobesuche, ebenfalls wie Lektüre, sorgfältig überwacht wurden und kulturell anspruchsvoll zu sein hatten. Das ›Unkeusche‹, von dem wir in der Beichte berichten sollen und von dem ich immer noch nicht genau weiß, worum es sich eigentlich handelt, beginnt mich immer mehr zu beschäftigen. Das Auskundschaften meines Körpers, die Selbstbefriedigung, zähle ich nicht dazu, weil ich gar nicht weiß, was ich da mache und mir außerdem nicht vorstellen kann, daß diese lustvollen Empfindungen etwas Schlechtes sein könnten. Statt dessen mache ich mir beim Streicheln meiner Möse Phantasien mit den Jungen, für die ich gerade schwärme, und stelle mit vor, daß die Möse ein geheimnisvoller Garten ist, in dem wir herumwandern. Mit zwölf bekomme ich meine Periode, anstatt über sexuelle Details oder Fragen der Verhütung zu sprechen, wird das Ereignis von meiner Mutter und einer Freundin von mir mit Kaffee und Kuchen gefeiert. Mit fünfzehn verlasse ich das Elternhaus zu verschiedenen Ausbildungen und komme von da an nur noch zu kurzen Besuchen nach Hause. Ich nehme eine absolut verklärte und romantische Vorstellung von der Liebe zwischen Frauen und Männern mit und male mir die schönsten Abenteuer aus, wobei in meinen Visionen die zukünftigen Liebhaber eine wesentliche, aber nicht dominierende Rolle spielen.

Aus der Ferne nehmen meine Eltern regen Anteil an meinen Herzensangelegenheiten, und als ich mich mit siebzehn, während eines Praktikums in einer anderen Stadt, erstmalig ernsthaft in einen sechs Jahre älteren Mann verliebe, schenkt mein Vater mir das Geld für eine Reise zu ihm mit den Worten: »Weißt du, ich hätte gerne mit deiner Mutter geschlafen, bevor wir verheiratet waren, aber du kennst ja ihre Grundsätze. Mache du das mit deinem Freund so, wie du es möchtest. Aber achte darauf, daß nur das passiert, was du schön findest und wirklich willst.« Weder vorher noch nachher sprach mein Vater je wieder über diese Dinge mit mir. Diese wenigen Sätze waren mir sowohl Erlaubnis als auch Schutz im Umgang mit Männern. Seine Freude an meiner Existenz vermittelte mir als Kind ein Gefühl absoluter Sicherheit und Geborgenheit. Mein Vater war die Person in meinem Leben, von der ich mich bedingungslos geliebt fühlte.

Die von mir stürmisch herbeigesehnte Begegnung verlief anders als erwartet. Ich war zu allem bereit, aber besagter Freund erwies sich als so plump und uneinfühlsam, daß gar nichts passierte und ich noch in der gleichen Nacht wütend und enttäuscht wieder abreiste. Mit zwanzig, nach einem mir gemäßen Lernprozeß, war es dann endlich soweit.

Das Erlebnis war uneingeschränkt schön, weil der damalige Partner einfühlsam war und auch die äußeren Bedingungen dazu beitrugen, daß aus diesem ersten Mal ein festliches Ereignis wurde, an das ich gerne zurückdenke.

Heute weiß ich, daß ich ungewöhnlich viel Glück hatte, weil mir die Eltern die grundlegende Sicherheit und Orientierung mitgaben: »Du hast ein Recht darauf, liebevoll und anständig behandelt zu werden und dich zu wehren, wenn das nicht der Fall ist«, welche mir auch im Hinblick auf die Begegnungen mit Männern zuverlässigen, intuitiven Schutz vermittelten.

Bei der Frage, wie der Umgang mit weiblichen Kindern aussehen müßte, damit diese auch in sexueller Hinsicht zu einer selbstbewußten Person werden können, scheint mir diese Erfahrung von notwendiger Bedeutung. Aufklärung und liberale Haltung allein genügen eben nicht, um diesen Persönlichkeitsbereich selbstbestimmt integrieren zu können.

Grundsätzlich denke ich, daß es notwendig wäre, daß die inzwischen vorliegenden feministischen Forschungsergebnise zur besonderen Entwicklung von Frauen und Mädchen in stärkerer Weise als bisher öffentlich umgesetzt werden müßten, in veränderten Erziehungskonzepten, anderen Bildungs- und Lehrinhalten, in Kindertagesstätten und Schulen, daß sie bei der Ausbildung von Lehrkräften und Menschen in sozialen Berufen zum Grundwissen gehören – und andere Kinderbücher, Spiele und spezielle Angebote für Mädchen zur Folge haben müßten. Doch solange die Eltern selbst noch nicht ein verändertes Bewußtsein in die Beziehung zu weiblichen Kindern hineintragen und diese entsprechend neu gestalten, werden die öffentlichen Bildungseinrichtungen nicht mit Forderungen konfrontiert und können weiter wie bisher die alten Geschlechtsmuster produzieren.

Aus diesem Grunde möchte ich jetzt noch einmal gesondert auf die Situation der weiblichen Kinder eingehen, Mütter, Väter und Menschen, die mit ihnen zu tun haben, anregen, ihren Umgang, den Blick auf diese einmal dahingehend zu prüfen, ob er sie festlegt und behindert, sie auf ein traditionelles Frauenbild festschreibt, oder eine echte Hilfe bietet, Mädchen- und Frausein ausprobieren zu können und einen eigenen Entwurf von Weiblichkeit zu versuchen.

Was kann für Mädchen getan werden?

Das erste, was eine Frau für ihr »ungeborenes Mädchen« tun kann, ist, genau hinzuschauen, wen sie sich zum Vater eines möglichen Kindes wählt. Frauen können wissen, daß der Mann, der sich in einer bestehenden Beziehung als manifest liebesunfähig, lernunwillig und für die Frau als destruktiv erwiesen hat, mit Sicherheit nicht über die menschlichen Qualitäten verfügt, die wirkliches Vatersein ausmachen. Bereits diese Wahl gibt Auskunft über die Selbstachtung einer Frau, über Akzeptanz oder Ablehnung gegenüber dem eigenen Geschlecht und die Lebensperspektive, die sie ihrem Mädchen wünscht und gönnt. Nun gehe ich einmal davon aus, daß eine Frau »gut gewählt« hat; sie fühlt sich in ihrer Beziehung aufgehoben und geborgen, ist mit ihrer Arbeit, ihrem Leben so zufrieden, daß sie kein Kind zu kompensatorischen Zwecken braucht, aber ein Leben mit Kind wünscht. Nehmen wir an, eine Tochter wird geboren, was wäre weiter wünschenswert?

1. Wissen um die Gefahr der Benachteiligung von Mädchen

Christiane Olivier hat in ihrem Buch »Jokastes Kinder« in anschaulicher Weise belegt, daß diese Benachteiligung schon im Säuglingsalter beginnt, durch frühere Entwöhnung, kürzere Fütterungszeiten, frühere Anforderungen an die Reinlichkeit. Hinzu kommt, daß der heterosexuellen Frau in bezug auf das weibliche Geschlecht des Kindes fast immer die Farbe des erotischen Begehrens fehlt. Nur wenn Frauen mit diesem Wissen selbstkritisch und lebendig umgehen, bestehen Möglichkeiten, die Benachteiligungen möglichst zu vermeiden oder einzuschränken.

2. Pflege und Verantwortung von Anfang an mit dem Mann teilen

Wir wissen inzwischen, daß Männer, die quasi von der Geburt an mitgeholfen haben, ihre Töchter zu nähren, sauberzumachen, zu umhegen und zu pflegen, sie bei ihren Lernschritten zu begleiten, kaum dazu imstande sind, diese später sexuell zu mißbrauchen. Die frühe, intensive Beziehung zwischen Vater und Tochter scheint die beste Prophylaxe zu sein, solche Erlebnisse zu verunmöglichen.

Ich habe Frauen erlebt, deren Männer zu dieser Arbeitsteilung bereit waren, die aber wegen der langen Stillzeit doch nicht ihren Möglichkeiten entsprechend zum Zuge kamen und irgendwann an Interesse verloren. Wahrscheinlich wird meine Einschätzung zu diesem Thema auf herbe Kritik stoßen, trotzdem bin ich heute der Ansicht, daß der anwesende Vater für die gesamte Entwicklung des Mädchens auf die Dauer gesehen wichtiger ist als eine lange Stillzeit. Wenn viele Generationen eine lange Praxis in der Gleichwertigkeit von »Bemuttern und Bevatern« gelebt haben, und dabei ein anderes Geschlechterverständnis, andere gesellschaftliche Strukturen entstanden sind, mag es sein, daß diese Frage nicht mehr von so weitreichender Bedeutung ist. Aber heute, zum jetzigen Zeitpunkt, wo die Männer noch viel zu üben und den Erfahrungsvorsprung der Frauen aufzuholen haben, scheint mir der Vater mit dem Fläschchen wertvoller als die Muttermilch. Denn in den Armen des Vaters zu liegen und gefüttert zu werden bedeutet nicht nur, den Hunger zu stillen, sondern auch auf lustvolle, angstfreie Weise mit einem Männerkörper in Berührung zu kommen, ihn zu riechen, zu schmecken, sich mit ihm vertraut zu machen. So wie die Dinge jetzt liegen, lernen Mädchen bzw. Frauen diesen Körper meist nicht angstfrei kennen. Nachdem sie viele Jahre eng an den weiblichen Körper gebunden sind, der ihre erste Quelle von erotischen Erlebnissen ist, steht irgendwann sehr viel später die Begegnung mit dem Fremden an, der auch in der erwachsenen Sexualität erst vertraut gemacht werden muß.

3. Mutter-Mädchen

Für das weibliche Kind wäre es ein großes Glück, sich in der Nähe einer Frau bewegen und entwickeln zu können, die *nicht* dem gesellschaftlichen Ideal von Mutterschaft entspricht, sich gegen die Verlogenheit und Zumutung dieser Ansprüche zur Wehr setzt. Die selbstbewußt genug ist, zu wissen, daß ihr Kind einen vollsinnigen Menschen braucht, mit eigenen Glücksansprüchen, Kraftgrenzen, Ideen, mit Beziehungsqualitäten, die nicht einfach wie Sauerstoff zur Verfügung stehen, sondern auch der Anerkennung, des Respekts und der Unterstützung bedürfen. Die zwar mütterliche Qualitäten hat, aber keine Mutterinstitution, keine Vollzeitmutter ist, sondern ganz einfach eine lebendige, erwachsene Frau, mit Vorzügen und Schwächen, eine reale Person.

Eine Frau also, die sich kritisch mit ihren Wunschprojektionen auf die Tochter auseinandersetzt, ihr dabei hilft, anders werden zu dürfen. Mütter könnten sich fragen, wie ist eigentlich mein Umgang mit meiner Tochter? Unterstütze ich sie dabei, sich auszuprobieren, neugierig und expansiv zu sein, ungewöhnlich zu werden? Helfe ich ihr, eine Sprache für ihr Geschlecht zu finden, Kosenamen, Lustnamen? Helfe ich ihr, sich den eigenen Körper anzueignen, sich selbst zu entdecken, sich zu schützen? Frage ich sie, was sie an Unterstützung von mir braucht, welche Vorstellungen sie von ihrem Leben hat, wie sie mein Frauenleben wahrnimmt? Kann ich ihre Kritik, möglicherweise Wut ertragen? Gönne ich ihr mehr Glück, Welt, Lust, Selbstbestimmung? Trage ich durch mein Frausein dazu bei, daß sich ihr Bild von Weiblichkeit positiv füllt?

4. Vater-Mädchen

Nach einer meiner Lesungen sprach mich unter Tränen ein Mann an und sagte: »Was kann ich denn tun, damit meine kleine Tochter nicht zu einer gehorsamen, unglücklichen Frau wird? Ich fühle mich so hilflos, was muß ich denn machen?«

Immerhin ist diese Frage schon einmal ein Anfang, wenn auch in ihr die charakteristische Problemlösung von Männern liegt, das »Machen müssen«. Beim Vater geht es vor allem um Anwesenheit, für die Tochter dazusein, um Gesprächsfähigkeit, Fürsorge, Zärtlichkeit ohne Übergriff. Selbstverständlich müssen auch Väter ihre Töchter fragen: »Was wünschst du dir von mir?« Dabei sollte es nicht nur um Dinge gehen, sondern um die Gestaltung der Beziehung, um Unterstützung im Eigensinn, Anregungen, selbstbewußt und anspruchsvoll zu werden.

Das Frauenbild des Vaters steht auf dem Prüfstein. Sein Umgang mit Sexualität und Pornographie. Wie ist der Blick auf die Tochter? Bei einem meiner Vorträge erzählte ein Mann, daß er auf Wunsch der Tochter bis zu ihrem zwölften Lebensjahr gemeinsam mit ihr gebadet und diese hierbei auch sein Glied berührt hätte, welches natürlich auch manchmal steif geworden sei. Seine Aussage löste bei vielen anwesenden Frauen wütenden Protest aus und den Zweifel daran, ob in der gemeinsamen Badeaktion wirklich der persönliche Wunsch der Tochter enthalten war oder die Vorwegnahme, daß es dem Vater gefallen würde, wenn sie diesen Wunsch äußert. Natürlich sind solche Fragen in einem Kreis von mehr als dreihundert Personen nicht befriedigend zu klären, aber sie sind symptomatisch für die große Unsicherheit auf beiden Seiten. Die Frage bleibt, wie Mädchen den »fremden Männerkörper«, das männliche Geschlecht, angstfrei kennenlernen können, wie kindliche Neugier »geschützt« befriedigt werden kann. Eine Freundin von mir, mit zwei Söhnen, erzählte einmal beiläufig von einem dieser Jungen, daß er ein großes Interesse daran habe, ihr beim Duschen und überhaupt im Bad zuzusehen und dabei gerne ihr Brüste anschaue und berühre. Sie genoß offenbar die Bewunderung ihres Sohnes, schilderte aber auch belustigt, daß sie ihn mitunter abwimmelt mit den Worten »Also weißt du, jetzt reichts«. Ihre unbekümmerte Mitteilung, die frei von jeder Anzüglichkeit war, machte mir wieder schlagartig die in dieser Hinsicht andere Situation von Mädchen deutlich.

Die Bedingungen sind noch nicht so, daß Mädchen ermuntert werden können, das Glied ihrer Väter zu untersuchen und spielerisch zu berühren und damit rechnen können, daß er in diesem Vorgang nichts weiter sieht als eine ganz normale Neugier, auch ein Interesse an dieser anderen Sexualität, aber eben keine Aufforderung zu sexuellen Handlungen oder Verführungsabsichten. Es kann gar nicht darum gehen, lustvolle erotische Berührungen zwischen Kindern und Eltern zu vermeiden, weil das einem Berührungsverbot gleichkäme. Es geht darum, daß der Vater die Verantwortung dafür übernimmt, wenn es zwischen ihm und seiner Tochter zu Zärtlichkeiten kommt, die auch ihm Lustgefühle machen, daß er »die Grenze kennt« und ebenso, wie von meiner Freundin geschildert, dazu imstande ist zu sagen »So, jetzt ist Schluß, ich möchte nicht mehr.« Und nicht seine eigenen Lustgefühle zum Indiz dafür nimmt, daß die Tochter genauso empfindet wie er und zu mehr bereit ist, als gerade stattfindet.

Schule, Bildung und Ausbildung

Wenn sie nicht verhindert werden, zeigen weibliche Kinder ein unvoreingenommenes, umfassendes Interesse an ihrer Umwelt, an Dingen und Vorgängen. Als Kindergärtnerin und Sozialarbeiterin hatte ich einige Male das Glück, solchen Kindern zu begegnen. Bei diesen kindlichen Forschungsreisen entwickeln sie Fähigkeiten, eignen sich Wissen an, entwickeln Fragen, die bei entsprechender Begleitung und Förderung Originalität bewirken.

In der Regel werden diese frühkindlichen Eigenheiten bei Mädchen sehr bald unterbunden, spätestens wenn sie in die Pubertät kommen. Mädchen bei ihren selbstgewählten Interessen zu unterstützen, sie zu ermutigen, sich auch mit Schwierigkeiten auseinanderzusetzen, den Mut zu entwickeln, auch anders sein zu dürfen als »alle«, ist eine wichtige Voraussetzung dafür, daß Inhalte und Aufgaben als etwas Lebenswichtiges und Sinnvolles bewertet werden. Die Wahl von Schulausbildung und Beruf ist keineswegs »egal«, da ja doch irgendwann einmal Beziehungen und Partnerschaft mit einem Mann im Mittelpunkt des Lebens stehen werden.

Ein Klima, in dem Mädchen sprechen können

Die Erfahrungen im Zusammenhang mit dem Thema »Sexuelle Gewalt und Mißbrauch« bewegen mich dazu, anzuregen, nicht darauf zu warten, daß Mädchen sich mitteilen. Inzwischen ist hinlänglich bekannt, daß die Scham und Angst vor der Enthüllung und Bloßstellung von »Tätern«, die zur Familie oder zum Umfeld gehören, unglaublich hemmend und groß ist. Alle Eltern müßten sich über Symptome in Folge von Mißbrauch informieren und immer wieder das Gespräch über mögliche Gefahren anbieten. Der beste Schutz für weibliche Kinder ist die Erfahrung, daß sie auch im Elternhaus Grenzen setzen, sich auseinandersetzen und wehren dürfen, wenn es zu Kränkungen und Fehlhaltungen auf seiten der Eltern kommt. Die Erfahrung, daß ihnen »geglaubt« wird, wenn sie von Erlebnissen berichten, sie deutlich fühlen, daß die Eltern sie nicht »um des lieben Friedens willen« allein und im Stich lassen. Alle Mädchen, denen Mißbrauchserlebnisse widerfahren, versuchen sich wenigstens einmal mitzuteilen.

Was hilft den Mädchen noch, »aus der Rolle« zu fallen?

Wenn auch nur enige der von mir erwähnten positiven Voraussetzungen erfüllt würden, bekämen die Mädchen schon eine andere Basis für ihre Entwicklung. Die Situation im Elternhaus, deren Position ist von entscheidender Prägung, aber sie reicht nicht, weil das Umfeld in der Regel mit Sanktionen auf »freche«, ungewöhnliche Mädchen reagiert.

Die Eltern können ihre Vorstellungen auf Elternabenden in die Kindergärten und Schulen hineintragen, müssen prüfen, was da vermittelt wird, den Mädchen Unterstützung und Schutz bei Konflikten gewähren. In den schulischen Aufklärungsunterricht würde zum Beispiel das Thema »Sexueller Mißbrauch« hineingehören, die Gefahren von Aids und Prostitution. Über den üblichen Schulsport hinaus müßten für Mädchen »Wendokurse« angeboten werden, Formen der Selbstbehauptung und Selbstverteidigung, speziell von Frauen für Mädchen und Frauen entwickelt. In fast allen größeren Städten gibt es bereits ausgebildete »Wendotrainerinnen«, die auf Einladung auch an andere Orte reisen, um ihr Können zu vermitteln. Dabei lernen Mädchen ein klares Gefühl für ihren Körper, für Kraft, Geschicklichkeit, Grenzen zu verteidigen, lautwerden zu können und nicht bei Übergriffen schamhaft ängstlich zu schweigen. Hinzu kommt die Auseinandersetzung und Überwindung mit anerzogenen psychologischen Hemmungen.

Wie ungeheuer wertvoll diese Arbeit ist, habe ich mit einer meiner Frauengruppen erlebt, als diese gemeinsam an zwei Wochenenden in der Berliner »Schokofabrik« eine Einführung in das »Wendo« erhielten und wir im Anschluß daran die Erfahrungen in die Therapiegespräche mit aufnahmen. Eine solche Arbeit ist für Mädchen und Frauen fast jeden Alters hilfreich und trägt natürlich auch zu einem selbstbestimmteren Umgang mit allen Körpervorgängen, auch Sexualität, bei.

An dieser Stelle möchte ich auf ein Buch aufmerksam machen, welches sowohl Hinweise auf Literatur zum Thema »Mißbrauch« bietet, aber auch Adressen angibt, an die Mädchen und Eltern sich um Hilfe wenden können. Der Titel lautet »Trotz allem« und beschreibt Wege zur Selbstheilung für sexuell mißbrauchte Frauen. Die Autorinnen Ellen Bass und Laura Davis weisen im Anhang auf Anschriften hin, unter denen Informationen über »Wendo-Selbstverteidigung« zu erfahren sind.

Ich denke, daß die unterschiedlichen Ausführungen trotz aller Unvollständigkeit gezeigt haben, wie wenig selbstverständlich und schon gar nicht konfliktfrei für Mädchen und Frauen selbstbestimmte, lustvolle Sexualität unter den jetzigen Lebensbedingungen angeeignet und gelebt werden kann. Nicht zuletzt aus diesem Grund ist eine kritische Auseinandersetzung mit der an Frauen geschätzten Harmoniefähigkeit, die im Liebes- und Beziehungsleben eine so wesentliche Rolle spielt, dringend vonnöten.

7.

Harmoniefähigkeit – Mut zu Konflikten

Der Prozeß der traditionellen Weiblichkeitserziehung kann auch als Harmonielehre verstanden werden. Zwar nicht in dem Sinne, daß die einzuübende Harmoniefähigkeit der Person, die sie erlernt, zugute kommen soll, sondern quasi als willkommene Dienstleistung für andere, in erster Linie für Männer, deren Befinden häufig durch unharmonische Stimmungen geprägt ist. Harmonie definieren unterschiedliche Lexika als: Eintracht, Wohlgeordnetheit, Einklang, Übereinstimmung mehrerer Teile zu einem widerspruchslosen Ganzen, wohltönende Zusammenklänge mehrerer Töne. Oder: Angenehme Übereinstimmung, friedliches Zusammenleben, gutes Verständnis, Eintracht. Es heißt wohl auch nicht zufällig *die* Harmonie und *der* Konflikt, wobei der letzte Begriff kurz und bündig mit »Zusammenstoß, Streit und Widerstand« definiert ist. Bereits der flüchtige Blick auf sprachliche Definitionen veranschaulicht die geschlechtliche Arbeitsteilung, die wie ein roter Faden alle Lebens- und Daseinsbereiche durchzieht.

Zweifellos ist echte Harmonie etwas sehr Schönes und Beglückendes. In der Begegnung mit fremden Menschen kann sie einem wie ein Geschenk zufallen, wenn Übereinstimmungen in wesentlichen Lebensfragen scheinbar mühelos möglich sind, ähnliche Ziele angestrebt werden, Bewertungen identisch sind und so ein Gefühl von Gleichklang entsteht. Dieses intensive, warme Gefühl von Freude und Glück kann auch im Umgang mit der eigenen Person aufkommen, wenn nach Mühen und Ringen, dem Auf und Ab von Schwierigkeiten bei der Lösung von Aufgaben, dem Erreichen selbstgesteckter Ziele endlich jener Moment gekommen ist, in dem alles Ungelöste, Ungeordnete, Unbewältigte in einem zufriedenstellenden Ereignis aufgehoben ist. Wenn diese Art von Harmonie, die nicht einfach Ausdruck ruhiger Erstarrtheit, sondern lebendiger, fließender Bewegung ist, sich in der Beziehung zwischen Frau und Mann einstellt, ist auch dies ein überwältigend schöner Moment, häufig von dem Wunsch begleitet, daß dies jetzt für immer so bleiben möge. In Wirklichkeit ist weder die seltene Harmonie, die einem unverdient geschenkt wird, noch die erarbeitete etwas, das mit Kraftanstrengung festgehalten werden kann.

In der Beziehung zwischen Menschen, die auch im Zusammensein und in der Nähe ihre Unterschiedlichkeit und Eigenheiten leben wollen, muß es immer wieder zu Verschiedenheiten in der Wahrnehmung kommen, der Gefühlsbewertung von Situationen und Erlebnisinhalten, dem Abwägen von Wünschen und Bedürfnissen, Ansprüchen und Interessenvertretung, dem Ausbalancieren von Handlungsspielräumen und Lebensräumen überhaupt, wobei es zwangsläufig zu Spannungen, Konflikten oder Streitigkeiten kommen muß. Dabei geht notwendigerweise vorübergehend Harmonie verloren, die aber in der lebendigen, offenen Auseinandersetzung über strittige, kontroverse Beziehungsinhalte mit zunehmender Annäherung, dem Aushandeln von Kompromissen oder der Akzeptanz von fehlender Übereinstimmung allmählich wieder aufleben kann.

Die hier beschriebene Harmoniefähigkeit, die die Gleichwertigkeit der Beteiligten voraussetzt, entspricht meist nicht jener Fähigkeit, die Mädchen und Frauen im Laufe ihrer

Entwicklung erlernen. Zwar ist das Harmoniebedürfnis von Frauen sprichwörtlich, aber bei näherer Betrachtung stellt sich heraus, daß diesem Bedürfnis nicht eine aktive Gestaltungsmöglichkeit zugrunde liegt, sondern die Furcht vor Auseinandersetzung, Konfliktscheu und das Verbot, die Ruhe des Mannes zu stören. Es ist keine Harmonie, die sie selbst zu harmonischen Personen werden läßt, denn der Preis für ihr scheinbares »Im-Lot-Sein« ist häufig innere Zerrissenheit, Verarmung, Einsamkeit und Angst. In der »typisch weiblichen Harmonie« sind eigene Widerspruchs- und Widerstandshaltungen verdrängt, verschleiert und weggeglättet. Eine Frau als sehr harmonisch zu charakterisieren muß demnach nicht beinhalten, eine besonders glückliche weibliche Person vor sich zu haben, die das Kunststück fertigbringt, eigene Lebens- und Glücksvorstellungen erfolgreich zu verwirklichen, durchsetzungsfähig zu sein und trotzdem mit Akzeptanz ihrer anlehnungsbedürftigen, weichen, verletzbaren Aspekte in einer Beziehung unterstützt und aufgehoben zu sein. Die durchschnittliche harmonische Frau ist diejenige, die zumindest äußerlich komplikationslos ihr Anderswollen und Anderssein verschweigt und entweder lächelnd oder mit zusammengebissenen Zähnen in allem nachgibt und deswegen für weich, hingebungsvoll und anschmiegsam gehalten wird.

Diese Frau stellt Harmonie her für den Mann, damit er sich mit seinen Wünschen und Vorstellungen im ungestörten Einklang befindet.

In welchen Lebens- und Beziehungsbereichen ist diese Harmoniefähigkeit von Frauen das »emotionale Schmierfett«, damit alles reibungslos funktioniert? Wahrscheinlich gibt es keinen Aspekt in unserem Dasein, in dem diese Fähigkeit nicht mehr oder weniger einfließt, mit Sicherheit aber bei der Schaffung von Klima und Atmosphäre in einer Partnerschaft oder Familie, am Arbeitsplatz, überhaupt im Umgang mit Menschen, bei der Einflußnahme auf die Befindlichkeit anderer Personen, im Gespräch, im sexuellen Kontakt, in allen Situationen, besonders Familienfesten und -feiern, wo es darum geht, etwas Heiles und Stimmungsvolles herzustellen. Bekanntlich hängen besonders solche Glückserwartungen an Ereignissen wie Weihnachten, Geburtstagen, gesellschaftlichen Essen, die der Karriere des Mannes dienen, und solchen familiären Begegnungen, bei denen Frauen darum konkurrieren können, welche der Familien einen harmonischeren Eindruck macht.

Wenn ich mitunter höre, wie und in welchen Zusammenhängen Frauen von ihrem Harmoniebedürfnis sprechen, überwiegt das Moment des Zwanges fast immer die Wahl einer anderen, möglicherweise strittigen Alternative. Im Zusammenhang mit Sexualität kommen zum Beispiel Äußerungen wie: »Ich habe schon lange keine Lust mehr zur Sexualität mit ihm, aber ich weiß, wenn ich mich dann nach ein paar Wochen mal wieder einlasse, haben wir wenigstens ein friedliches, harmonisches Wochenende. Wenn ich das nicht mache, weiß ich schon vorher, daß die Stimmung für das ganze Wochenende gelaufen ist.« Oder: »Seine Familie, Eltern, Freunde und Verwandte waren zum Kaffee eingeladen, und er inszeniert zwei Stunden vorher wegen einer Lappalie einen Riesenstreit mit mir. Angeblich habe ich was Falsches eingekauft. Am liebsten hätte ich den ganzen Krempel hingeschmissen und wäre abgehauen, aber um des lieben Friedens willen und damit die Gäste nicht darunter leiden, bin ich geblieben. Es ging dann so einigermaßen über die Bühne. Hinterher war ich völlig kaputt vor Erschöpfung.«

»Die Kinder hatten sich so auf den gemeinsamen Ausflug gefreut, dann kam der Streit im Auto, bloß weil ich nicht schnell genug die Autokarte gelesen und wir eine Abfahrt verpaßt haben, wurde er so wütend, daß ich am liebsten ausgestiegen wäre. Aber was sollte ich machen. Um der Harmonie und der Kinder willen habe ich dann meinen Mund gehalten.«

»Eigentlich fühlte ich mich unwahrscheinlich verletzt durch seine Bemerkung beim Essen, aber weil seine Geschäftsfreunde da waren, konnte ich nichts sagen, sonst wäre die Einladung total in die Hose gegangen.«

Die von den Frauen geforderte Harmoniefähigkeit trägt somit häufig dazu bei, daß sogenannte »Pseudobeziehungen« entstehen und aufrechterhalten werden. Der Begriff stammt aus der Schizophrenieforschung und beinhaltet, daß in solchen Beziehungen Divergenzen als so bedrohlich und für die Aufrechterhaltung der Beziehung als gefährlich bewertet werden, daß sie unbedingt vermieden werden müssen. In ihnen fehlt die gegenseitige Anerkennung der individuellen Identität der beteiligten Personen, alles Neue, Veränderungen der inneren und äußeren Bedingungen müssen ängstlich vermieden werden. Bateson und Jackson schreiben in »Schizophrenie und Familie« hierzu: »Die bestehende Beziehung kann dann weder aufgegeben werden, es sei denn unter ganz besonderen oder widrigen Umständen, noch darf sie sich entwickeln oder entfalten. Sie erfordert zwar eine hohe Beteiligung und ist oft stark gefühlsbesetzt, zugleich aber beschränkt sie das Wachstum und nimmt dem zwischenmenschlichen Erleben jegliche Frische ... Ohne gegenseitige Wahrnehmung und Anerkennung der Identität jedes einzelnen entsprechend der aktuellen Lebenssituation wird die beibehaltene Beziehung zunehmend subjektiv entleert, steril und erstickend. Die positiven Seiten können nicht erforscht und erweitert werden; ... so ist ein Wachstum der Beziehung unmöglich.«

Es ist naheliegend, daß die zwanghafte, einseitige Festlegung auf geschlechtliche Rollen in der Beziehung zwischen Frauen und Männern zu »verrückten« Haltungen und Beziehungsmustern führen müssen, wofür die Pseudoharmonie als

Beispiel stehen mag. Liebe, die nicht blind sein will, die echte, inhaltliche Harmonie leben und erleben möchte, erfordert eine Harmoniefähigkeit, die nicht arbeitsteilig ist und auf weiblicher Verdrängung und Selbstverzicht beruht, sondern auf der Fähigkeit zur Verbundenheit und der konfliktfähigen Haltung beider Beteiligten, immer wieder neue, lebendige Bedingungen und Übereinstimmungen für das Zusammenleben auszuhandeln.

Insofern ist es notwendig, Disharmonie als etwas völlig Normales in das Zusammenleben zu integrieren, in ihr ein Signal zu sehen, eine Störung, die durch offenen Austausch, Klärung von Wünschen und Standpunkten verändert und wieder aufgehoben werden kann. Verschleierte und über lange Zeit angesammelte disharmonische Erlebnisse bilden häufig erst explosiven Konfliktstoff, der in Aggression und Gewalt eskalieren kann.

Die herkömmliche Erziehung zur Frau bietet den Mädchen so gut wie keine erlaubten Möglichkeiten, konflikt- und streitfähig zu werden. In ihrem Buch »Die andere Stimme – Lebenskonflikte und Moral der Frau« betont Carol Gilligan, daß sich bereits in den Spielen von Jungen und Mädchen diesbezügliche Muster zeigen. Beide Geschlechter üben in ihren kindlichen Spielen Haltungen und Handlungsgewohnheiten ein, die bei den Mädchen die Entwicklung von Feinfühligkeit und Rücksichtnahme auf die Gefühle anderer bewirken, beim Jungen Durchsetzungs- und Streitfähigkeit: »Traditionelle Mädchenspiele wie Schnurspringen und Tempelhüpfen sind Spiele, bei denen man der Reihe nach drankommt und die Konkurrenz indirekt ist, da der Erfolg des einen nicht notwendigerweise den Mißerfolg des anderen bedeutet. Die Folge ist, daß Streitigkeiten, die der Beilegung bedürfen, seltener auftreten. Tatsächlich behaupteten die meisten Mädchen, die Lever interviewte, daß sie das Spiel beendeten, wenn ein Streit ausbräche. Statt ein System zur Lösung von Streitigkeiten zu entwickeln, ordnen die Mädchen die Fortsetzung des Spiels der Fortsetzung der Beziehungen unter.«

Hinzu kommt, daß in der Erziehung von Mädchen diesen üblicherweise nicht gestattet wird, laut, aufsässig und frech zu sein. Sie werden nicht dazu angehalten, sich körperlich und sprachlich zu wehren, sondern nachzugeben, still zu sein und auszuhalten, was ihnen an Einschränkungen, Verletzungen und Ungerechtigkeiten widerfährt.

In meinem Elternhaus durfte ich als Kind und Heranwachsende ein weites Spektrum von Gefühlen ausdrücken und leben: Ängste, Schwäche, Hilflosigkeit, Anlehnungs- und Unterstützungsbedürftigkeit, Neugier, Albernheit, Ausgelassenheit, Fröhlichkeit. Aber wenn ich in bestimmten Situationen eigensinnig argumentierte, mich an Widerworten festhielt, wurde ich von meiner Mutter eingeschüchtert: »Du wirst schon noch sehen, was du von deiner Sturheit hast.« Oder sie betrafte mich, indem sie mich einfach ignorierte. Sich wehren und zu verteidigen war mir nur in einem begrenzten Spielraum erlaubt. Noch viele Jahre später war mir unmöglich, auf Unverschämtheiten anderer rasch und angemessen zu reagieren. Wirkliche Konflikt- und Streitfähigkeit lernte ich erst im Zusammenleben mit Wilfried Wieck als etwas kennen, womit Beziehung auch positiv gestaltet werden kann.

Im Laufe der langen Zeit unseres Zusammenlebens hat sich der Inhalt unserer Konflikte immer wieder geändert, sie sind quasi mitgewachsen durch alle inneren und äußeren Entwicklungen, durch neue Lebens-, Liebes- und Arbeitsbedingungen. Im Rückblick erscheinen mir die anfänglichen, nun schon über zwanzig Jahre zurückliegenden Konfliktinhalte relativ einfach, gemessen an denen, mit denen wir uns heute auseinanderzusetzen haben. Gleichzeitig ist mir bewußt, daß diese Sicht trügerisch ist, weil damals nicht weniger Kraft, Gespräch und Aufmerksamkeit notwendig war, um sie zu lösen. Und ich habe meine Angst nicht vergessen, die sich in tiefer Konfliktscheu und enormer Sprachlosigkeit ausdrückte, dem Wunsch, Strittiges und Gegensätzliches möglichst erst gar nicht wahrzunehmen.

Meine Erziehung und die Erfahrungen in meiner Entwicklung prägten mich in einer Weise, daß es mir immer sehr viel leichter fiel, Bejahendes, Ähnliches und Verbindendes an anderen zu entdecken, als mit kritischem Blick das Trennende ausfindig zu machen, vielleicht sogar abzulehnen. In den verschiedenen sozialen Ausbildungen, die ich machte, galt ich als ungemein anpassungsfähig, »eine, die mit jedem zurechtkommt«, die ein Klima von Harmonie verbreitet. Diese im Wesenskern eines Kindes verinnerlichte Haltung läßt sich nicht einfach abstreifen. Heute weiß ich, wieviel davon der typischen Mädchenerziehung zuzuschreiben und daß es ein beabsichtiges Resultat war.

Der Weg, den ich von diesem überaus angepaßten, harmoniebedürftigen Mädchen bis zu der Frau gegangen bin, von der heute einige Menschen, vor allem Männer in meiner Umgebung meinen, ich sei »zu radikal«, ist weit, und war und ist keineswegs einfach. Es ist kein Prozeß, bei dem mit ungeteilter Bewunderung oder Belobigungen gerechnet werden darf, wie sie sehr viel eher Männern, die aus ihrer Rolle herausfallen wollen, zuteil wird. Die nüchterne Feststellung lautet, daß mein Leben konfliktträchtig ist, und ich bedauere das nicht, obwohl der Preis für diese Haltung mitunter eine Einsamkeit ist, von der ich vor Jahren nicht ahnte, daß es sie gibt.

Als aktuellen Konflikt in der Beziehung erlebe ich das Ringen um Akzeptanz, daß ich trotz aller Streit- und Durchsetzungsfähigkeit, des Verzichts auf harmonisierende Schönfärberei dafür eintrete, auch die weichen, zarten, verletzbaren Aspekte meiner Person, die Wünsche nach Schutz und Geborgenheit mögen wahrgenommen und verstanden werden. Der berechtigte Ruf nach auseinandersetzungsfähigen, konsequenten Frauen und der konkrete, nahe, lebendige Umgang mit einem »solchen Exemplar« in der eigenen Beziehung scheint mitunter doch noch zweierlei zu sein. So gibt es immer wieder Konfliktgespräche über diese Diskrepanz, in denen ich Wilfried zu verdeutlichen versuche, daß die Vehemenz, mit der ich etwas wünsche, fordere, einklage oder kritisiere, keineswegs bedeutet, daß es mir leichtfällt, diese Haltung zu vertreten, sondern daß der Kraftaufwand enorm ist. Ich wünsche mir, daß das Wissen um den anderen Teil meiner Person in solchen Situationen nicht verlorengeht, sondern seinen Part, seine Einlassung stärker als bisher mitbestimmt, damit die Rückkehr zum Einklang nicht unnötig lange dauert.

Es gibt andere Konflikte, die nur mich persönlich betreffen, die aus der ständigen Auseinandersetzung mit der Frage resultieren, ob ich meinen eigenen Ansprüchen und Wertvorstellungen entsprechend handle, ob die Art, wie ich mein Leben, meinen Alltag gestalte, wachstumsträchtig oder eher hemmend ist. Weitere Konflikte treten im zwischenmenschlichen Bereich auf, im Umgang mit Freunden und anderen Menschen, in der therapeutischen Arbeit. Sie betreffen zum Beispiel die Frage nach der Ausgewogenheit von Nähe und Distanz, dem Umgang mit Kraft und ihren Grenzen, aber auch die kritische Frage »Tue ich anderen gut oder schade ich ihnen?«

Konflikte empfinde ich auch in der Auseinandersetzung mit gesellschaftlichen Mißständen, in der Frage, wie und ob ich dazu beitrage, nur wortreich beklage oder eigene Versuche mache, mich einzumischen. Es ist die Frage, ob ich die privilegierten Bedingungen, als weiße, materiell gesicherte Frau im westlichen Teil dieser Welt zu leben, auch verantwortungsbewußt nutze. Da es meist keine perfekten Antworten auf die Frage nach dem richtigen Tun gibt, bleibt die Arbeit an dem letztgenannten Konflikt eine Daueraufgabe und Herausforderung. Diese Quelle von Beunruhigung führte bisher zu veränderten Lebens-, Ernährungs- und Konsumgewohnheiten, zu Aufklärungsarbeit in Vorträgen, Unterstützung von parteiunabhängigen Initiativen und Projekten. Aber zufrieden, im Einklang bin ich mit meiner derzeitigen Haltung noch nicht. Dies alles bedeutet, daß in einem Lebensbereich gerade Harmonie sein kann, während mich in anderen konflikthafte Spannungen bewegen. Ich denke, daß dieser Zustand dem realen Leben entspricht, und habe inzwischen gelernt, mich von falschen Harmonievorstellungen zu verabschieden.

In dem Buch »Werden der Persönlichkeit« von Gordon W. Allport wird auf einen menschlichen Grundkonflikt aufmerksam gemacht, der im Laufe jeder Individuation immer wieder neu auftritt. Dieser Konflikt resultiert aus der Tatsache, daß zwei entgegengesetzte Kräfte im Menschen wirken: einmal die Tendenz, der sozialen Gruppe zugehörig zu sein, in der man/frau sich befindet (Familie, Schule, Beruf, Studium, Freunde, Klasse, Gesellschaft), sich dieser anzupassen, um nicht isoliert leben zu müssen. Die andere Kraft besteht gerade darin, sich von allen anderen zu unterscheiden; es ist das Streben nach Autonomie, das Bedürfnis nach unverwechselbarem persönlichen Ausdruck. Allport betont, daß Menschen ihr Leben lang immer wieder neu versuchen werden, diesen Ambivalenzkonflikt zu lösen. Bezieht man diesen von Allport so allgemeinmenschlich definierten Konflikt auf die konkrete Lebensrealität von Frauen und Männern, so unterscheidet sich die Situation der Frauen bezüglich der ihnen zugestandenen Lösungsmöglichkeiten im Hinblick auf diesen Konflikt erheblich von dem, was den Männern als selbstverständlich eingeräumt wird.

Der konstruktive Umgang mit Konflikten beinhaltet sowohl Notwendigkeit wie Fähigkeit, Werteentscheidungen treffen zu können. Die Voraussetzungen hierfür sind bei Frauen grundlegend anders als bei Männern. Die geschlechtlich-arbeitsteilige Moral und Rollenstereotypen führen dazu, daß die Frauen quasi für den einen Teil des Konflikts zuständig sind, für die sozialen Belange, Nähe und Übereinstimmung, während ihnen Individuation im Sinne von Eigensein, Anderssein, Unverwechselbarsein gerade nicht erlaubt ist. Da in der traditionellen Mädchenerziehung alles darauf abzielt, daß diese lernen, Wertekonflikte zugunsten anderer Menschen entscheiden zu müssen und sich nicht in erster Linie an den eigenen Wünschen und Bedürfnissen orientieren zu dürfen, ist der weibliche Grundkonflikt durch die Erziehung vorprogrammiert: Es ist das ständige Hin- und Hergerissensein zwischen persönlichen Wünschen, Vorstellungen, eigenen Zielen und dem verinnerlichten Gebot: »Du sollst andere Personen wichtiger nehmen als dich selbst.«

Aus diesem existentiellen Grundkonflikt entsteht ein unübersehbares Spektrum an Konflikten im Alltag. Dabei ist es meist so, daß nicht die Vernachlässigung eigener Entwicklungsmöglichkeiten Schuldgefühle oder ein schlechtes Gewissen auslöst, sondern die Zuwiderhandlung gegen diese Wertehierarchie, Fähigkeiten und Kräfte für andere bereitzuhalten und diese nicht im gleichen Maß für die Verwirklichung eigener Ziele nutzen zu dürfen. Dabei entgeht Frauen häufig die Unmoral der Tatsache, daß ihnen ihre Erziehung die Möglichkeit verwehrt, ihr Selbst umfänglich zu entwickeln und zu fördern.

Aus Therapiegesprächen weiß ich, daß viele Frauen von Fragen gequält werden wie »Darf ich mich denn überhaupt um mich selbst kümmern?« »Darf ich um meinetwillen Ansprüche und Anforderungen an andere stellen?« »Darf ich stark sein und mich trotzdem anlehnen wollen?« Im Grunde mündet alles in einer Frage: »Darf ich ein erwachsenes, erfülltes Leben führen?«

Schuldgefühle, schlechtes Gewissen und Versagensgefühle werden so zur ständigen Begleitung, Überforderung zum Dauerzustand, der kaum noch wahrgenommen wird. Zu selten verfügen Frauen über die Möglichkeit zu erkennen, daß nicht sie selbst, sondern die gestellte Aufgabe falsch, der Konflikt nicht wirklich zu lösen ist, solange die Liebesfähigkeit der Männer als Hilfs- und Entlastungspotential in allen Beziehungs- und sozialen Bereichen fehlt. Die Unfähigkeit, sich kritisch mit den verinnerlichten Werten auseinanderzusetzen, Distanz und Neubestimmung zu versuchen, führt zwangsläufig zu innerpsychischen Spannungen und psychosomatischen Problemen. Konflikte werden nach innen verlagert, bewirken depressive Stimmungen, Kopf- und Rückenschmerzen, sexuelle Unlust, Sinnlosigkeitsgefühle und diffuse Erschöpfung. Der weibliche Körper wird so häufig ein Schlachtfeld nicht ausgedrückter Konflikte.

So ist zum Beispiel in einer Beziehung, Ehe oder Partnerschaft der Umgang mit Nähe und Distanz meist eine permanente Konfliktquelle, in der bewußte und unbewußte Werthaltungen hineinspielen. Frauen, die gelernt haben, sich in Nähe- und Verbundenheitssituationen richtig zu empfinden, werden von Trennungsschritten und Distanzmanövern existentiell bedroht. Ihr weibliches Identitätsgefühl steht auf dem Spiel, wobei nach erfolgten Kränkungen und Verletzungen auch in ihnen der starke Wunsch sein kann, vom anderen abrücken und weggehen zu wollen. Oft wirkt der bewußte Wert, die Verbundenheit unter allen Umständen aufrechterhalten zu müssen, stärker als der weniger bewußte Wert, sich zu schützen und zu wehren.

Die Angst vor Bestrafung, vor dem Fallengelassen- oder Verlassenwerden, die Furcht, beliebig austauschbar zu sein, hindert Frauen daran, ihre Wut und ihren Zorn über die alltägliche Ausbeutung und Unterdrückung auszudrücken. Daher besteht der Umgang mit Konflikten häufig im Aussparen und Weglassen von etwas, beispielsweise der Vermeidung möglicher Selbstbehauptungshandlungen. Zu diesen Handlungen zählen u. a. Nichtverletzenwollen, Nachgiebigkeit, Nichteinmischung, Nichtlautsein, Nichtzuvielnehmen, Nichteigensinnigsein, überhaupt: das Nichtzusehrdasein. In gewisser Weise das Sich-dünn-Machen, wie es der Schlankheitswahn den Frauen vorschreibt.

Ein ebenfalls charakteristischer weiblicher Konflikt ist der zwischen dem Wunsch zu nehmen und dem Zwang, geben zu müssen. Er findet in unterschiedlichen Beziehungs- und Lebenszusammenhängen, besonders aber im Bereich der Sexualität statt. Frauen fürchten sich davor, den Partner mit ihren Zärtlichkeitswünschen zu überfordern. Selbst wenn dieser betont, daß es ihm Freude macht, ihr Lust zu bereiten, lauert im Hintergrund die Frage, wann es ihm zuviel und lästig wird. Auf Grund mangelnder Selbstbestimmung auch in körperlicher Hinsicht sind Frauen eher darauf vorbereitet, den männlichen Erwartungen zur Verfügung stehen zu müssen, wobei klar sein dürfte, daß diese Haltung nicht zu einer befriedigenden, erfüllten Sexualität führen kann. Frauen, die sich das Recht auf ein selbstbestimmtes Leben nehmen, erleben andere Konflikte als die traditionelle Frau, die den männlich wertenden Blick zu ihrem Maßstab macht.

Sie sind sowohl bei Männern als auch Frauen damit konfrontiert, als hart, eogistisch und unweiblich zu gelten, sind aggressiven Anfeindungen und Abwertungen ausgesetzt. Offenbar wirken sie in ihrem sozialen Umfeld wie eine explosive Gefahrenquelle, weil sie männliche Macht und Überlegenheit kritisch hinterfragen und damit das neurotische Gleichgewicht zwischen den Geschlechtern stören. Zu dieser mutigen Haltung gehört die Bereitschaft, sich Erfahrungen von Ausgeschlossenwerden, Einsamkeit und Angst auszusetzen.

Tüchtige, erfolgreiche Frauen kennen den Widerstreit zwischen dem starken Wunsch, die eigenen Fähigkeiten ausdrükken zu wollen, und der möglichen Konsequenz, daß ihre verletzlichen, anlehnungsbedürftigen Persönlichkeitsaspekte, Wünsche nach liebevoller Unterstützung und Geborgenheit nur selten wahrgenommen, verstanden und befriedigt werden. Besonders in Partnerschaften erleben solche Frauen häufig, daß der Partner seine männliche Identität bedroht fühlt und sich direkt oder indirekt weigert, auf ihre Wünsche, bei ihm ausruhen und Kraft schöpfen zu können, umsorgt und angeregt zu werden, eingeht, weil sie doch scheinbar alles hat und wunderbar allein zurechtkommen kann. Seltsamerweise kommt bei einem vielbeschäftigten, mit beruflicher Verantwortung belasteten Mann kaum jemand auf den Gedanken, daß dieser wegen seiner Tüchtigkeit keinerlei zwischenmenschlicher Unterstützung bedarf. Sein Anspruch nach Regression und Verwöhnung ist »natürliches Männerrecht«.

Wir sehen, sowohl traditionelle als auch emanzipatorische weibliche Existenz ist äußerst konfliktträchtig. Gravierende Unterschiede bestehen dennoch: So merkt die im herkömmlichen Sinne angepaßte Frau, während sie damit beschäftigt ist, Konflikte zu vertuschen oder sie auf erlaubte Weise zu lösen, häufig nicht, daß diese gar nicht ihre wirklichen, sondern entfremdete, quasi Pseudokonflikte sind, Ausdruck und Resultat ihrer verarmten, festgelegten Position in der Beziehung zum Mann. Nicht sie selbst, sondern er bestimmt den Inhalt ihrer Konflikte.

So vergeudet sie ihre Kräfte und Fähigkeiten in einem unmoralischen, unproduktiven Geschehen und macht sich dabei zur Mittäterin und Komplizin der Männermacht. Christina Thürmer-Rohr schreibt dazu: »Frauen sollen so tun, als ob sie den anderen, den Männern, gern dienstbar und verfügbar sind; so zu tun, als ob sie Gefallen an ihnen und ihrer Behandlung haben; so tun, als ob sie in der Liebe zu ihnen aufgehen; so tun, als ob sie deren Treiben gutheißen und bewundern, so tun, als ob sie ausgefüllt und beglückt sind von den Aufgaben und Grenzen, die ihnen zugewiesen sind; so tun, als ob sie keinen Widerspruch, keine Verneinung kennen, keinen Haß auf ihr raum- und geistsparendes Leben und dessen Verursacher. Ihr Dasein für andere steht unter Bedingungen, zuallererst der Bedingung der Schonung und Stützung der Männerwelt.«

Konfliktfähigkeit zu erlernen setzt für Frauen eine kritische Selbstprüfung in bezug auf diese »So-tun-als-ob-Haltungen« voraus. Erst ihre Aufdeckung in den alltäglichen Liebes- und Harmonisierungsarbeiten, der notwendige Verzicht auf diese erlaubten Handlungsmuster können Platz für eine Neuorientierung schaffen. Fragen, die die konkrete Lebenssituation betreffen, können lauten: Lebe ich meinen Möglichkeiten und Fähigkeiten entsprechend? Welche Wünsche hatte und habe ich? Setze ich meine Kräfte zu ihrer Erfüllung ein? Warte ich auf Glück? Will ich so weiterleben wie bisher? Wovor fürchte ich mich? Suche ich wirklich nach eigenen Schritten von Veränderung? Welche unbekannten und ungelösten Konflikte belasten mein Leben derzeit am meisten? Bin ich bereit, sie aufzudecken?

Frauen fürchten im Konfliktfall die Veränderung ihrer Person. Während der »harte«, auseinandersetzungsfähige Mann geradezu als Idealfigur bewundert wird, ist der Verlust von Weichheit, Wärme, Hingabe und Verbindlichkeit bei einer Frau das Allerletzte. Sobald sie unnachgiebig hart ihre Position vertritt, laut und deutlich, muß sie damit rechnen, als abstoßend häßlich, als unweiblich abgewertet und klassifiziert zu werden.

Es gehört daher Mut dazu, den Standpunkt zu vertreten und auch zu leben, daß Liebe und Härte kein Widerspruch sind, sondern zusammengehören, und zwar nicht im Sinne von Gewalt, sondern von Klarheit. Wilfried sagt von mir, daß ich seine schärfste Kritikerin bin, und versäumt mitunter zu ergänzen, daß ich dabei auch die zuverlässigste Quelle von Ermutigung und Unterstützung bleibe. Härte in Verbindung mit Liebe und Konflikten bedeutet mir das Ringen um Werte, die mir unverzichtbar sind, wobei ich alle mir zur Verfügung stehenden Kräfte aufbiete, um diese sichtbar zu machen und zu schützen. Es bedeutet, daß ich nicht hin und her laviere, umfalle, umgepustet werden kann, sondern Standpunkt beziehe und damit Spannung erzeuge, Widerstand biete, auch wenn ich ihn als Schmerz empfinde und er mich vorübergehend einsam macht.

Und obwohl mir eine Konflikt- und Streittradition aus der Kindheit fehlt, hilft mir in diesen Anstrengungen die von den Eltern grundsätzlich vermittelte Erfahrung, in Schwierigkeiten Herausforderungen und nichts Unveränderbares zu sehen.

Für viele Menschen ist die Erinnerung an Konflikt- und Streitsituationen in der Kindheit mit massiven Angsterfahrungen und unkontrollierbarer Gewalt verbunden. Wenn Streit zwischen den Eltern als Krieg und somit vom Kind als existentielle Bedrohung erlebt wurde, ist es sehr schwer, aus diesen Erfahrungen andere, konstruktive Konsequenzen zu ziehen. Ein übergroßes Harmoniebedürfnis oder der Wunsch, im Streitfall unbedingt der Überlegene sein zu müssen, ist oft Resultat solcher Kindheitserfahrungen. Ich habe meine Eltern überwiegend harmonisch verbunden und verbündet erlebt. Ihre Disharmonie drückte sich nicht in lautstarken Auseinandersetzungen, sondern Distanzgefühlen, vor allem im Schweigen meiner Mutter aus, so daß sie mir als Frau nicht vorgelebt hat, wie nach strittigen Inhalten Verständigung, Annäherung oder Einigung erfolgte.

Mädchen fehlen häufig in ihrer Entwicklung weibliche Vorbilder, deren Durchsetzungs- und Streitfähigkeit erfolgreich – und deswegen auch nachahmenswert – ist. Was sie erleben, sind indirekte Strategien wie Nörgeln, Meckern, Sticheln, Moralisieren, vorwurfsvolle Anklagen, Leidensmienen und Stimmungen, verbittertes Schweigen oder kurze Affektausbrüche, von denen alle Beteiligten wissen, daß sie keinerlei Konsequenzen haben.

Für die durchschnittliche Frau ist »Streit- und Konfliktfähigkeit« kein Wert, sondern ist angstbesetzt und wird abgewertet. Konflikte in Beziehungen werden häufig als »persönlicher Makel« empfunden, als Ausdruck von Versagen, von »mangelnder Weiblichkeit«, von Scheitern und Versagen in der Liebe. Frauen, die in der Öffentlichkeit ihre Konflikt- und Durchsetzungsfähigkeit unter Beweis stellen – zum Beispiel Alice Schwarzer, Jutta Ditfurth u. a. –, dürfen nicht mit Bewunderung und schon gar nicht mit Unterstützung rechnen. Sie stoßen auch in den Reihen von Frauen auf Abwehr und diffamierende Abwertung.

Da ich aus eigener Erfahrung weiß, wie anstrengend und schmerzlich der Lernprozß sein kann, offen und klar mit Konflikten umzugehen, mache ich mir keine Illusionen darüber, daß die Verlockung, solche Schritte zu erproben, bei vielen Frauen noch relativ gering ist. Andererseits gibt es keine Alternative, um aus der Pseudoharmonie herauszukommen.

Wichtige Voraussetzungen hierbei sind: eine konturierte Person, ein größtmögliches Maß an Unabhängigkeit, eine klare Sprache, ein eigener Standpunkt, die Bereitschaft, eine Weile in Disharmonie zu leben, Spannungen auszuhalten, und die Bereitschaft, im Handeln Konsequenzen zu ziehen.

Frauen können lernen, daß die ungute Stimmung in ihnen, die sich in der Regel bei Konflikten oder Disharmonie einstellt, das Gefühl, falsch zu sein, einem erlernten Reflex entspricht, einem »Zensor im Kopf«, der sie davon abhalten will, aus erlaubten Gehorsamshaltungen auszusteigen. Somit beginnt ein wesentlicher Schritt zur Veränderung bereits im Kopf, indem ich akzeptiere, daß das Erproben neuer Verhaltensweisen zunächst nicht mit »guten Gefühlen und angstfrei« erfolgen kann. Notwendig ist der Verzicht auf jene Bewertung, die Frauen nahelegt, daß ihre Liebe sich nur in Verbundenheit, Akzeptanz und Konfliktlosigkeit ausdrücken darf. Fraglos könnten Männer Frauen dabei helfen (normalerweise sind sie daran nicht interessiert), indem sie sich auf Gespräche und Gefühlsinhalte einlassen, ihren Abwehrpanzer ablegen und deutlich mitteilen, daß sie den Beziehungsfaden nicht abreißen lassen, wenn die Frau trennende Gefühle ausdrückt. Wenn sie auf »Machtspiele« verzichten können und sich nicht dahinter verschanzen, daß der Konflikt- oder Streitinhalt von der Frau »nicht richtig formuliert« wurde. In jedem Fall ist es unerläßlich, daß Frauen beginnen, darauf zu verzichten, allein für Harmonie in einer Beziehung zu sorgen, sondern darauf achten, daß alle Beteiligten ihren Beitrag dazu leisten, daß in der immer wieder neu herzustellenden Harmonie die Gegensätze und Eigenheiten der Personen ausgedrückt und nicht ausgespart sind.

8.

Schamhaftigkeit – Mut zur Unverschämtheit

Besonders während meiner Lesereisen fiel mir die Unverhältnismäßigkeit im »Schamverhalten« von Frauen und Männern auf. Es war keine Seltenheit für mich, auf einzelne Männer oder Gruppen zu stoßen, die auch ohne Alkoholeinfluß völlig hemmungslos herumgrölten, rülpsten oder breitbeinig vor sich hindösend demonstrierten, daß es ihnen völlig egal war, welchen Eindruck sie in ihrer Schamlosigkeit machten. Im Gegenteil, mir erschien es eher so, als ob sie bei all dem die Sicherheit genossen, mit keinerlei Sanktionen oder Korrekturen rechnen zu müssen. Von wem auch? Die Frauen in der Umgebung taten so, als ob nichts wäre, und versuchten unauffällig Abstand zu halten, Männer warfen amüsierte und verständnisvolle Blicke, nur sehr selten entdeckte ich bei ihnen eindeutige Ablehnung oder zurechtweisendes Eingreifen. Es scheint eine stillschweigende gesellschaftliche Vereinbarung zu geben, die beinhaltet, daß die öffentliche Schamlosigkeit von Männern ein adäquates Mittel ist, Frauen immer wieder daran zu erinnern, welchen Platz sie in dieser Gesellschaft einzunehmen haben.

Von ihnen wird Verschämtheit ganz selbstverständlich erwartet, und zwar in dem Sinne, daß sie nicht zu laut, zu fordernd, zu raumgreifend anwesend sein sollen, sondern unanstößig, angenehm, liebenswert, appetitlich anzusehen, freundlich, gefällig und bescheiden, bereit, sich jederzeit »in Luft aufzulösen«, wenn Männer durch ihre Existenz gestört werden. Das Einüben von Schamhaftigkeit ist wichtiger Bestandteil in der herkömmlichen Mädchenerziehung, betrifft die Erziehung zur Sauberkeit, den Umgang mit Sprache, die Anleitung zur Rücksichtnahme und Bescheidenheit, das Wunsch- und Denkverbot und den Umgang mit dem Körper. Für viele Frauen ist die Scham noch nicht vorbei, sondern sie gehört nach wie vor zu jener emotionalen Grundausstattung, die das Leben erschwert und beeinträchtigt.

Häufig hält diese anerzogene Scham Frauen davon ab, zu berichten, wie es ihnen wirklich geht. Sie haben gelernt, Probleme und Störungen in ihren Beziehungen als persönliches Versagen zu bewerten, als einen Makel, der ein schlechtes Licht auf ihre Weiblichkeit und Liebesfähigkeit wirft. So kann es passieren, daß Leid, Schmerzen und Ängste schamhaft verschwiegen werden und einen Zustand von Isolation zur Folge haben. Besonders nach Erlebnissen von Gewalt, Demütigung und Mißbrauch ist die Scham so groß, daß die Betroffenen oft nicht imstande sind, mögliche Hilfe in Anspruch zu nehmen. Statt dessen quälen sie sich mit der Frage, was an ihnen falsch ist, was sie versäumt haben, daß ihnen *das* zustoßen konnte.

In einem Gespräch über Erotik und Sexualität in einer meiner Frauengruppen äußerten viele der Anwesenden, daß sie sich nicht nach Lust und Laune kleiden würden, sondern unter dem Gesichtspunkt, möglichst nicht zu provozieren, nicht unangenehm aufzufallen. Eine Frau meinte: »Ich trage diese weiten Pullover und Shirts nicht, weil sie mir besonders gut gefallen, aber sie schützen mich. Ich kann meine weiblichen Formen darunter gut verstecken und habe weniger Angst, blöde angemacht zu werden.« Eine andere erzählte: »Seit zwei Jahren hängt in meinem Schrank ein tolles rotes Kleid. Es ist körpernah geschnitten und steht mir ganz super.

Bisher habe ich mich nie getraut, es allein zu tragen. Immer nur, wenn mich ein Mann begleitet hat.« Eine lesbische Frau meinte: »Mir paßt das ganz gut, daß die Leute oft nicht wissen, ob ich ein Mann oder ein Frau bin. Wenn ich manchmal betont weiblich angezogene Frauen sehe, solche mit ganz kurzen engen Miniröcken, bewundere ich deren Mut. Ich hätte viel zuviel Angst, so herumzulaufen.«

Scham und Scheu verhindern es, Freude am eigenen Körper selbstbewußt zum Ausdruck zu bringen, das hervorzuheben und zu unterstreichen, was Frauen schön finden, mit dem äußeren Erscheinungsbild zu spielen. Die Warnung in den Köpfen der Frauen lautet, daß sie es im Zweifelsfall sind, die mit ihrer »provozierenden Kleidung« Männer zu Anmache und sexuellen Übergriffen herausgefordert haben. Aber weibliche Scham ist nicht nur auf körperliche Präsenz bezogen, auf einen Körper, der fast immer wegen seiner »mangelnden Perfektheit« traktiert wird und ungeliebt ist, der so angreifbar und verletzbar empfunden wird. Scham wird auch im emotionalen Bereich zur Hemmung, verhindert den klaren und offenen Umgang mit Wünschen nach Liebe und Zärtlichkeit, lähmt das erotische Begehren, beinhaltet die Furcht davor, als gierig, geil und egoistisch zu erscheinen. Die weibliche Scham verleitet Frauen zu Geheimnissen, zum Verdunkeln und Verbergen, zum Beispiel ihrer Haß- und Wutgefühle, mit denen sie nur selten in echtem Kontakt sind, weil das eigene Entsetzen und die Furcht vor ihnen und möglichen unkontrollierbaren Konsequenzen zu groß ist.

Mir erscheint das »typisch weibliche Schamgefühl« in der Regel unmoralisch, unaufrichtig und sinnentleert zu sein, weil es nicht auf die Abschaffung von beschämenden Mißständen und auf Veränderung von Lebensbedingungen dringt, sondern zu deren Aufrechterhaltung beiträgt und deren Verschleierung scheinbar billigend in Kauf nimmt.

So ist die normale weibliche Scham für die Frau selbst eine

Hülse, die sie einschließt und an freien Bewegungen hindert, während sie für den Mann zum dienenen Beitrag an den vielfältigen Produkten seiner Schamlosigkeit wird.

Unverschämt zu sein würde bedeuten, daß ich als Frau klar zu erkennen gebe, daß ich wahrnehme, was mir an Unverschämtheit zugemutet wird, daß ich nicht wegschaue, sondern aufmerksam mache, die Dinge beim Namen nenne, zurückweise und dabei unangenehm werde. Dazu gehört Mut zur Häßlichkeit, denn eine Frau, die sich wehrt, laut, kämpferisch und frech sein muß, um Rechte durchzusetzen, Grenzen zu schützen und etwas zu bewirken, wird dabei nicht die gelassene Schönheit sein können, der man auch gerne mal einen Gefallen tut.

Im von Frauen entwickelten »Wendokonzept«, einem speziellen Training für Selbstbehauptung und Verteidigung gegen männliche Gewalt, gibt es besondere Übungen, bei denen Frauen lernen können, mit dem »Häßlichwerden« furchtlos umzugehen. Erfahrungsgemäß macht es in Situationen von Anmache und Übergriffen einen erheblichen Unterschied, ob Frauen schamhaft lächelnd passiv bleiben, ausweichen oder lautstark »aus der Rolle fallen«, Gesichter schneiden, mit denen kein Mann rechnet, weil Frauen unter allen Umständen schön zu sein haben.

Die Bemühung um Unverschämtheit beinhaltet auch, auf dem eigenen Blick zu bestehen, darauf zu achten, daß persönliche Wünsche, Zielvorstellungen und Anliegen schamlos Raum einnehmen dürfen. Bedeutet in sexueller Hinsicht, sich nicht damit zu begnügen, Projektionsfigur für die Phantasie von Männern zu sein, sondern Versuche mit dem eigenen erotischen Begehren zu wagen.

Bei alldem geht es nicht darum, die männliche Schamlosigkeit zu imitieren, sondern um die Aneignung einer Haltung, in der nicht schon allein die Zugehörigkeit zu einem bestimmten Geschlecht Schamgefühle auslöst, die Enthüllung dessen, wie die Frau wirklich fühlt, denkt, bewertet, wünscht. Schamlosigkeit als Ausdruck des Rechtes, eine reale Person zu sein, nicht Phantasiegeburt männlicher Verzerrungen, ein Wesen aus Fleisch und Blut, mit Schwächen und Vorzügen, Begierden und Sehnsüchten, Fähigkeiten und Inkompetenzen, Grenzen und Möglichkeiten. Die Versuche von Frauen, schamlos zu sein, werden nicht bejubelt, stoßen selten auf Bewunderung für ihren Mut und auf Unterstützung. Es sind nicht nur Männer, die dazu neigen, solche Frauen als »anormal« zu stigmatisieren, sondern es sind Mütter, Schwestern, Freundinnen, Kolleginnen, die Nachbarin von nebenan, die abschätzige Blicke werfen, über »solche Personen« gehässig tuscheln, die zu reglementieren versuchen, einen Chor von Mißbilligung anstimmen und ein hämisches Vergnügen daran zu finden scheinen, wenn Frauen für »schamlose Taten« bestraft werden: dafür, daß sie die erlaubten Grenzen überschritten haben und die Schamlüge nicht mitmachen.

9.

»Die liebende Mutter« – Zur Entglorifizierung eines patriarchalen Kultobjekts

Es war in einer kleinen Stadt, ganz im Norden Deutschlands, als ein älterer Mann, der während der Lesung eifrig im Buch geblättert hatte, während der anschließenden Diskussion, in der ich ohne Umschweife betonte, zu keinem Zeitpunkt meines Lebens einen Kinderwunsch verspürt zu haben, voller Vorwurf meinte: »Aber das ist ja ein sehr egoistischer, asozialer Standpunkt.« Auf meine Gegenfrage, ob ich seine Äußerung so verstehen darf, daß seine offensichtliche Kinderliebe dazu geführt habe, daß er sein Leben als kinderhütender Vater und sorgender Hausmann verbracht habe, reagierte er empört und beleidigt.

Aber auch im Kontakt mit Frauen stellte ich immer wieder fest, daß die Anregung, andere, ungehorsame Liebeshaltungen nicht nur in den Beziehungen zu Männern zu erproben, besonders dann als Zumutung empfunden wird, wenn sie das heikle Thema Mutterschaft betrifft. In heftigen, emotional aufgeladenen Kontroversen wurden Erfahrungen, Argumente und Standpunkte strittig erörtert, das Ideal der guten Mutter erbittert verteidigt oder verspottet, das Pro und Kontra in bezug auf den Wunsch nach Kindern mit jeweils glühender Überzeugung vorgetragen. Kaum je erlebte ich Frauen in Gesprächen so kampfbereit und inbrünstig wie in diesem Zusammenhang.

Da die patriarchale Herrschaft nicht nur auf der Glorifizierung des Mannes beruht, sondern ebenso auf der Glorifizierung der dazugehörigen Mütter, zwei Säulen der Machtausübung, die sich gegenseitig stützen und erhalten, kommt eine inhaltliche Neubestimmung dessen, was Liebe sein könnte, nicht daran vorbei, die »heilige Mutterkuh« zu enttabuisieren und als Phantom zu entlarven.

Kinder sind für mich keine Spielzeuge, keine Selbstverwirklichungs- oder Kultobjekte und keine »Lebensfüllsel«, sondern menschliche Wesen, die ich ernst zu nehmen versuche, sympathisch oder unsympathisch finde, je nach ihrer Persönlichkeit, eben wie im Umgang mit anderen Menschen auch. Wobei ich mir grundsätzlich bewußt bin, daß sie – aufsässig oder angepaßt – zu den Schwächsten in unserer Gesellschaft gehören.

Meine Erinnerungen an das Kinddasein sind noch sehr wach und lebendig. Da stehen unzählige Erfahrungen von liebevollem Umsorgtwerden durch meine Mutter neben für mich damals unerklärlichen wortlosen Ausbrüchen von Gereiztheit und unterdrückter Wut, die sich in heftigen Bewegungen entluden, nicht mir galten und trotzdem etwas mit mir zu tun zu haben schienen. Ich habe die kindlichen Beobachtungen im Umgang mit Erwachsenen gesammelt und nicht vergessen. Mir gefiel vieles nicht, es erschien mir unecht, künstlich, anmaßend. So zum Beispiel, wenn in Gegenwart von Kindern über diese gesprochen und beratschlagt wurde, als ob sie selbst gar nicht anwesend wären, wenn deren Eigenarten und Aussehen Kommentare auslösten wie bei der Begutachtung eines »leblosen Dinges«. In solchen Augenblicken schwor ich mir immer wieder, nie *so* werden zu wollen.

Zu einem relativ frühen Zeitpunkt meiner Entwicklung, ich war nicht älter als fünfzehn Jahre, beschäftigte mich der Gedanke an eine Zukunft ohne Kinder, obwohl ich kurz vor meiner Ausbildung zur Kindergärtnerin stand und bereits mehrere Wochen auf einer Säuglingsstation mit Hingabe gearbeitet hatte. Ich wollte keine eigenen Kinder haben, konnte mir gut vorstellen, mit fremden Kindern zu leben und zu arbeiten, doch »Kinderhaben« löste in mir Widerstände und Abwehr aus.

Während ich im ersten Schuljahr war, erfuhr ich eines Tages im Religionsunterricht, daß »Kinder Geschenke Gottes sind«. Für mich war die logische Schlußfolgerung, die ich meinen Eltern auch beim Mittagessen mitteilte, daß Eltern »Geschenke Gottes nicht verhauen dürfen« und überhaupt gut behandeln müßten. Die Aussage des Pfarrers wandelte sich in meinem kindlichen Bewußtsein zu der stolzen Überzeugung, etwas ganz Kostbares zu sein, ein Geschenk und kein Besitz. Das Gefühl für die Unantastbarkeit der kindlichen Würde, die unbedingte Notwendigkeit, diese zu schützen, hat sich bis heute nicht geändert.

Zu keinem Zeitpunkt meines Lebens glaubte ich das Märchen, daß Frauen alles mühelos bewältigen können, Kinderbetreuung, berufliche Tätigkeit und Gestaltung von Partnerschaft unter einen Hut zu bringen nur eine Frage der Organisation und richtigen Kräfteeinteilung sei. In meinem beruflichen Umgang mit Kindern merkte ich täglich, wieviel Anregung, Fürsorge, Bildung, Spiel und kritische Förderung sie brauchten, wie sehr sie eine ständige Herausforderung für die eigene Entwicklung waren.

Bei meinen Gesprächen unterwegs sprachen mir in der Regel Frauen das Recht bzw. die Kompetenz ab, mich zu diesem Thema zu äußern, da ich schließlich kinderlos lebe. Ihnen war nicht bewußt, daß sie mit diesem Standpunkt eine groteske Aussage machten, nämlich die, daß jede Frau, die ein Kind zur Welt bringt, offenbar bereits auf Grund dieses Geschehens über »Mutterqualitäten« verfügt und kompetent sein soll, ein Kind in das Leben und die Welt einzuführen.

Abgesehen davon, daß ich da ganz anderer Ansicht bin, denke ich gar nicht daran, mich an dieses Tabu zu halten, das kinderlosen Frauen verbieten soll, etwas zum heiligen Thema Mutterschaft auszusagen.

Selbst wenn ich nicht gelernt hätte, mit Säuglingen umzugehen, bei Entbindungen dabeizusein, mit Kindern aller Altersstufen bis hin zu Jugendlichen gelebt und gearbeitet hätte, würde ich mir das Recht nehmen, Stellung zu beziehen, weil ich der Ansicht bin, daß Frauen viel mehr als bisher mit der Tatsache konfrontiert werden müssen, daß es sehr unterschiedliche Möglichkeiten von Frausein gibt, auch solche, die einen Kinderwunsch ganz und gar ausschließen, und daß es ein patriarchaler Mythos ist, daß die Sinnerfüllung im Leben einer Frau letztendlich (wenigstens einmal!) im Schwangersein, Gebären und Aufziehen eines Kindes liegt.

Aber es gibt noch einen weitaus gewichtigeren Grund, mich besonders im Zusammenhang mit dem Thema dieses Buches kritisch mit Mütterlichkeit auseinanderzusetzen. Es geht mir darum, deutlich zu machen, daß die »Höherwertigkeit« des Mannes ohne jene idealisierte Mütterlichkeit nicht vorstellbar ist, wobei deren Glorifizierung absolut verlogen und scheinhaft ist, da die katastrophalen Alltagsbedingungen, unter denen diese Mütterlichkeit gelebt werden soll, auf Abwertung und Verachtung schließen lassen. Die Wertschätzung von Mütterlichkeit in einer patriarchalen Gesellschaft ist abstrakt und inhaltsleer, erschöpft sich in wohltönenden Tiraden und ist offenbar eine hervorragende Disziplinierungsmöglichkeit von Frauen, die selbst meist zu wenig Bereitschaft zeigen, diesen offenkundigen Widersprüchen und Täuschungen nachzugehen.

Ebenso wie es ein Sakrileg ist, das männliche Überlegenheitsdogma ernsthaft zu gefährden, scheint es unerlaubt, zumindest bei vielen Frauen unerwünscht, einmal ungeschönt zu betrachten, was sich hinter dem Dogma von der Mütterlichkeit verbirgt, und zu schauen, welche Inhalte Frauen als Identifikationsideal angeboten bzw. aufgezwungen werden. Es ist zu prüfen, was den einzelnen Frauen aus dieser Form institutionalisierter Mütterlichkeit erwächst, den krassen Widerspruch zwischen Anspruch und Wirklichkeit zu erkennen.

Neben der Illusion der romantischen Liebe scheint die Illusion von der idealen Mutter die Idee zu sein, die das Denken von vielen Frauen sehr beschäftigt. Und da in der Öffentlichkeit eher Widerstand als Interesse daran besteht, zu erfahren, welche Gefühle Frauen als Mutter wirklich haben, sie nicht frei und offen über die Schattenseiten sprechen dürfen, bleiben Klischees unangetastet wirksam und die Frauen selbst mit ihren Schwierigkeiten isoliert. Ab und zu wird diese Decke von Schweigen für kurze Zeit gelüftet, und es machen sich Schrecken und Entsetzen breit, wenn durch Bekanntwerden von Straftaten, der Vernachlässigung, Mißhandlung und Tötung von Kindern durch ihre Mütter, ein anderes Licht auf diese mystifizierte Beziehung fällt. Von »unnatürlichen«, »monströsen« Frauen ist dann die Rede. Die Beruhigung fällt relativ leicht, weil diese Vorfälle zu Ausnahmen erklärt werden. Die individuelle und gesellschaftliche Angstabwehr ist auch hier größer als das Bedürfnis nach Wahrheit.

Die Vorstellungen von Mütterlichkeit, mit denen wir konfrontiert werden, entspringen quasi einer »Mutter-Kind-Religion«, die fester und notwendiger Bestandteil der patriarchalen Herrschaftsideologie ist. So ist Mütterlichkeit eine aufgeblähte Worthülse, in die alle wertvollen menschlichen Eigenschaften und Fähigkeiten hineingepackt werden, die Leben pflegen und erhalten sollen, nur nicht das der Frauen selbst. So ist ihre Fähigkeit, zu nähren und fürsorglich zu sein, folgerichtig fast immer auf den Umgang mit anderen, besonders Kindern und Männern, beschränkt und versagt, wenn es um die Notwendigkeit geht, sich um die eigene Person mütterlich zu kümmern. Die großen Versorgerinnen und Nährerinnen scheinen selbst chronisch unversorgt, im Mangel zu leben, leer und hungrig zu sein.

Charakterliche Zuschreibungen wie Selbstlosigkeit, Aufopferungsfähigkeit, Bescheidenheit, Allgegenwärtigkeit, Grenzenlosigkeit und Geduld tragen dazu bei, daß diese Identifizierungen zu einem straffsitzenden Handlungs- und Moralkorsett werden, in dem Anderswollen als egoistische, unerlaubte Bewegung gilt und mit Schuldgefühlen und peinigendem Gewissen bestraft wird. Es liegt auf der Hand, daß die Freude an diesem Zustand sich sehr in Grenzen halten muß, obwohl die Frauen selbst nur ungern darüber sprechen. (Insgeheim sind viele davon überzeugt, daß sie etwas falsch machen, weil sie sich sonst glücklicher fühlen müßten.) Bücher in unübersehbarer Zahl befassen sich mit dem Elend von Müttern, mit deren Überforderung und Unzufriedenheit, beschreiben die Nabelschnur, die Kette von Unglück, die diese und ihre Kinder mit Schuldgefühlen und Ängsten aneinanderbindet. Zweifel und Versagensgefühle auf beiden Seiten, wobei die Kinder wegen des ungelebten Lebens ihrer Mütter das mögliche eigene Glück nicht frei genießen und leben können.

Bereits diese Tatsache, daß aus den einseitigen, unlebendigen und festgelegten Vorstellungen von Mütterlichkeit den Frauen so wenig Glück und Fülle erwächst und den Kindern so wenig Freude, ist alarmierend genug, um aufzudecken, was an diesem Arrangement so grundlegend falsch ist.

Maxi Wander, die mit ihrem Buch »Guten Morgen, du Schöne« bei uns bekannt wurde, schrieb über ihre Beziehung zur Mutter in einem Brief an den Bruder: »Herbert, ich schreibe in ziemlich niedergedrückter Stimmung. Deinen Brief haben wir bekommen, Mama hat geweint darüber, aus Freude oder ich weiß nicht warum. Sie ist völlig von Deiner Gunst abhängig, und das ist nicht gut. Mir ist klar geworden, daß sie wirklich nur noch für uns lebt und durch uns.

Aber wir können deshalb nicht unser Leben auf den Kopf stellen und uns ihren Vorstellungen und Wünschen fügen. Das ist bitter und deprimiert mich sehr, aber Du kannst Dir nicht vorstellen, wie schwierig sie geworden ist. Ein einigermaßen erträgliches Zusammensein ist nur möglich, wenn man schweigt.

Sie erträgt nicht die geringste Gegenmeinung und läßt außer ihrer sehr tristen Lebensweise überhaupt keine andere gelten. Wenn ich so leben würde wie sie oder wie viele Frauen ihrer Generation, so anspruchslos und grau und nur auf die Kinder und den Haushalt eingestellt, dann wäre sie mit mir zufrieden. Und es geht ihr einfach nicht in den Kopf, wie ich mit *dem* Mann glücklich sein kann. Dabei ist Fred gerade jetzt ein artiger, ausgeglichener Hausvater, geht nie weg, jedenfalls nicht ohne mich, widerspricht nie, ist immer freundlich und entgegenkommend zu ihr und hat überhaupt viel mehr Geduld mit uns, als wir verdienen. Ich kann Mama nicht verstehen, sie ist mir fremd.

Nur wenn sie wieder in Wien ist, liebe ich sie und schreibe ihr jeden Tag einen Brief. Sie müßte doch merken können, wie gut wir miteinander leben könnten, mit ein wenig Toleranz. Sie hat fortwährend den Drang, sich für die Familie aufzuopfern, läßt es aber jeden von uns auch fühlen. Es ist jener Terror, der Dich weggetrieben hat, der Generationen von jungen Leuten aus dem Elternhaus treibt.«

Dieser Brief, den Fred Wander nach ihrem frühen Tod in »Ein Leben ist nicht genug« veröffentlichte, enthält über weite Passagen Aussagen, die ich so oder ähnlich auch von anderen Frauen höre, wenn sie über ihre Mütter sprechen.

Wenn wir allerdings dem Mutterbild in der Werbung Glauben schenken, dann hat sich inzwischen alles verändert. In Reklamespots und von Plakatwänden strahlen uns junge, dynamische Frauen an, denen jede Spur von Erschöpfung oder Überforderung fehlt. Sie präsentieren voller Stolz und

Entzücken Babys und Kleinkinder, vergehen schier vor Wonne beim Füttern, Windeln und Dreck-Wegmachen. Während sie die Wäsche streichelweich pflegen, singen sie und haben kaum noch ein schlechtes Gewissen wegen irgendwelcher Grauschleier in den Gardinen oder sonstwo. Wenn dann der immer vorhandene und stets heimkehrende Vater im Bild erscheint, dem sich die Frau lächelnd zuwendet, ist das Glück vollkommen.

Die äußere »Verpackung von Muttersein« hat sich tatsächlich ein bißchen geändert, insofern, als die Bilder mehr den Spaß und die Leichtigkeit suggerieren als wie früher sorgenvolle Ernsthaftigkeit. Mütter sind nicht mehr bott und bieder, sondern farbig und sexy.

Eine inhaltliche Veränderung ist allerdings noch nicht in Sicht, da es auch um die »fehlenden Väter« geht, derentwegen die mütterliche Überpräsenz scheinbar aufrechterhalten werden muß. Das alte Bild scheint auch noch nicht völlig verschwunden zu sein, so brachte mir eine Mutter im letzten Jahr voller Empörung ein Gedicht in ihr Einzelgespräch mit, welches ihr siebenjähriger Sohn in der Schule »als Geschenk, für eure Mütter zum Muttertag«, aufschreiben mußte.

Muttersorgen
von Artur Schoke

Mütterlein, lieb Mütterlein,
wie mußt du doch immerfort fleißig sein!
Wenn wir noch schlafen am frühen Morgen,
mußt du dich schon plagen, mußt du dich schon sorgen,
daß wir auch beizeiten den Kaffee kriegen,
daß wir nicht zu lang in den Federn liegen,
daß wir nicht etwa die Schule verpassen
auch Frühstücksbrot haben, nichts liegen lassen.

Dann mußt du fegen und putzen und klopfen,
mußt scheuern und flicken und bürsten und stopfen.
Die Wäsche darfst du auch nicht vergessen
und die Blumen, den Vogel, das Mittagessen.

So geht es immer tagaus, tagein,
oft bis in die späte Nacht hinein;
so geht es weiter jahrein, jahraus.
Sag Mutter, wann ruhst du dich endlich aus?

Daniela, die mir das Gedicht in die Hand drückte, erzählte, daß sie anfangs beim Lesen nicht recht wußte, ob sie einen Lach- oder Wutanfall kriegen sollte. Auf jeden Fall wollte sie den Lehrer zur Rede stellen und ihn fragen, was ihm eigentlich einfiele, Kindern heute solche klischeehaften Inhalte über Mütterlichkeit zu vermitteln. Später wurde deutlich, daß sie auch deswegen so aufgebracht war, weil sie sich selbst nicht als typische Mutter versteht, gleichzeitig aber doch angreifbar und verletztlich ist, wenn es um mögliche Versäumnisse im Umgang mit ihrem Sohn geht, die alten Wertvorstellungen über mütterliche Haltungen auch in ihrem Gefühl noch unterschwellig wirksam sind.

Frauen sprechen in ihren Therapiegesprächen häufig über die Frage, ob sie ihre Kinder gut und richtig versorgen. Sie sind meist im Zweifel, ob das, was sie tun, auch ausreicht, und plagen sich mit Selbstvorwürfen und überhöhten Ansprüchen.

Wenn es aber darum geht, nach konkreten Möglichkeiten der Entlastung, der »Entschuldung« und einem kritischen Umgang mit Mutterschaft zu suchen, wird nicht selten deutlich, wie sehr sie diese belastenden Haltungen als die eigentlich richtigen verinnerlicht haben und fast reflexhaft beginnen, ihre »Pflichten« wortreich und vehement zu verteidigen bzw. auf der Unmöglichkeit von Veränderung insistieren.

Das mütterliche Verteidigungskonzept beruht vor allem auf der These der kindlichen Bedürftigkeit, wobei diese anscheinend nicht in erster Linie von dem tatsächlichen Befinden der Kinder bestimmt wird, sich nicht an deren wirklichem Unvermögen, aber auch nicht an den bereits vorhandenen Kompetenzen orientiert, sondern am vorhandenen »Ich-Ideal« der Mutter. Frauen wollen demnach ihre mütterlichen Fähigkeiten leben und unter Beweis stellen, selbst wenn sich daraus vermeidbare Konflikte mit den »Bedürftigen« ergeben, sich diese entmündigt, erstickt und festgehalten fühlen und nach allen möglichen Mitteln greifen, um sich zur Wehr zu setzen.

Kürzlich erzählte mir eine Frau, Mutter von zwei fast erwachsenen Söhnen und einer Tochter, empört von einem Gespräch mit dem Ältesten: »Er hat doch tatsächlich gesagt, wann ich endlich einmal anfange, mich um mich selbst zu kümmern. Als ich ihm dann sagte, was er eigentlich wolle, er hätte doch immer alles von mir bekommen, hat er gemeint: ›Genau das ist es ja. Du hast immer alles für mich getan, aber meinst du, daß ich nicht ganz oft gefühlt habe, wie sauer und aggressiv du eigentlich warst? Mir wäre lieber gewesen, du hättest dich gewehrt und öfter Nein gesagt, dann müßte ich mich heute nicht wie ein Schwein fühlen und wäre auch in manchen Sachen selbständiger.‹«

Die scheinbar grenzenlose Bedürftigkeit der Kinder entlarvt sich bei näherer Betrachtung in vielerlei Hinsicht als Alibifunktion und wird besonders dann unübersehbar, wenn diese bereits im Jugendlichen- oder Erwachsenenalter sind und nicht losgelassen werden. Oft wirkt der Machtkampf, das zähe Ringen um den Erhalt eingefahrener Mutter-Kind-Positionen stärker als der vordergründige Wunsch nach Entlastung, der ohne Einbeziehung der unbewußten anderen Motive reines Lippenbekenntnis bleibt.

Nur sehr selten sind Mütter bereit, über ihre problematischen und widersprüchlichen Empfindungen im Umgang mit den Kindern Auskunft zu geben. Sie befürchten Anklagen und Zurechtweisungen, und erst wenn durch Rückfragen im Zusammenhang mit Überforderungssituationen quasi die Erlaubnis erteilt wird, offen zu sprechen, beginnen manche sehr vorsichtig davon zu erzählen, daß sie ihre Kinder keineswegs immer nur lieben, wie es der Mutterwahn Frauen zwanghaft diktiert. Wenn ihnen Gelegenheit geboten wird und Sicherheit und Vertrauen da sind, äußern Mütter sehr widersprüchliche Gefühle. Mitunter wird ein enormes Maß an ungelebter Aggression deutlich, von welchem die Frauen sich existentiell bedroht fühlen. Ich kenne Frauen, die von ihrer Umgebung als hingebungsvolle, glückliche Mütter betrachtet werden, die ohne finanzielle Probleme in sogenannten geordneten Verhältnissen leben, die beruflich tätig sind oder zumindest eine Berufsausbildung haben, und in ihren Gesprächen trotzdem verzweifelt oder ratlos von Angstphantasien berichten: »Ich befürchte manchmal, daß ich meinen Kindern was antun könnte.« »Manchmal habe ich so eine Wut auf sie, daß mir die Luft wegbleibt und ich aus dem Zimmer gehen muß.« »Es gibt Momente, in denen ich sie hasse, obwohl es keinen Grund gibt.«

Eine ehemalige Kommilitonin von mir, eine sehr warme und offenherzige Frau, erzählte mir, als wir uns nach vielen Jahren zum ersten Mal wiedersahen, daß sie verheiratet sei und inzwischen Zwillinge bekommen habe: »Am Anfang war es furchtbar. Du kannst dir gar nicht vorstellen, wie gräßlich das war. Einer hing an der Brust und der andere schrie. Ich war nachts und tagsüber immer todmüde, obwohl mein Mann mir sehr geholfen hat. Ich war überhaupt kein Mensch mehr. Tagsüber, wenn ich mit dem Wagen durch die Straßen ging und andere Frauen dann entzückt sagten: ›Oh, wie süß, das sind ja Zwillinge‹, habe ich immer wütend gesagt: ›Wollen Sie sie mitnehmen, die können Sie geschenkt haben.‹ Wirklich, ich liebe sie, aber nicht dauernd, manchmal hätte ich sie an die Wand werfen können.« Solche ehrlichen Aussagen sind die Ausnahme, wobei die tatsächliche Gefahr, aggressiv im Umgang mit Kindern zu agieren, dann viel wahrscheinlicher ist, wenn Gefühle von Überforderung, Unlust und Kraftgrenzen nicht ausgedrückt werden dürfen und ins Halbbewußte oder Unbewußte, als »Nicht-Ich« abgedrängt werden.

Die Gründe für Wut und Aggression im Umgang mit Kindern sind natürlich sehr unterschiedlich. Mir fällt allerdings in den Gesprächen mit verdeckt aggressiven Frauen auf, daß sie selbst als Kinder wenig bemuttert und bevatert worden sind und besonders dann Gefühle von Ablehnung oder Bestrafung erfuhren, wenn sie sich kindlich schwach und anlehnungsbedürftig zeigten. Von Müttern, die nicht kindgemäß Kind sein durften, sondern für ein oder beide Elternteile Mutterfunktionen übernehmen mußten, höre ich öfter, daß sie besonders beim Füttern oder Saubermachen ihrer Säuglinge von zwanghaften Gewaltvorstellungen gequält werden, ohne zu verstehen, warum gerade der Anblick der Nacktheit und Hilflosigkeit ihrer Kinder, deren offensichtliches Schutzbedürfnis, in ihnen aggressive Gedanken und Bilder wachruft.

In allen diesen Fällen stoßen wir im Laufe von Therapiegesprächen auf quälende Kindheitserlebnisse, die vergessen waren und erst durch den Umgang mit den Kindern wiederbelebt wurden. Bereits die Möglichkeit der offenen Aussprache, »das Unerlaubte, als Mutter zu denken«, schafft eine erste spürbare Entlastung. Grundsätzlich besteht die Aufgabe aber darin, mit Hilfe von stützender und klärender Begleitung, sich mit der Ablehnung der eigenen kindlichen Bedürftigkeit auseinanderzusetzen und sie in die erwachsene Person zu integrieren. Im übrigen ist es bei diffusen Aggressionsgefühlen Kindern gegenüber auch immer notwendig nachzufragen, wem diese Wut in Wirklichkeit gilt und ob Konflikte in der Partnerschaft oder woanders nicht ausgetragen werden.

Eine Mischung aus Zorn und Wut entsteht aber auch aus der bloßen Tatsache, daß Frauen trotz aller Anstrengung und Bemühung spüren, daß sie niemals *die* Mutter sein können, von der das gesellschaftliche Ideal behauptet, daß sie zu existieren habe. Denn die Behauptung, daß »richtige« Mütter ihre Kinder immerfort und unter allen Bedingungen lieben, schließt die Möglichkeit aus, zumindest zeitweise ganz anders zu fühlen. Die Orientierung an den realen Empfindungen führt somit zunächst zwangsläufig zu der angstbesetzten Feststellung, keine »gute Mutter« zu sein.

So bleiben Frauen normalerweise ihren Kindern gegenüber versteckt aggressiv. Sie tarnen ihre Haltung hinter »erlaubten« Reglementierungen, Bestrafungen, Einschüchterungen und Übergriffen, die als Ausdruck von Fürsorge deklariert werden. Sie üben auf umfassende Weise Macht aus, spielen mit den kindlichen Liebes- und Abhängigkeitsgefühlen und nehmen in Kauf, die Kinder in das eigene Unwohlsein hineinzuziehen.

Mutterschaft wird nicht selten zum Alibi dafür, anderen, angstbesetzten Aufgaben aus dem Weg zu gehen. Ein Beispiel: Als ich vor einigen Jahren zu einem Klassentreffen nach Münster fuhr, besuchte ich gemeinsam mit Rita, einer Freundin, Lina, eine frühere Kommilitonin. Wir und noch ein paar andere Frauen hatten während der Sozialarbeiterinnenausbildung einen engen Kreis gebildet, diskutiert, gefeiert, persönliche Probleme besprochen und Zukunftspläne geschmiedet. Unsere berufliche Entwicklung war uns wichtig, und eigentlich stand außer Frage, daß daran auch keine Liebschaften mit Männern etwas ändern würden. Lina, der Frau mit den endlos langen Beinen und dem umwerfenden, frechen Charme, hatte ich immer etwas Besonderes zugetraut. In der Ausbildung war sie kritisch, engagiert und manchmal über die Münsteraner Biederkeit ein wenig spöttisch.

Bei unserer Wiederbegegnung trafen Rita und ich eine

völlig erschöpfte, aber stolze Mutter von vier Kindern, die kurz zuvor ein fünftes Kind verloren hatte. Sie führte uns durch das eigene Haus, welches bemerkenswert geschmackvoll und liebevoll eingerichtet war. So nach und nach bekamen wir den Eindruck, daß Gardinen und Deckchen in Handarbeit angefertigt – und überhaupt vieles selbstgemacht war. Tatsächlich stand irgendwo ein Webstuhl; Rita und ich warfen uns erstaunte Blicke zu und wußten nicht mehr so recht zu reagieren. Unsere anfängliche Unbekümmertheit und Albernheit schlug gänzlich in betretenes Schweigen um, als wir mittags bei Tisch saßen. Es gab selbstgemachte Kartoffelsuppe, die wunderbar duftete, und da Rita und ich nach der langen Fahrt großen Hunger hatten, wollten wir anfangen. Lina erteilte uns eine dicke Rüge, daß wir gefälligst zu warten hätten, weil eines der Kinder noch fehlte. Sie schaltete und waltete wie eine Königin in ihrem Haus, und wir wagten kaum noch zu fragen, was sie denn sonst noch so mache. Ganz offensichtlich genoß sie unser Staunen, und Rita, ebenfalls Mutter von zwei Kindern und berufstätig, fragte mich auf der Heimreise einigermaßen verwirrt: »Sag mal, was ist denn mit Lina los, ist dir auch so unbehaglich geworden?«

Erst bei einem späteren Besuch von mir erfuhr ich dann, wie es Lina wirklich ging. Die Ehe stand auf dem Spiel. Ihr Mann hatte sich einer anderen Frau zugewandt, während sie selbst lange Zeit nichts bemerkt hatte, weil sie von morgens bis abends damit beschäftigt war, die ideale Mutter zu sein. In Wirklichkeit hatten Ritas und meine Fragen nach ihrer beruflichen Arbeit, ihren Kontakten und persönlichen Interessen sie sehr beunruhigt. Sie sagte: »Weißt du, ich habe mich geschämt, euch zu sagen, daß mir eigentlich der Umgang mit Erwachsenen fehlt und ich schon längst wieder zurück in den Beruf wollte. Aber irgend etwas ist mit mir passiert. Ich fühle mich in der Öffentlichkeit nicht mehr sicher und selbstbewußt. Einigermaßen sicher fühle ich mich nur noch hier zu

Hause. Da habe ich das meiste unter Kontrolle. Jedenfalls dachte ich das, bis die Sache mit der anderen Frau passierte. Ich kann Jörg sogar verstehen. Wir haben so lange nichts Gemeinsames mehr gemacht, keine richtigen Gespräche, nichts für uns als Paar. Ich war total auf die Kinder fixiert.«

Nach diesem Besuch vergingen viele Monate, in denen ich von Lina nichts hörte. Irgendwann kam ein Brief, in dem sie schrieb, daß sie inzwischen wieder arbeite und eine Haushaltshilfe eingestellt habe. Zwischen ihrem Mann, der zeitweise nur noch zum Schlafen, Essen und Computern nach Hause kam, und ihr sei es zu einem erfreulichen Neuanfang gekommen. Aus meinem Hinweis, warum eigentlich alle in diesem Hause ein eigenes Zimmer hätten, nur sie nicht, habe sie jetzt endlich Konsequenzen gezogen. Lina ist nicht die einzige Frau, die ich kenne, die im Konkurrenzkampf von Frauen um den Platz der perfekten Mutter beinahe auf der Strecke geblieben wäre.

In dem Kriminalroman »Klimax oder Außerordentliches Beispiel von Mutterliebe« beschreibt Celia Fremlin diesen Wettstreit sehr plastisch: »Es war fast so wie vor zwei Jahren, als ich von Sarahs bestandenem Abitur berichtete, dasselbe Gefühl, im heimlichen und nie endenden Wettrennen der Mütter ein wenig Boden gewonnen zu haben. Peggy nennt es den ›Großen Hindernislauf‹. Er beginnt mit der Geburt unserer Kinder und führt – soweit ich es sehe – nie zu einem Ziel.

Das höchste Gewicht bei der Geburt, die rosigsten Wangen, der größte Freundeskreis, die besten Schulnoten, das geringste Taschengeld, die aufregendsten Ferien – die meisten von uns hätten wohl kaum genau sagen können, worum es bei diesem Rennen geht, wohin es führt und worin der Preis für den Sieger besteht. Aber wir alle wissen sofort und ohne jeden Zweifel, wer in einem gegebenen Augenblick an der Spitze liegt und wie die weitere Reihenfolge aussieht.

Wenn die Kinder des einen früher als die anderen selbständig auf Reisen gehen, wenn sie selbständig ein Theaterstück inszenieren, wenn sie von selbst einen Klassiker lesen oder die besten Mathematiknoten mit nach Hause bringen – all das bringt der jeweiligen Mutter Pluspunkte ein, wenn es auch tatsächlich kaum möglich ist zu sagen, nach welchem Maßstab all diese verschiedenen Dinge gewertet werden können. Aber das spielt keine Rolle. Denn wir brauchen diesen Maßstab nicht zu kennen, wir müssen nur wissen, daß es ihn gibt und daß wir unseren eigenen Stand wie den der anderen mit unfehlbarer Genauigkeit angeben können.«

Auch die Flut von pädagogisch-psychologischen Ratgebern, die vielen monatlich erscheinenden Zeitschriften, die sich mit den Themen Elternschaft, Mutterschaft und Umgang mit Kindern befassen, haben die Aufgabe selbst keinesfalls leichtergemacht. Gleichzeitig mit dem Erwerb von populärwissenschaftlichen Erkenntnissen über die kindliche Entwicklung ist auch die Furcht vor Fehlern und Versagen weiter gewachsen und die bange Frage, was denn nun eigentlich »richtig« und »gut« sei für das Kind. Die meisten Menschen haben inzwischen etwas über die schädigenden Einflüsse harter, autoritärer Erziehung gehört und sind bewußt bemüht, solche Extreme zu vermeiden. Unsicherheit kann zu einer Gegenbewegung führen, ohne daß rechtzeitig erkannt wird, daß eine verwöhnende, entmündigende Erziehung, die keine Anforderung an die kindlichen Eigenkräfte stellt, aber auch keine Grenzen setzt, nicht minder katastrophal in ihren Ergebnissen ist.

Der eklatante Mangel bei dieser Vielzahl der Produkte von Erziehungsliteratur ist der, daß so viel von den bedürftigen Kindern und den Müttern die Rede ist, während die Männer auch hier durch Abwesenheit glänzen oder allenfalls eine abstrakte Größe bleiben. Diese Bücher rufen nicht zur radikalen Veränderung von Mutterschaft und damit Elternschaft auf, sondern sie suchen den jetzigen Notstand zu verbessern –

und zwar wieder auf Kosten der Frauen, die in erster Linie solche Bücher lesen. Diese legen meist nicht offen, daß eine einzelne Person mit all diesen wunderbaren Erkenntnissen und Ansprüchen hoffnungslos überfordert ist.

Im Gegenteil, die Schuldzuweisungen kommen aus den eigenen Reihen, wie zum Beispiel von der christlichen Autorin Christa Meves, die die zunehmende Berufstätigkeit der Mütter von Säuglingen für alle nur denkbaren Fehlentwicklungen verantwortlich macht. Weil diese ihrem Kind zudem statt Liebe und Opferbereitschaft »vorgekaute« Materie in Form von tischfertiger Nahrung und statt Spielzeug Fernsehen anbieten. Aber selbst in Büchern wie »Der kleine Tyrann« von Jirina Prekop ist sehr viel mehr von den Müttern die Rede als von Vätern. Die Autorin, Psychologin und Therapeutin befaßt sich mit den Problemen von Eltern, die sich der tyrannischen Herrschaft ihres Kindes nicht mehr gewachsen fühlen. Sie schildert Gespräche mit Eltern, die zutiefst verängstigt sind, wobei besonders die Mütter in den Zusammenkünften äußern, daß sie sich den Ansprüchen und Verhaltensweisen ihres Kindes hilflos ausgeliefert fühlen. Aus Furcht, sich autoritär zu verhalten, reagieren sie gar nicht bzw. mit passivem Zusehen, Ohnmachtsgebaren und Beschwichtigungsversuchen. Sie sind nicht imstande, Grenzen zu setzen, und lassen es zu, daß sich Kinder in für sie überfordernde und gefährliche Situationen begeben. Aber aus Furcht vor den Frustreaktionen der Kinder und dem Verlust ihrer Liebe wird jede Auseinandersetzung gemieden, so daß sich hinter der scheinbaren Nachgiebigkeit und Großzügigkeit meist die extreme Bangigkeit verbirgt, die Kinder zu verlieren oder von ihnen nicht gemocht zu werden. An den Ausführungen ist nicht nur interessant, daß die Jungen vom »Problem der Herrschsucht« häufiger betroffen sind als die Mädchen, sondern daß gerade jene Frauen/Mütter, die aus Überzeugung heraus ihre Berufstätigkeit dem Kind zuliebe aufgegeben haben, es nicht einer Massenbetreuung aussetzen wollen und ängstlich darauf bedacht sind, »Fehler zu vermeiden«, dem Problem der Versklavung durch ihr Kind ausgesetzt sind.

Anders als Christa Meves behauptet, sind es laut Prekop »nicht die Mütter, die ihre Kinder wegen ihrer eigenen Emanzipation ›vernachlässigt‹ haben, sondern ganz im Gegenteil«. Nach ihren Erfahrungen handelt es sich um Frauen, die sich ganz und gar ihrem Kind widmen. In der von Prekop angebotenen Festhaltetherapie lernen Eltern, daß die grenzenlose Anpassung an die Kinder in diesen Aggressionen hervorruft, weil diese an eigenen Lernschritten gehindert werden. Die Eltern erleben sie zwar als voll beherrschbar – aber keine Geborgenheit, weil sie kein strukturierendes Gegenüber darstellen. Die Autorin schreibt, daß das »Festhalten« im Sinne von klarer Grenzsetzung das Gesetz der tatkräftigen Liebe ausdrückt, wobei sich das Kind zwar erproben kann, aber gleichzeitig auch gehalten und damit auch geschützt ist.

Obwohl ich inhaltlich mit vielen Ausführungen übereinstimme, fällt mir auf, daß hauptsächlich die Mütter die Ansprechpartner sind, ohne daß dies kritisch in die Gesamtproblematik mit einbezogen würde, wie dies zweifellos notwendig und sinnvoll wäre. Denn es scheint mir eine augenfällige Übereinstimmung zwischen dem in diesem Buch erörterten Machtkampf zwischen Eltern und Kindern und der Position traditionell erzogener Frauen in ihrer Partnerschaft zu geben. Solange die Bemühung um Veränderung einseitig an die Anstrengung von Frauen gebunden ist, denen ihrerseits die Erfahrung von Hilfe und Halt in der Beziehung zum Mann/ Vater fehlt, werden vor allem männliche Kinder ungehindert »tyrannische Charakterzüge« ausbilden können.

Bei der fast zwanghaften Bemühung von Frauen, dem gesellschaftlich vorgeschriebenen Ideal nachzueifern, bleibt ihnen wenig Kraft und Aufmerksamkeit dafür, innezuhalten und zu prüfen, wie die Lebensbedingungen und das Umfeld eigentlich beschaffen sind, um diese Aufgabe zu bewältigen. Laut Statistik fehlen mindestens 500000 Kindergartenplätze, wahrscheinlich ist diese Zahl viel zu niedrig angesetzt. Es gibt keinen Rechtsanspruch auf einen Kindergartenplatz. Die angebliche »Kinderfreundlichkeit« dieser Gesellschaft bleibt auch in ganz anderen Zusammenhängen hohle Phrase, so zum Beispiel im Umgang mit dem § 218, der beruflichen Benachteiligung von Müttern, der Vermietung von Wohnraum, fehlenden oder schlechten Spielmöglichkeiten für Kinder – und einem gesellschaftlichen Klima, dem es überhaupt an Wärme und Toleranz den »Schwächeren« gegenüber fehlt.

Obwohl die Industrie eine unübersehbare Zahl von unbedingt notwendigen »Hilfsmitteln« für die Entwicklung eines Kindes anpreist, abgesehen von dem, was »Ihr Baby alles braucht«, findet die wirklich notwendige zwischenmenschliche Unterstützung und Entlastung selten oder nie statt. Die Frauen und Kinder werden mit den wunderbaren Erfindungen und Produkten der Männerwelt allein gelassen. Ich erlebe die Überforderung der Frauen, wie sie in ihrem Alltag psychisch und physisch ausgelaugt nicht mehr bei sich sind und dennoch den inneren Zwang verspüren, zugewandt zur Verfügung stehen zu müssen. Und obwohl ihr reales Befinden oft in grotesker Weise von dem Gefühl einer glücklichen und zufriedenen Mutter entfernt ist, suchen die Frauen den Fehler nicht in der Konstruktion der heiligen Mutterkuh, sondern bei sich selbst.

Aber selbst unter diesen wenig günstigen Bedingungen gibt es im Kontakt mit Kindern Anlaß zu großer Freude und zum Staunen, wobei dies mitunter im reibungslosen Ablauf der Alltagsroutine auch noch zu kurz kommt, zu wenig Raum einnimmt. Als die jüngste Tochter einer Freundin an einem Wochenende bei uns zu Besuch war und wir zu dritt mit dem Fahrstuhl fuhren, wartete ich, bis Veronika den Knopf gedrückt hatte. Dieser Vorgang beanspruchte etwas Zeit, weil sie noch sehr klein war und sich mächtig anstrengen mußte, um auf Zehenspitzen mit lang ausgestrecktem Arm die Taste zu berühren. Meine Freundin sah mich an und sagte mit Bedauern in der Stimme: »Siehst du, dafür habe ich normalerweise gar keine Zeit.«

Bevor ich einen Studienplatz in Psychologie belegen konnte, hatte ich ein Jahr Wartezeit, in der ich ein zehn Monate altes Mädchen von morgens früh bis zum frühen Nachmittag betreute. Sie hieß Anna, und ich werde die Zeit mit ihr nie vergessen.

Zunächst einmal lernte ich, das bis dahin erworbene Wissen über Phasenentwicklung über den Haufen zu werfen und mich auf die individuellen Lernschritte dieser kleinen Person einzustellen. Als Anna laufen konnte, half sie mir morgens, den Geschirrspüler auszuräumen, ihr Zimmer zu wischen, und nahm überhaupt an allem teil, was ich tat. Obwohl sie bis zum Schluß noch nicht sprach, hatten wir einen intensiven Austausch und viel Spaß miteinander. Wir liebten uns sehr. Ich war verblüfft über ihre Kraft und Geschicklichkeit. Einmal steckte sie hinter meinem Rücken die Staubsaugerteile zusammen, natürlich nicht fest, dazu waren ihre Hände viel zu klein, aber sie hatte das Prinzip verstanden. Eines Tages, im Herbst, erwartete sie mich morgens barfuß im Schlafanzug vor dem Haus. Ich war entsetzt. Um Gottes willen, was war geschehen? Der Mann vom Zeitungskiosk nebenan, der uns jeden Tag herumspazieren sah, meinte vorwurfsvoll: »Das Kind wartet schon mindestens eine halbe Stunde auf Sie.« Anna war erfreut und aufgeregt. Zog mich, die immer wieder fragte: »Anna, was ist los? Was hast du gemacht? Wieso bist du hier draußen?« hinter sich her ins Haus. Normalerweise waren die Türen, wenn die Eltern morgens zur Arbeit aus dem Haus gingen, gut verschlossen. Die Wohnungstüre stand offen, dahinter, im Inneren, waren feste Windelkartons gestapelt. Ohne einen Satz sprechen zu können, hatte Anna alle meine Fragen genau verstanden und machte mir die ganze Prozedur noch einmal vor. Mit Feuereifer und strahlenden blauen Augen. Ich weiß nicht, wer mehr entzückt über diese Leistung war, sie oder ich, jedenfalls wurde die Tat gebührend gefeiert und bejubelt. Eine andere Konsequenz war natürlich die, daß ab sofort die Außentüren abgeriegelt werden mußten, weil das Risiko zu groß war.

Leider gestatteten mir die Eltern nach Ablauf des Jahres nicht, den Kontakt zu Anna aufrechtzuerhalten. Offenbar war Eifersucht im Spiel. Für uns beide, besonders aber für sie, fand ich diese Haltung unerhört beziehungslos und brutal.

Andere, sehr intensive Erfahrungen mit fremden Kindern und Jugendlichen machte ich mit 19 Jahren im Freiburger Jugendhilfswerk, eine Institution, die ambulant verwahrloste Kinder und kriminelle Jugendliche betreut. Diese Kinder, die ich nachmittags im heilpädagogischen Hort in einer Gruppe versorgte, lebten fast alle im Obdachlosenasyl und galten als schwer erziehbar. Die Gruppe »meiner Jungs« bestand aus acht Jungen unterschiedlichen Alters. Wir versuchten zusammen Schulaufgaben zu machen, Spiele, unternahmen Ausflüge in die Umgebung, hatten jeweils eine gemeinsame Mahlzeit und dabei Tischgespräche. Natürlich waren die Kinder aggressiv und teilweise gänzlich undiszipliniert, aber sie waren auch empfänglich für Liebe, klare Forderungen, Grenzsetzungen, Anregungen und Angebote, die über ihre bisherigen Erfahrungen hinausgingen. Hinter ihrer Wut und Gewalt steckte eine enorme Sehnsucht nach Anerkennung und anderen Lebensbedingungen als die, welche sie im Obdachlosenasyl vorfanden.

Ich werde nie vergessen, wie Klaus, der Kleinste der Gruppe und trotzdem ein Obermacker vom blonden Scheitel bis zur Sohle, in meinem für die Praktikumszeit gemieteten Zimmer stand. Ich hatte die Jungen zu Kuchen und Kakao eingeladen. Mit großen Augen betrachtete er die von mir provisorisch angebrachten Kunstdrucke, Bilder von Picasso, Kandinsky und Gabriele Münter und den Blumenstrauß auf dem Tisch.

Er, der von seinem ständigen Schreien und Herumbrüllen schon eine völlig unkindliche, heisere Stimme hatte, sagte ganz leise, indem er seinen Kopf ganz sachte an meinen Arm lehnte: »Du, so möchte ich auch mal wohnen, wenn ich groß bin.« Die Jungen liebten mich sehr handgreiflich, wollten auf den Schoß, umarmt, gestreichelt und geküßt werden, mich aber auch besiegen. Als ich nach einem dreiviertel Jahr das Praktikum beendet hatte und nach Münster zurück mußte, zerriß es mir beim Abschied fast das Herz. Wir weinten alle und ich sollte versprechen, nach meinem Abschluß zu ihnen zurückzukommen. Mein Versprechen konnte ich nicht halten, weil meine damalige Direktorin nicht zulassen wollte, daß ich mich so früh festlegte. Statt dessen ging ich nach Berlin. Auch ohne Fotos habe ich die Gesichter der Jungen noch vor Augen. Damals, als mir der Abschied von ihnen so schwerfiel, fragte ich mich wieder, warum Leute unbedingt eigene Kinder haben wollen.

Der Wunsch nach einem eigenen, leiblichen Kind wird stets als Ausdruck natürlicher Mutterinstinkte akzeptiert. Kaum je wird hinterfragt, ob die Dringlichkeit des Kinderwunsches nicht mindestens ebenso wirksam von einem kulturellen Zwang geprägt ist, von verinnerlichten erlaubten Wertvorstellungen, die Mädchen und Frauen bestimmte Lebensformen vorschreiben.

In der Erzählung »Die unnatürliche Mutter« aus dem Buch »Die gelbe Tapete und andere Erzählungen« befaßt sich die Autorin Charlotte Perkins Gilman kritisch mit der Haltung von Frauen zu diesem Thema. Diese Erzählung wurde 1916 zum erstenmal in Amerika veröffentlicht, aber der Inhalt hat an Aktualität nichts verloren. Fünf Frauen unterschiedlichen Alters sitzen bei Handarbeiten und Tee zusammen. Die Erzählung setzt mitten im Gesprächsstrom ein, mit der empörten Aussage der Mrs. Briggs: »Erzählt mir nichts. Um keinen Preis würde eine Mutter, wenn sie wirklich eine Mutter ist, ihr eigenes Kind im Stich lassen.« Nach und nach wird klar, daß die emotional aufgeheizte Stimmung einer Person gilt, die gar nicht anwesend ist. Die Rede ist von Esther Greenwood, die ebenso wie die anderen Frauen ihr Leben in der kleinen Fabrikstadt Toddsville verbracht hat, aber bei einer Katastrophe ums Leben gekommen ist. Die Frauen tratschen darüber, wie sie aufwuchs, angeblich ein bißchen vernachlässigt unter der Obhut ihres Vaters, der von Beruf Arzt war und wegen »gewisser Ansichten« als Außenseiter bei den Leuten galt. So hielt er zum Beispiel wenig davon, die Leute mit Medikamenten vollzustopfen, sondern vertraute lieber auf natürliche Heilkräfte. Esther war sein einziges Kind, nachdem seine Frau und drei weitere Kinder früh gestorben waren. Im Ort kreidete man ihm an, daß er seine Tochter so kleidete, daß nicht zu erkennen war, ob sie nun ein Junge oder ein Mädchen war. Bis fünfzehn trug sie einen Jungenhaarschnitt. Noch in der Erinnerung an dieses ungewöhnlich frei aufgewachsene Mädchen geraten die Gemüter der Frauen in Wallung und Häme. Einzig Miß Amelia, Mrs. Briggs unverheiratete Tochter, wagt einzuwerfen: »Ich weiß niemanden, der uns soviel Gutes getan hat wie sie.« Worauf ihre Mutter giftig zurückschießt: »Schöne Sachen sagst du mir da ins Gesicht, mir, deiner eigenen Mutter, die sich für dich abgerackert hat.« Der eigentliche Skandal aber, um den es geht, ist folgender: Esther hat bei einer dem Städtchen drohenden Katastrophe – ein Stauwehr war gebrochen – nicht zuerst ihr eigenes Kind zu retten versucht; nachdem sie die Gefahr erkannt hatte, rannte sie zunächst ins Tal hinunter, um die Menschen zu warnen, und rettete damit den Bewohnern von drei Dörfern das Leben. Erst danach lief sie zu ihrem Haus, um nach dem eigenen Kind zu sehen. Während das Kind später in einem Bettchen schwimmend gerettet werden konnte, kam sie selbst in der Flut um. Die Empörung der Frauen über diese »anormale Haltung« findet kein Ende; für sie ist klar, daß der Vater maßgeblich an dieser schlimmen Entwicklung beteiligt war, denn er hatte den empörten Dorfbewohnern, lange vor der Heirat der Tochter, erklärt, daß die Mädchen unbedingt aufgeklärt und vorbereitet werden müßten auf das, was sie in einer Ehe erwartet. Wörtlich hatte er gesagt: »Solange ein heiratsfähiges Mädchen nicht weiß, was ihr bevorsteht, kann sie sich auch nicht, wie es ihre Pflicht ist, den richtigen Vater für ihre Kinder auswählen.« Die Frauen geifern, wer hätte je so etwas Unmögliches gehört, kein Wunder... wenn sie da an ihre eigene unschuldige, unerfahrene Haltung denken, wie sie damals... Wieder versucht Amelia, die anwesenden Frauen zu einem anderen Blickwinkel der Geschichte zu bewegen, und gibt ihnen zu bedenken, daß fünfzehnhundert Menschen ums Leben gekommen wären, wenn Esther anders gehandelt hätte. Nun richtet sich die Wut der Mutter gegen die Tochter und macht sie mundtot mit dem Satz: »Du bist nicht verheiratet und keine Mutter. Die erste Pflicht einer Mutter ist ihr eigenes Kind. Diese Frau hat ihr eigen Fleisch und Blut im Stich gelassen, fremder Leute Kinder wegen.« Ein Fräulein aus der Stadt, Miß Jacobs, die zu Besuch in Toddsville weilt, beendet das Gespräch, indem sie feststellt: »Sie war eben eine unnatürliche Mutter.«

Wie in all ihren Erzählungen versucht Charlotte Perkins Gilman Frauen eine Lektion zu erteilen, sie mit speziellen Problemen zu konfrontieren und zum Denken anzuregen. Ihre Botschaft lautet immer wieder: Frauen müssen aus ihrer »erlaubten Rolle« ausbrechen, um zu menschlicher Reife zu gelangen.

Sie selbst wurde von der Presse angegriffen und beschuldigt, daß sie ihre Karriere über ihre Mutterpflichten stelle, ihr Kind vernachlässige und eine widernatürliche Mutter sei.

Trotz aller sozialer Ächtung, die sie nach der Scheidung von ihrem ersten Mann erlebt, engagiert sie sich weiter politisch und in sozialen Bewegungen, tritt für das Stimmrecht der Frauen ein und unternimmt neben ihrer schriftstellerischen Tätigkeit auch noch Vortragsreisen. Ihr zweiter Mann, den sie 1900 heiratet, unterstützt sie in ihrer Arbeit. Sie findet mit ihrem Werk, in dem sie auch Visionen einer besseren Zukunft entwirft, internationale Anerkennung. An Krebs erkrankt, setzt sie ihrem Leben selbst ein Ende.

Inzwischen haben zahlreiche Autorinnen, Anhängerinnen des Feminismus, aber auch andere Frauen, das Thema Mutterschaft und Mutter-Kind-Beziehung kritisch in Romanen oder Sachbüchern unter die Lupe genommen. Zu diesen Büchern gehören »Tochter ihrer Mutter« von Marylin French, »My mother myself« von Nancy Friday, »Es sind die Töchter, die gefressen werden« von Margaret Forster, »Das Arrangement der Geschlechter« von Dorothy Dinnerstein, »Das Erbe der Mütter« von Nancy Chodorow und auch »Jokastes Kinder« von Christiane Olivier, um nur einige wenige zu nennen.

Christiane Olivier, die französische Analytikerin, die selbst zwei Töchter hat und von sich behauptet, viele Fehler in deren Erziehung gemacht zu haben, vertritt heute eindeutig den Standpunkt, daß eine Veränderung der Geschlechtermisere nur dann zustande kommt, wenn die Frauen als Mütter bereit sind, ihre Macht im Kinderzimmer zu teilen. Wie andere Feministinnen auch fordert sie Väter, die von Anfang an die Pflege und Betreuung des Kindes mit übernehmen. Der Ruf lautet: Väter an die Wickelkommode! In einem Interview mit der Zeitschrift »Brigitte« weist sie darauf hin, daß der Stil des gesellschaftlichen Lebens geändert werden muß, damit eine geteilte Elternschaft möglich wird. Sie schlägt vor, daß jedes Elternpaar mit Kind einen besonderen Sozialstatus erhalten soll: »Beide müssen sich die Betreuung des Kindes und die

Berufstätigkeit teilen. Dann wird es nicht diese isolierte Person – die Mutter – geben, die sich auf das Kind stürzt, und der Mann wird nicht so ein Arbeitstier. Es sind ja nur die ersten sechs Lebensjahre eines Kindes, die so entscheidend sind. In dieser Zeit werden nämlich die Programme für seinen ›Computer‹, mit dem jedes Kind geboren wird, geschrieben. Wenn diese Jahre vorbei sind, kann der Vater in seinen Laden zurückgehen und der Superchef werden. Und die Mutter auch. Wichtig ist nur, daß das Programm für das Kind gelungen ist.« Auf die Frage der Interviewerin, welche Voraussetzungen die Beziehung zwischen Müttern und Töchtern positiv gestalten könnten, meint Olivier: »Glückliche Mütter, Frauen, die aktiv sind, spannende Dinge tun und mit ihrem Mann eine gute Ehe führen. Diese Frauen werden ihren Töchtern das Gefühl geben: Ich bin glücklich mit dir, und ich bin es ohne dich. Ich brauche dich nicht unbedingt zu meinem Glück. Dein Vater und ich – wir lieben dich, aber wir zwingen dich zu nichts. Lebe dein eigenes Leben. Solche Mädchen fühlen sich frei, sie werden sich gut und schnell entwickeln.«

Die derzeitige Situation ist von der von Olivier beschriebenen noch weit entfernt. Denn die Zahl alleinerziehender Mütter mit Kindern steigt auf Grund der hohen Scheidungsraten, aber auch durch die von einigen Feministinnen vertretene Auffassung, »dann machen wir das eben alleine, Kind ja, Mann nein«, weiter. Schon heute steht fest, daß diese Mutter-Kind-Konstellation nicht dazu beitragen wird, daß sich das Geschlechterverhältnis grundlegend positiv ändert. Im Gegenteil, sie schreibt die unheilvolle »institutionalisierte Mutterschaft« fest, von der Olivier meint, daß die Erfindung des ›Berufes Mutter‹ zu den fatalsten Entwicklungen dieser Zivilisation zählt. Muttersein ist kein Beruf. »Es ist nur ein Moment, eine Phase im Leben einer Frau.«

Diese Auffassung, daß Mutterschaft kein lebenfüllendes Programm, keine Rund-um-die-Uhr-und-ohne-Pause-Haltung ist, könnte Frauen bei der Entglorifizierung traditioneller Mutterbilder helfen und zu einer Umorientierung führen. Auch Nancy Chodorow betont in ihrem Buch »Das Erbe der Mütter« die Notwendigkeit der Neuorganisation von Elternschaft, da die bisherige arbeitsteilige Haltung immer wieder mütterliche Mütter und abwesende, nichtväterliche Väter produziert. Sie schreibt: »Kinder könnten von Anfang an von Menschen beiderlei Geschlechts abhängig sein und ein individuelles Gefühl des Selbst in Beziehung zu beiden aufbauen. Auf diese Weise würde Männlichkeit nicht an die Verleugnung der Abhängigkeit und an die Abwertung der Frauen geknüpft werden. Die weibliche Persönlichkeit wäre weniger mit Problemen der Individuation beschäftigt, und Kinder würden keine Angst vor mütterlicher Allmacht und keine Erwartungen einzigartiger Fähigkeiten zur Selbstaufgabe an Frauen richten. Männer müßten dann weniger um ihre Männlichkeit und die Kontrolle der sozialen und kulturellen Sphäre besorgt sein, durch die Frauen als sekundär und machtlos definiert und behandelt werden; Frauen könnten eher zu ihrer Autonomie finden, die ihnen durch die übertriebene Einbettung in Beziehungen oft verunmöglicht wurde. (...)

Nach meiner Vorstellung würde eine Gleichverteilung der Elternschaft über Mutter und Vater die Kinder beiderlei Geschlechts mit den positiven Fähigkeiten beider Eltern ausstatten, ohne die zerstörerischen Elemente, zu denen beide zur Zeit tendieren. Jede Person mit guten primären Beziehungen hat die Grundlage für Fürsorglichkeit und Liebe – Frauen könnten sie behalten, selbst wenn die Männer sie hinzugewännen. Die sexuelle Wahl der Menschen würde vielleicht flexibler und weniger verzweifelt sein.« Chodorow ist sehr wohl bewußt, daß die Umsetzung solcher Vorstellungen auf massive individuelle und gesellschaftliche Widerstände stößt, weil sie gewohnte sexuelle und soziale Identitäten, aber auch gesellschaftliche Machtgefüge auflösen und verändern würde. Paare, die bereits jetzt den Ausstieg aus den alten Rollen ausprobieren, können bisher noch nicht mit einer breiten Unterstützung rechnen.

Männer werden nicht selten bespöttelt und als »Schlappis« angesehen, wenn ihnen die Kinderbetreuung nicht weniger wichtig ist als Beruf und Karriere. Frauen müssen damit rechnen, als Rabenmütter beschimpft zu werden, wenn sie neben der Versorgung der Kinder noch konsequent eigene Ziele verfolgen und nicht bereit sind, die Kinder zu ihrem Lebensinhalt zu erklären.

Um neue Formen der Elternschaft einüben zu können, die ein anderes Verständnis von Mutterschaft und die Anwesenheit der Väter voraussetzen, reicht die Teilnahme an Kursen über Schwangerschaftsgymnastik und Säuglingspflege keinesfalls aus, weil Frauen und Männer zu diesem Zeitpunkt in der Regel die gängigen Geschlechterklischees längst verinnerlicht haben.

Die wirklichen Chancen der Veränderung liegen darin, Kindern von Anfang an andere Lernmöglichkeiten zu eröffnen, im Elternhaus, Kindergarten und in der Schule. Es ist nicht akzeptabel, daß bei der derzeitigen Entwicklung neuer Technologie und der Art, sie an Kinder heranzutragen, vor allem die Jungen zu Computerexperten werden, ihr spielerischer Umgang damit gewünscht und gefördert wird, während die Mädchen auf Grund ihrer anderen Haltung bereits ins Hintertreffen zu geraten drohen und man beiden Geschlechtern gleichzeitig Wissen über menschliche Entwicklung vorenthält. Es besteht die akute Gefahr, daß durch den unterschiedlichen Zugang zu einem neuen technischen Zeitalter die alten geschlechtlichen Rollenmuster erneut festgeschrieben werden.

Daher wäre es dringend notwendig, diese Entwicklung zu stoppen. In Schulen bestünde die Möglichkeit, ein Schulfach

»Menschenkunde« einzurichten, mit Inhalten, die der realen Lebenssituation der Kinder, ihren Fragen und Problemen entsprächen. In dem sie zum Beispiel etwas über die Entstehung von Gefühlen, über Charakterbildung, Frauen- und Männerrollen unter Einbeziehung ihrer eigenen Wahrnehmung und Erfahrung lernen könnten. Auch Säuglingspflege könnte für Kinder beiderlei Geschlechts ein Lernfach werden, wie andere auch, zumal ein solcher Unterricht lebensnah gestaltet würde, wenn Schwangere oder Eltern mit Babys Gelegenheit hätten, von ihrem Alltag zu erzählen, von ihren Schwierigkeiten und Lösungsversuchen.

Die Tatsache, daß solche Vorschläge utopisch erscheinen mögen, liegt nicht an deren Undurchführbarkeit, sondern daran, daß das vorhandene Schulsystem scheinbar fraglos akzeptiert wird. Das Bewußtsein und deshalb auch entsprechende Initiativen von Mütterrn und Vätern fehlen, nicht länger hinzunehmen, daß in diesen Institutionen gezielt Lernen verhindert wird, welches erheblich zu einer Aufhebung des Mißverhältnisses der Geschlechter – und damit auch zu einem gesellschaftlichen Wandel – beitragen würde.

10.

Zur Eroberung von Glücksfähigkeit

Noch immer befinden in der Regel Männer über die Glücksentwürfe und Glücksvorstellungen von Frauen. Der Satz »Jeder ist seines Glückes Schmied« ist zwar in den allgemeinen Sprachgebrauch eingegangen, dennoch in erster Linie Ausdruck einer männlichen Position, der das Recht zu wählen und auch die Kompetenz zum Schmieden des Glückes zugestanden wird. Für die Frau bleibt die Teilhabe an männlichen Glücksplänen, Bemühungen, ihr eigenes Glück zu finden, es gar schmieden zu wollen, sind nicht vorgesehen.

Zur Aufrechterhaltung der patriarchalen Ordnung braucht die Gesellschaft Frauen, denen erfolgreich suggeriert wurde, daß es sie glücklich macht, »ihm die Wünsche von den Augen abzulesen«, »seinem Glück nicht im Wege zu stehen« und sich damit zu begnügen, »von seinem Glück erfüllt zu sein«. Männliche Glücksentwürfe für Frauen beginnen und enden daher stets bei ihm, dem Mann, und seinen Wunschphantasien nach umfassender Bedürfnisbefriedigung. So ist das Erlernen von Glücksfähigkeit in der Erziehung von Mädchen keine moralische Kategorie, kein unverzichtbares Lernziel.

Im Gegenteil, im weiblichen Lehrplan »Erziehung zur Liebesfähigkeit« zielt alles darauf ab, daß Mädchen und Frauen daran gewöhnt werden, es als normal akzeptieren zu lernen, ihre Fähigkeiten zur Beglückung anderer einzusetzen und ihr

Selbst an Zustände von Unglücklichsein, Mangel, Leere, Verarmung und Ödheit als etwas Unvermeidliches zu gewöhnen. Frauen werden so erzogen, daß sie die Abwesenheit von Glück in ihrem Leben nicht als etwas Unanständiges, Anstößiges empfinden, wohl aber eventuell heimlich gehegte Wünsche, die als anmaßend und egoistisch bewertet und verworfen werden.

In Therapiegesprächen, aber auch sonst im Kontakt mit Frauen, erlebe ich häufig, wie unsicher, verlegen oder peinlich berührt sie reagieren, wenn ich nach ihren ganz persönlichen Wünschen frage, nach Lebensträumen und Glückszielen. Normalerweise fällt Frauen zu den Wünschen und Glücksmöglichkeiten anderer, ihrer Partner, Freunde, Ehemänner, aber auch der Kinder, ungleich viel rascher und mehr ein als zu sich selbst. Bereits das Aussprechen solcher verborgenen Gedanken scheint mit Angst besetzt, als ob allen die Vorstellung, daß frau unabhängig vom Beziehungsgeflecht Glück-Wünsche haben könnte, eine unmittelbare Gefahr für die allgemeine Gefühlsordnung darstellt.

»Das Glück des Mannes heißt: ich will, das Glück des Weibes heißt: er will«, lautet eine Botschaft im »Zarathustra« von Friedrich Nietzsche. Diese Art von Glück wurde durch Jahrtausende in philosophischen Ergüssen beschworen, in Liedern besungen und bietet bis zum heutigen Tag in Filmen und Romanen den scheinbar unerschöpflichen Stoff für das Liebesthema – die stete Wiederkehr des Gleichen. Mag sein, daß Nietzsches Satz nicht einmal mehr als Kuriosum belächelt wird, geschweige denn Entsetzen auslöst. Schließlich leben wir in einer Zeit, in der immer wieder die Aussage lanciert wird, daß wir den Postfeminismus bereits hinter uns gelassen haben und damit auch die Anliegen der Frauenbewegung als längst eingelöst und überholt gelten.

Wenn wir den Parolen der Reklamebotschaften Glauben schenken, dann lebt die Frau von heute tatsächlich in paradiesähnlichen Zuständen. Die Frau von heute ist entschlossen und durchsetzungsfähig, unaufhaltsam marschiert sie voran (wohin eigentlich?), und kein Mensch würde wagen, daran zu zweifeln, daß sie bei all dieser Energiegeladenheit nicht auch ihr Glück fest im Blick und Griff hat.

Erfreulicherweise gibt es wirklich – und nicht nur als Phantasmagorie clevererer Werbefachleute – Frauen, die nicht nur bescheiden hoffen, auf Wunder und Erlösung warten, sondern sich aktiv für die Verwirklichung von Glücksvorstellungen einsetzen. Frauen, denen zum Stichwort »Glück« nicht unbedingt als erstes »Mann« und »Liebe« einfällt, die in der Art, ihr ganz persönliches, eigenes Glück zu gestalten, bereit sind, aus dem erlaubten Rahmen zu fallen, und um das Risiko von Sanktionen wissen. Es gab sie schon immer, diese mutigen, eigenwilligen Frauen, und es gibt sie heute vermehrt, aber selbst wenn ihre Zahl in die Tausende gehen mag, bilden sie immer noch die Ausnahme, die Minderheit. In den Augen aller sind sie die ungewöhnlichen Frauen, was nichts anderes bedeutet, als daß von der gewöhnlichen, durchschnittlichen Frau von heute keineswegs erwartet wird, daß sie mit Sicherheit und einem Gefühl von Berechtigung ihr Frauenleben so gestaltet, daß *vermeidbares Leid* und Unglück auch tatsächlich vermieden wird, und ihr Tun und Handeln im übrigen von einem Willen zum Glück geprägt ist. Oberflächlich betrachtet scheint auch jede normale/richtige Frau Glück in ihrem Leben zu wünschen, was nicht gleichzusetzen ist mit wollen, und häufig fehlen ihr die Möglichkeiten, zu bemerken, daß es oft Second-hand-Vorstellungen sind, solche, die ihr von Kindheit an nahegelegt und eingeprägt, mitunter eingeprügelt wurden.

Im Therapiegeschehen kann ich immer wieder feststellen, daß es für einzelne Frauen besonders dann gefährlich wird, wenn die Umsetzung eigener Lebensträume, die Realisierung von Glückszielen, ganz konkret möglich wird. Gar nicht so selten entsteht der Eindruck, daß es leichter fällt, am vertrauten Unglück festzuhalten, als das neue, unbekannte Glück zu wagen. In diesem Zusammenhang ist ganz offensichtlich der Mutter-Tochter-Beziehung eine wesentliche Bedeutung beizumessen. Fast immer stellt die Erfahrung mütterlichen Unglücks eine magische Grenze für die Verwirklichung eigener Glücksmöglichkeiten dar, häufig unbewußt und erst durch die Aufhebung des »bösen Zaubers« werden Schritte über die verbotene Grenze möglich, lernen Töchter, sich selbst die Erlaubnis zum Glücklichsein zu erteilen.

Vor einigen Jahren lernte ich Annika, eine 43jährige Architektin und Mutter einer Tochter, kennen. Sie suchte therapeutische Hilfe wegen schwerer Depressionen und immer wiederkehrender Suizidgedanken. Als ich sie in einem der ersten Gespräche fragte, welche Ziele sie in ihrem Leben noch habe und worauf sie sich freuen könne, antwortete sie mir nach einigem Zögern: »Ich erwarte eigentlich nichts mehr vom Leben. Ich glaube, das einzige herausragende Ereignis in meinem Leben wird der Tod und das Sterben sein.« Annika ist jetzt bereits seit fast zwei Jahren in einem afrikanischen Land als Architektin tätig. Sie leitet Bauprojekte, in denen Einheimische mit den natürlichen Materialien ihrer Umgebung bauen lernen. Sie schreibt von dort begeisterte Briefe, denn es geht ihr trotz anfänglicher Eingewöhnungsschwierigkeiten ausgezeichnet, weil sie sich mit dieser Tätigkeit in diesem Land einen Traum verwirklicht hat. Dieser verschüttete und liegengebliebene Traum des kleinen Mädchens, ihre ganz persönliche Glücksvorstellung, tauchte in unserer Zusammenarbeit nach ca. zwei Jahren auf und wurde von da an intensiv in die Therapie mit einbezogen. Annika machte einen Schritt nach dem anderen, und während sie anfangs von Freude und Begeisterung getragen wurde, eine Schwierigkeit nach der anderen aus dem Weg räumte, verließ sie unmittelbar vor der letzten Hürde der Mut. Das Zutrauen in ihr

Können war weg, die Ängste vor dem anderen Kontinent, vor den Sprachproblemen, der anderen Mentalität machten sie gedrückt, lustlos, passiv. Die allerletzte Hürde war ein Wochenende, in einer Gruppe von anderen Projektleitern, mit Eignungstest aller Art. Wenige Stunden, bevor sie sich in die Gruppe begeben mußte, kam sie zu einer Einzelstunde und meinte, daß sie sich wegen einer beginnenden Migräne so schlecht fühle, daß sie in diesem Zustand unter gar keinen Umständen dem Eignungsverfahren gewachsen wäre. Sie müsse eben auf die ganze Sache verzichten.

Und so, wie sie da zart, klein und vor Elend blaß auf meiner Couch lag, schien die Vorstellung, daß sie, auf sich allein gestellt, in Afrika Bauprojekte durchführen sollte, tatsächlich ziemlich abwegig. Ich empfand alles in dieser Situation als »Inszenierung«, als etwas, was Annika bereits oft und oft erlebt hatte. Mein Part wäre eigentlich gewesen zu sagen: »Laß es sein, du schaffst es nicht.« Statt dessen beschäftigte ich sie mit der Frage: »Gibt es eine Person, die dir verbietet zu gehen, die vielleicht sogar wütend über deine Freude wäre?« Obwohl wir in vielen anderen Gesprächen schon über die spöttische, herabsetzende Haltung der Mutter gesprochen hatten, wurde Annika in diesem Gespräch zum ersten Mal wirklich bewußt, daß sie sich mit ihrer Afrikareise ihre erste große Tat gegen die mütterliche Beschwörungsformel »Aus dir wird doch nie was, du mit deinen spleenigen Ideen« setzte. Ohne es benennen zu können, fürchtete sie, die erwachsene Frau, selbst Mutter einer Tochter, die zerstörerischen Aggressionen ihrer Mutter, die sie als Kind und Heranwachsende mit Worten vernichten und kleinmachen konnte. Sie hatte von der Mutter oft gehört: »Wieso soll es euch besser gehen als uns?«

Tatsächlich war in Annikas aktueller Lebenssituation ein ganzer Kreis von Menschen, der ihr bei der Realisierung ihres Traumes behilflich war, sie gefühlsmäßig begleitete und sich mit ihr freute. Es gab objektiv keinen Grund mehr, sich geduckt und kleingemacht zu fühlen, ein eingeschränktes Leben zu führen. Die Migräne hätte allerdings zum Alibi werden können. Im Laufe des Gesprächs entwickelte Annika unter Tränen auch Wutgefühle darüber, daß sie beinahe wieder auf einer alten Spur steckengeblieben wäre. Anschließend begab sie sich auf den Weg in das Wochenende, in einem etwas wackligen Zustand, aber innerer Entschlossenheit, Erfolg zu haben.

Ein anderes Beispiel für die Widerstände und Schwierigkeiten, mit denen Frauen auf dem Weg zum Glück möglicherweise zu kämpfen haben, ist Hanne, eine fast noch mädchenhaft wirkende Frau von vierunddreißig Jahren; sie hat bereits eine Ausbildung als Ingenieurin erfolgreich abgeschlossen. Nun studiert sie noch Sozialpädagogik. Sie lebt allein, ab und zu gibt es einen Freund. Rein äußerlich betrachtet hat sie es geschafft, sich dem gängigen Klischee des Frauseins zu entziehen. Ihre technische und handwerkliche Kompetenz findet allgemein Anerkennung, wobei ihre Hilfe bei Wohnungsrenovierungen und der Bewältigung komplizierter Holzarbeiten im Bekanntenkreis besonders geschätzt wird.

Dabei sind ihre Interessen nicht einseitig, sondern schließen auch zwischenmenschliche Aspekte, psychologische und pädagogische Probleme mit ein. Trotz ihrer beachteten Fähigkeiten lebt Hanne ein einsames, von fast asketischer Kargheit und Strenge geprägtes Leben. Kontakte zu anderen Menschen empfindet sie beunruhigend und anstrengend, zumal sie das Gefühl hat, daß man nicht an ihrer Person, wohl aber an ihren Fertigkeiten interessiert ist. Als sie mit der Therapie beginnt, leidet sie unter massiven psychosomatischen Beschwerden, Isolationsgefühlen und Konzentrationsstörungen beim Lesen bestimmter Texte in ihrem Zweitstudium.

In den Gesprächen mit ihr stellt sich bald heraus, daß alles, was mit Entspannung, der Erweiterung ihres intellektuellen und kulturellen Erfahrungshorizonts und Selbstfürsorge zusammenhängt, auf mysteriöse Weise *verboten* ist. Im krassen Gegensatz dazu steht ein fast zwanghaftes Verhalten, bis zur physischen Erschöpfung und Selbstvergessenheit zu arbeiten. Auszuruhen, Kraft zu tanken und sich zu pflegen, selbst für eine gesunde, aber noch genußvolle Ernährung zu sorgen, das scheint Luxus zu sein. Während der Sitzungen, in denen sie anfangs in angespannter Haltung bewegungslos verharrt, entstehen Phasen, in denen sie länger in Schweigen versinkt. Ihr wird nach einer Weile verständlich, daß im Grunde bereits die Aufnahme der Therapie, der bloße Versuch, etwas in ihrem Leben ändern zu wollen, *zuviel gewollt* und daher »falsch« ist. In der Frauengruppe führen Hannes Stummheit und ihre Tendenz, das Verhalten der anderen zu mißbilligen, dazu, daß die übrigen Frauen eingeschüchtert und abgeschreckt werden. Einige glauben sogar Haß und Verachtung an ihr wahrzunehmen, wenn sie selbst in ihren Gruppengesprächen Schwächegefühle und Trauer ausdrücken wollen. Hanne erscheint den anderen als Zensor. Bei der Durcharbeitung der Übertragungssituation wird für sie und die übrigen Teilnehmerinnen die Wiederholung verständlich.

In der Begegnung mit der Gruppe, die sie als undurchdringliche, geschlossene Einheit wahrnimmt, leben die alten Gefühle aus der Beziehung der Mutter wieder auf, wobei Hanne, ohne daß es ihr bewußt geworden wäre, in der Gruppensituation die eisige Strenge der Mutter nachahmte, während die anderen mit der gleichen furchtsamen Beklommenheit reagierten, wie sie selbst es als Kind tat.

Hanne stammt aus einer Handwerkerfamilie mit fünf Kindern, von denen sie die Älteste ist. Nach ihr werden noch drei Brüder und eine jüngere Schwester geboren. So wie sie das Leben in der Familie erinnert, besteht es überwiegend aus harter Arbeit. Gesprochen wird nur das Allernötigste. Schon sehr früh nimmt sie wahr, daß die Mutter über ihr Schicksal verbittert und unzufrieden ist. Ihre kindlichen Versuche, diese aufzuheitern und zu unterstützen, werden mit großer Schroffheit und Härte abgewehrt. Unmerklich entwickelt Hanne im Laufe der Jahre die Vorstellung, daß sie die heißersehnte Liebe der Mutter vielleicht gewinnen kann, wenn sie sich selbst einschränkt und bedürfnislos wird. Mangel und Verzicht erhalten den Glorienschein der Tugend. Das Unglück der Mutter erlaubt kein eigenes Glück und wird ihr so zum Maßstab. Die strikte Einhaltung dieser Tabugrenze scheint die einzige Möglichkeit zu sein, so etwas wie Nähe zu ihr zu empfinden.

Noch lange nachdem Hanne von zu Hause weggezogen ist und die äußeren Lebensbedingungen neue Möglichkeiten bieten, gehorcht sie dem Mangel. Jedes Vergnügen, alles, was nicht unbedingt notwendig ist, zählt zum Überfluß. Kino- oder Theaterbesuche, Ausstellungen zu besichtigen oder die Teilnahme an Konzerten, einfach mal herumzubummeln, essen zu gehen, alles Unvernünftige sprengt Hannes exzessive Selbsteinschränkung und bleibt daher unmöglich. Zu Beginn der Therapie spricht sie noch in solchen Sätzen, daß sie das nicht nötig hat. Die Eingrenzung des Lebensraumes geht sogar so weit, daß sie bei der Lektüre von Büchern Kopfschmerzen, Augenflimmern, Blutleere im Gehirn bekommt, sobald von Themen wie Freiheit, Selbstverwirklichung und Gedanken die Rede ist, die ihr Weltbild in Frage stellen. Als sie schließlich im Laufe der Zusammenarbeit doch beginnt, Interesse an ihren verdrängten Wünschen und Bedürfnissen zu entwickeln, und aus dem »Gefängnis« herausmöchte, fangen damit die eigentlichen Schwierigkeiten erst an. Ihre Versuche, die von der Mutter gesetzten Grenzen zu überschreiten, bedrohen das alte Wertesystem, ihre Selbsttäuschungen, die Illusion einer Nähe, die trotz aller Opferleistungen nie existiert. Die Eroberung des Glücks ist von heftiger Angst und Trauer begleitet.

In einer Stunde sagt sie dazu: »Ich spüre, daß jetzt etwas ganz Neues beginnen könnte, etwas, was auf alles übrige Auswirkungen hat. Ich wünsch' mir so viel. Zum ersten Mal ohne das verstecken zu müssen. Das ist alles so aufregend. Manchmal schüttelt es mich richtig. Neulich, nach meinem ersten Besuch im Institut, bin ich mit einem richtigen Glücksgefühl rausgekommen. Ganz toll war das. Ich hab' es festhalten wollen, aber da kam dann auch ein Gefühl der Trauer, von Abschied. Ganz seltsam. Verstehst du, die Entscheidung gegen den Mangel bedeutet, daß ich mich innerlich wirklich von meiner Mutter trennen muß. Zu akzeptieren, daß sie es mir nicht gönnen kann, daß ich es besser habe als sie, tut so weh. Ich hab' das ja all die Jahre über künstlich aufrechterhalten, dabei ist von ihr nie ein Anzeichen von Interesse an meinem Leben gekommen. Wenn ich nach Hause Briefe schreibe, kommt monatelang keine Antwort, und wenn, nur ein inhaltsleeres Kärtchen. Das zu sehen fällt mir unwahrscheinlich schwer, weil ich mir immer so sehr ihre Zuneigung gewünscht habe. Die ganze verdammte Einschränkung war umsonst, alles. Der ganze Verzicht. Aber trotzdem ist dieses Loslassen wie ein körperlicher Schmerz. Innen drin. Wie ein Reißen. Ich weiß, daß es keine andere Möglichkeit für mich gibt.«

Wenn hier so viel von der Glücksbehinderung der Töchter durch die Mütter die Rede ist, sehen wir nur einen Aspekt des Ganzen. Denn selbstverständlich ist der »Beitrag« der abwesenden Männer in Partnerschaften und der Väter in Beziehungen zu ihren Mädchen für das Gesamtergebnis nicht minder von Bedeutung. Im Gegenteil, Untersuchungen der Lebensläufe ungewöhnlicher Frauen haben gezeigt, daß diese sehr häufig aus Elternhäusern kommen, in denen die Väter ihre weiblichen Kinder nicht nur wahrnahmen, sondern sie auch zu eigenen Entwicklungen ermutigten und sie dabei unterstützten.

Bisher stellen diese Väter die Ausnahme dar. Der Normalfall ist immer noch ihre Abwesenheit und geringe Liebesfähigkeit, die jedoch maßgeblich dazu beiträgt, Frauen und Mädchen zu Sehnsuchtsgefühlen in Richtung Mann/Vater zu stimulieren, und ihre Glückserwartungen an die Aufhebung dieses Mangelzustandes bindet. Aber auch die »anwesenden«, dabei unzugänglichen, kritisierenden und zu ständiger Verbesserung antreibenden Väter sind im Hinblick auf die Glücksfähigkeit ihrer Töchter Zerstörer. In ihrer Nähe gedeihen Minderwertigkeitsgefühle, Selbstzweifel und Selbstverachtung.

Es ist also keinesfalls ausschließlich die Erblast der Mütter allein, die dem Glück weiblicher Kinder im Wege steht. Da sehr viele Frauen in ihrer Kindheit einer Mischung von Einflüssen durch unzufriedene Mütter und unzugängliche Väter ausgesetzt sind, darf es kaum verwundern, daß ihre Voraussetzungen für die Eroberung von Glück weniger als dürftig sind.

Mitunter beginnen Frauen ihre Therapie mit einem Ausdruck von Schamhaftigkeit, »weil sie eigentlich keinen Grund zum Klagen haben«. Dabei kommt es zu fast identischen Aussagen wie: »Es müßte mir eigentlich gutgehen. Ich habe einen lieben Mann und Kinder, die gesund sind und denen es gutgeht. Wir haben eine schöne Wohnung (oder ein Haus), keinerlei materielle Probleme, und trotzdem, wenn ich ehrlich bin, fühle ich mich oft irgendwie unglücklich. Aber ich traue mich gar nicht, darüber zu sprechen. Niemand würde das verstehen. Wenn ich mal zu Freundinnen was sage, meinen die: ›Aber du hast doch alles, was man sich wünschen kann, was willst du denn eigentlich?‹, und manchmal denke ich dann selbst, daß ich spinne.« Es sind meist Frauen, die eine Berufsausbildung haben, wegen der Kinder oder weil der Mann es wünscht, eine Pause gemacht haben und jetzt als Nurhausfrau den Alltag gestalten. Sie haben Interessen, Hobbys, denen sie ab und zu nachgehen. Sie spielen regelmäßig

Tennis oder Squash oder gehen schwimmen, um sich fit zu halten, nehmen an Sprachkursen und anderen Bildungskursen teil, führen nach außen hin ein angenehmes Leben. Kein Mensch sieht ihnen ihre »komischen Gefühle und Gedanken« an.

In den Therapiegesprächen mit ihnen wird meist sehr rasch deutlich, daß es nicht reicht, die Beglückungsinstanz für andere zu sein, um sich selbst dauerhaft ausgefüllt und glücklich zu fühlen. Das Unglück hinter der Fassade eines komfortablen Lebens wurzelt immer auch in der starken Identifizierung mit traditionellen Weiblichkeitsbildern und der damit verbundenen Behinderung eigener Fähigkeiten, echter Interessen, beruflicher Ambitionen und Möglichkeiten. Dabei wird deutlich, daß auch die Abwesenheit von Schwierigkeiten, deren Überwindung Kräfte und Entwicklung herausfordert, zu einem ernsthaften Problem wird.

In dem Buch »Reine Lust« schreibt die feministische Philosophin Mary Daly: »Patriarchale Frauen suchen auf mitleiderregende Weise Liebe, Freude und, am tragischsten, Glück bei denen, die Langeweile fabrizieren. Da echtes Glücklichsein nicht einfach ein ruhender Zustand, sondern vielmehr eine Aktivität ist, bei der wir unsere kreativen Kräfte entfalten, handelt es sich bei der uns eingepflanzten Vorstellung, dies könne durch die Aufopferung von selbstidentifizierter Kreativität geschehen, um einen grausamen Scherz.«

Auf meine Frage an einige Frauen, mit denen ich zur Zeit arbeite, was ihnen zu dem Stichwort »Glück« spontan einfällt, erhielt ich folgende Antworten:

»Wenn ich meine Ziele kenne und erreiche mit dem Ergebnis, das ich mir so sehr wünsche, und vor allem einen guten, konzentrierten Weg dahin finde, der mich mir selbst näherbringt.«

»Wenn der Tag (manchmal auch nur Stunden) ›gelingt‹, das heißt, wenn ich den Eindruck habe, daß alles gut war, was ich getan habe. Und bei Reisen, wenn viele neue, interessante, spannende und nicht angstmachende Eindrücke entstehen, und immer, wenn ich am Meer bin, wenn ich das Geräusch der Wellen höre, den Geruch wahrnehme und in die Weite blicken kann.«

»Glück ist Zufriedenheit, Ruhe, Nähe und Geborgenheit.«

»Früher hätte ich gesagt: ein Millionengewinn im Lotto, ein schönes Auto, eine schöne Wohnung, also lauter Gegenstände. Heute empfinde ich am meisten Glück, wenn ich für mich etwas geschafft habe.«

»Glücklich war ich in Griechenland – Einheit von Landschaft aufnehmen, mich selbst annehmen, auf andere zugehen können, Eindrücke für alle Sinne um mich herum wahrnehmen können. Eine Arbeit zu haben, wo ich am richtigen Platz bin, meine Kräfte gut einsetzen kann.«

»Wenn ich mich körperlich gesund fühle, ganz fit meinen Alltag bewußt und gezielt bewältige und dann noch Zeit und Lust habe, etwas anderes zu machen. Ein runder Tag – das ist Glück.«

»Glück ist für mich ein Gefühl, das sich häufig in mir ausbreitet, wenn ich mich ganz fühle.«

»Ganz spontan fällt mir zum Glück das ›kleine Glück‹ ein. Das ist, wenn ich mich tief von innen heraus zufrieden mit mir und der Welt um mich herum fühlen kann.«

»Glück ist Abwesenheit von Anstrengung und Angst.«

»Wenn ich ein gutes Gefühl für mich selber habe und mich damit mit meiner Umgebung und den Menschen, die mir wichtig sind, im Einklang fühle. Und wenn ich etwas, was mir wichtig ist, mit eigener Kraft und Kreativität geschafft habe.«

»Wenn ich mich körperlich in mir fühle, mich akzeptieren kann, wie ich bin. Wenn ich meine Traurigkeit ausleben darf und wenn ich meine Kräfte spüre und sie auch leben darf.«

»Glück ist als wenn de schwebst ... Nicht weil der Kreislauf weggelaufen ist oder der Vollrausch mich erfaßt hat, sondern im positiven Sinne ein Glücksrausch mich und meine mich sonst belastenden Gedanken frei und leicht davonschweben läßt.«

»Glück ist, allein, zu zweit oder in einer Gruppe eine zugewandte Atmosphäre zu erleben, ohne Druck und Eile in einer schönen Landschaft oder im tiefen Gespräch mit Freunden sein.«

Die befragten Frauen assoziieren mehr oder weniger bescheiden oder anspruchsvoll Glücksmomente, aus dem üblichen Alltagsgefühl herausragende Stunden und Tage. Diese Momente können eigener Bemühung zu verdanken sein, oder, auf Zufall und Überraschung beruhend, den Charakter eines Geschenkes haben. Sie sind wunderbar angenehm, aber flüchtig und vorübergehend. Wenn ich hier für eine Moral der Glücksfähigkeit plädiere, sind auch diese kostbaren Momente gemeint, aber es geht um Grundsätzlicheres, Umfassenderes: um nichts weniger als die Forderung, daß die traditionelle weibliche Liebesmoral als Unglücksmoral abgeschafft werden muß, damit Frauen ihre Kompetenzen und Fähigkeiten auch mit gutem Gefühl für sich selbst einsetzen und nutzen können. Es geht darum, Glück als moralische Kategorie und Orientierung für Handlungen und Entscheidungen zu betrachten. Es ist eine empörende Tatsache, daß all das, was Frauen sonst mit Feuereifer, flammendem Interesse, Phantasie, Akribie und Mut zu *seiner* Beglückung einsetzen und aufbieten, an Farbe und Glanz verliert, wenn es »bloß« um die eigene Person geht. Wie dann ganz automatisch Müdigkeit und Mattigkeit ins Spiel kommt, Vergessen, Verschieben üblich – und alles auf einmal ganz unwichtig ist, Anliegen auf irgendwann später vertagt werden. Es geht um die Entlarvung einer Moral, die den Frauen selbstverleugnende Haltungen, Bedürfnislosigkeit und Leiden als Tugenden anpreist, um ihnen damit die aktive Eroberung von ichbezogenem Glück als unmoralisch und asozial zu versperren. Und sie daran zu hindern, hinter diesen Bewertungen das Herrschaftsanliegen einer Männergesellschaft zu erkennen.

Unter Glücksfähigkeit verstehe ich die Bemühung um eine Haltung der eigenen Person und dem Leben gegenüber, in der immer wieder neu an der Erfüllung von ersehnten Zielen und Wünschen gearbeitet – um Glück gerungen wird und die eigene Person selbstbewußt wichtig genommen wird. Glücksgefühle entstehen bei der Suche und immer wieder neuen Ausgestaltung des eigenen Lebensentwurfes, der Überprüfung, Erweiterung, Veränderung. Dieses Glück kann nicht frei sein von Schmerz und Leid, nicht frei von Widerständen, Widersprüchen, Problemen und Konflikten, es kann von Mutlosigkeit und Trauer begleitet – und dennoch Glück sein. Denn die Übereinstimmung von Person und Aufgabe, das erfolgreiche, kreative Ringen um Lösungen bewirkt großes Glück, Freude und Lust.

Lust scheint mir ein wesentlicher Aspekt von Glück zu sein. Hierzu haben Studentinnen der Technischen Universität Berlin im Rahmen des Studienschwerpunktes »Frauenforschung« eine interessante Untersuchung vorgelegt.

In einem Essay »Lust und Lustverlust von Frauen an der Musik« arbeiteten sie unter Einbeziehung ihrer eigenen Lebensgeschichte am Verhältnis zur Musik exemplarisch heraus, wie in der herkömmlichen Erziehung von Mädchen deren Lustfähigkeit funktionalisiert und enteignet wird.

Sie definieren Lust »als einen Zustand der Intensitätssteigerung des Lebensgefühls, der sich aus dessen ›Normallage‹ heraushebt. Lust ist damit ein spezifischer Zustand, ein Zustand besonderer Wachheit, besonderer Konzentration, besonderer Intensität, besonderen Interesses. Sie ist damit kein Dauerzustand, aber ein potentiell wiederkehrender und aktiv wiederholbarer Zustand.«

Bei dieser Beschreibung wird deutlich, daß dieses lustvolle, präsente Befinden in krassem Gegensatz zu der durchschnittlichen Alltags-Selbsterfahrung vieler Frauen steht, die sich im Gegenteil müde, lustlos, zerrissen und gelähmt fühlen, wenn es nicht um andere, sondern sie selbst geht. Während sie nicht richtig wach und voll da sind, gehen sie trotzdem ihren Aufgaben und Erledigungen nach, sind möglicherweise geschäftig und überladen mit Aktivitäten, fürsorglich, kümmern sich und nehmen bei alldem eigene Glück- und Lustlosigkeit, Gefühle von Leere und Verarmung in Kauf.

In den Ausführungen des Autorinnenkollektivs wird deutlich, daß Mädchen selten Fähigkeiten und Kompetenzen nur für sich selbst aneignen und damit herumexperimentieren dürfen. Sie schreiben: »Wir gehen davon aus, daß in der Funktionalisierung der Lust des Mädchens (und der Frau) durch den Mann (Vater, Lehrer, Freund etc.) ein wesentlicher Grund für den lebensgeschichtlichen Lustverlust der Frau zu suchen ist.«

Häufig war es die Mutter, die das Mädchen animierte, ein Instrument zu erlernen, um dann mit der erworbenen Fähigkeit vor allem dem Vater zu gefallen. Die Autorinnen drücken Enttäuschung, aber auch Wut darüber aus, daß die Mütter keine Lustvorbilder waren und sie die Eigenlust der Mädchen an der Musik oder ihrem Instrument übersahen, ignorierten oder abwerteten. Wohltuend und erleichternd empfanden die Autorinnen jene seltenen Momente, in denen sie ihre Mütter als Personen mit eigenem Interesse erlebten. In ihrer Erinnerung sind diese Ausnahmesituationen mit der Abwesenheit der Väter verbunden: »Die meisten (Mütter) hatten mit Heirat und Geburt der Kinder etwas aufgegeben, was sie früher einmal gern gemacht hatten: Berufsausbildung, Beruf, Klavierspielen etc.«

Die Autorinnen bestätigen mit ihren Ausführungen meine Erfahrungen in der Therapiearbeit, daß die Selbsteinschränkung der Mütter, ihre scheinbare Bedürfnis- und Lustlosigkeit im Sinne eines Verbotes oder Zensors verinnerlicht wird, der die Töchter daran hindert, eigene Lusterfahrungen konsequent schützen und leben zu wollen. Im Gegensatz zu den Müttern sind die Väter geradezu als Lustvorbilder wahrgenommen worden, die hör- und sichtbar, mit leidenschaftlichem Interesse ihren musikalischen Neigungen nachgingen. In der Beziehung zu ihnen erwuchsen den Mädchen andere Schwierigkeiten, zum Beispiel, indem das Können der Väter zur Orientierung und zum Maßstab erhoben wurde. Darüber hinaus »vermittelten sie ihren Töchtern schon sehr früh, daß deren Lust sich vor allem an ihnen als Männern zu entzünden hat und nicht an den Gegenständen ihrer Lust, der Musik, der Welt selbst«.

In einem solchen Prozeß kann Lust zwangsläufig nicht heil bleiben, sie wird funktionalisiert, enteignet und damit deformiert.

Die Haltung der Eltern – Kritik, Tadel, Mißbilligung, mangelnde Akzeptanz und Lächerlichmachen von Ambitionen –, überhaupt ihr Eindringen in die persönlichen Interessengebiete der Mädchen, lösen bei diesen ambivalente Gefühle aus: Einerseits können Wünsche nach Anerkennung und Unterstützung bewirken, daß eigene Vorstellungen fallengelassen werden, andererseits irritiert schon der elterliche Zugriff selbst. Über das Resultat dieser Haltungen schreiben die Frauen: »Diese führten dahin, vieles zu unterlassen, mündeten in permanente Selbstbehinderungen, in Zurückhaltung, Zurücknahme, Tarnung... Wir haben gelernt, Lust und Interesse nur ausgerichtet auf die Regeln einer männerorientierten weiblichen Moral zu entwickeln. Gewünscht ist die Lust am Mann oder eine Lust, an der er sich beteiligen, die er brauchen kann. Der Mißbrauch an unseren Gefühlen, die Ausbeutung unserer Fähigkeit, uns durch konzentrierte und kontinuierliche Beschäftigung mit einer Sache lebendiger machen zu können und diese Lust auch teilen zu können, hat zur Folge, daß wir sie einkapseln, um wenigstens etwas von ihr zu erhalten. Sie wird in einen geschützten Raum verlegt, hinter die schützenden Mauern des eigenen Zimmers oder die Mauern, die um die eigene Person errichtet werden ... Auf der einen Seite halten wir diesen Rückzug, die Beanspruchung eines äußeren und inneren Raumes für uns allein, für notwendig. Auf der anderen Seite sehen wir aber auch, daß die Lusterfahrungen sich weiter einschränken oder deformieren, wenn sie unsichtbar und im Verborgenen bleiben. Denn zur Lust gehört auch ihre Äußerung und Ausbreitung, ihre Ausstrahlung und Verstärkung durch und für andere.

Wenn wir sie hüten wie einen Schatz, wird sie immer glanzloser und immer ichbezogener. Es geht die Kraft verloren, mit der Lust und durch die Lust die eigenen Grenzen auszudehnen und uns der Welt außerhalb von uns zu nähern.«

Als ich den Essay »Lust und Lustverlust von Frauen an der Musik« in dem Buch »Mittäterschaft und Entdeckungslust« zum ersten Mal las, kamen mir Assoziationen und Fragen zu meiner eigenen diesbezüglichen Geschichte. Die Erinnerung an die lange gemeinsame Chorzeit mit meinem Vater tauchte auf. Ich sah mich wieder an den Sonntagvormittagen vor dem Schallplattenschrank, stundenlang in Musik versunken oder aber Arien mitsingend, die ich auswendig lernte. Musik zu hören, aber auch selbst zu singen versetzte mich in einen Zustand von großer Intensität. Das Spektrum der Gefühle reichte von Ergriffenheit, Andacht und Entzücken bis hin zu leidenschaftlicher Erregtheit, Schauer auf der Haut und Tränen. Mein Umgang mit Musik war naiv, die Erlebnisse erotisch, ohne daß ich wußte, was Erotik war. Ich sang, wenn ich von der Schule nach Hause kam, allein oder mit meiner Mutter den Abwasch erledigte (dann sangen wir gemeinsam), ich summte bei den Schulaufgaben und beim Essen (was ich unterlassen sollte) und schmetterte lauthals, während ich Fahrrad fuhr. Im Haus hieß es: »Die Irmgard singt den ganzen Tag.« Meine Eltern freuten sich an meinem Gesang, forderten mich aber niemals auf, für sie oder andere zu singen. Auch als der Chorleiter mir anbot, die Stimme weiter auszubilden und das Klavierspiel bei ihm zu lernen, überließen sie die Entscheidung mir. Ich verzichtete auf das verlockende Angebot. Ab und zu sang ich während meiner Praktikumsaufenthalte in verschiedenen Städten für kürzere Zeit in einigen Chören mit, aber etwa vom zwanzigsten Lebensjahr an nahm die Bedeutung von Musik in meinem Leben unmerklich ab. Manchmal, wenn ich in den folgenden Jahren vertrauten Gesang hörte und bei dem Versuch mitzusingen merkte, daß meine Stimme längst nicht mehr so umfangreich war, mir Töne oder Atem fehlte, versetzte es mir einen schmerzlichen Stich. Ich hatte das Gefühl, einen Teil von mir verloren oder vernachlässigt zu haben. Immer wieder mal tauchte die Frage in mir auf: »Wie kann das eigentlich sein, nachdem Musik einen so bedeutsamen Platz über viele Jahre in meinem Leben hatte? Wieso ist sie so an den Rand gerückt?«

Nach dem Lesen des Essays kam mir zum ersten Mal der Gedanke, daß mein musikalischer »Lustverlust« auch mit dem frühen Tod meines Vaters zusammenhängt, einem so schmerzlichen Verlust, den ich viele Jahre nicht wirklich fühlen wollte. Wenn ich »unsere gemeinsame Tradition« aufrechterhalten oder weitergeführt hätte, wäre ich nicht umhin gekommen, die unwiderrufliche Trennung zu realisieren. Statt dessen schränkte ich meinen Umgang mit Musik ein. Das Lesen weckte auch den Impuls, mit dem »Nebenbeisingen« aufzuhören und den »roten Faden« für mich selbst in irgendeiner Form wiederaufzunehmen. Nicht zufällig entdecke ich während des Schreibens an diesem Abschnitt eine Annonce, in der Gesangunterricht und Atemarbeit angeboten werden.

Die exemplarische Untersuchung der Autorinnen wirft grundsätzlich die Frage auf, welche Lust- und Glückserlebnisse in der Kindheit möglich waren, in Verbindung mit selbstgewählten Tätigkeiten und Interessen. Es ist die Frage, ob überhaupt Möglichkeiten bestanden, sich ungestört und konzentriert mit einer Aufgabe oder Sache befassen zu können?

Für mich waren es neben den Musikerlebnissen jene Stunden, die ich mit meinen »Monatsbüchern« verbrachte, Schulkladden, in denen Inhalte zu sämtlichen Schulfächern gesammelt wurden und die unter einem von der Klasse gewählten Thema standen. Bis spät in den Abend hinein konnte ich Fotos ausschneiden, Texte und Gedichte suchen, Gräser einkleben, Zeichnungen anfertigen und mit Kleber, Schere und Büchern herumhantieren. Alles, was wir sammelten, wurde in den Unterricht eingebaut. Diese Art Lernen machte enormen Spaß und war kein bißchen langweilig. Sowohl im Zusammenhang mit Musik als auch bei der Beschäftigung mit meinen Kladden lernte ich die tiefe Befriedigung kennen, die bei ungestörter, konzentrierter und erfolgreicher Bemühung entsteht. Ähnliche Erfahrungen machte ich mit dem Lesen, welches auch als eine Tätigkeit anerkannt war, bei der man nur in absoluten Ausnahmefällen gestört und angesprochen werden durfte.

Ich gehe davon aus, daß besonders diese Erfahrungen in meiner Entwicklung wesentlich zu einer Orientierung beigetragen haben, in der Glück und Lust nicht allein dem Zufall überlassen bleiben, sondern ich Eigenschaften und Haltungen einüben konnte, die mich befähigen, Glück aktiv zu *wollen*.

Noch einmal möchte ich betonen, daß die Glücksfähigkeit, von der hier die Rede ist, selbstverständlich nicht beinhaltet, daß menschliche Existenz ohne Erfahrungen von Frustration, Unglück, Leid und Schmerz möglich wäre. Anvisiert ist die Aufhebung des Glücksverbotes, welches von den Frauen im Verlauf der traditionellen Erziehung verinnerlicht wird und ihre Möglichkeiten, eigenes Glück zu gestalten, drastisch einschränkt. Es geht um die Aneignung von Fähigkeiten, mit deren Hilfe Frauen den Abschied aus ihrer vorprogrammierten Glücklosigkeit vollziehen können. Dabei ist eine kritische Auseinandersetzung mit der üblichen Vorstellung und Bewertung von Egoismus hilfreich und notwendig. Unter dem Begriff »Egoismus« sind im Wörterbuch Zuschreibungen zu finden wie Selbstsucht, Eigennutz, das Streben nach eigenem Vorteil und Glück ohne Rücksicht auf die Mitmenschen. Die »normale Frau« scheint lieber Mangel, Entbehrungen, Enttäuschungen und Unglücksgefühle in Kauf zu nehmen, wohl wissend, daß sie in den Augen der Öffentlichkeit in ihrer traurigen Selbstlosigkeit edel und sozial erscheint, als sich durch ungewöhnliches, forderndes Verhalten der Charakterisierung auszusetzen, egoistisch zu sein.

In sämtlichen von Männern entworfenen Glückslehren bringt der Egoismus des einzelnen das Glück und die Rechte der Gemeinschaft in Gefahr. Diese Annahmen sind keine objektiven Erkenntnisse oder Naturgesetze, obwohl häufig dieser Eindruck erweckt werden soll.

Es ist notwendig, die männlichen Definitionen von Glück zu überprüfen und jene typischen Beziehungsdefizite, Trennungs- und Vereinzelungsambitionen in ihnen aufzudecken, die männliche Mitglieder einer patriarchalen Gesellschaft in der Regel auf dem Weg zum »richtigen Mannsein« verinnerlichen »müssen« und ihren Blick auf die Welt einseitig prägen.

In diesen Definitionen kommen auch Denkfehler zum Vorschein, weil das »Ego« häufig als etwas betrachtet wird, welches von der Gemeinschaft unabhängig existieren könne bzw. die Ansicht, daß Individualität zwangsläufig Gemeinschaft bedroht. Derartig verkürztes bzw. Entweder-Oder-Denken führt im Alltag auf der Beziehungsebene gleichfalls zu Trugschlüssen. Häufig kann sich der Mann in einer Partnerschaft unabhängig und stark fühlen, dem Irrtum unterliegen, nicht beziehungs- und kontaktbedürftig zu sein, weil normalerweise die Frau, Freundin oder Partnerin seine Bedürfnisse wahrnimmt und befriedigt, bevor er den Mangel spürt und selbst etwas zu seiner Aufhebung unternehmen müßte. Die Ausgangsposition der Frau ist auf Grund ihrer Erziehung zur Liebes- und Verbundenheitsfähigkeit eine ganz andere.

Während der beziehungslose Egoismus vieler Männer tatsächlich Beziehung, Gemeinschaft und Leben überhaupt extrem bedroht, ist die Quelle der Gefährdung bei den Frauen, ihr Mittun an der männlichen Zerstörung, in ihrer egolosen Beziehungsfähigkeit zu suchen. In dieser Symbiose wird eine geschlechtsteilige Vorstellung von Glück in die Praxis umgesetzt, wobei es für das männliche Glück charakteristisch ist, sich von Bindungen und Verantwortungen eingeschränkt zu fühlen, während das Glück der Frauen primär in der Beglükkung anderer besteht, in der kontinuierlichen Pflege von Bindungen, wobei eigene persönliche Wünsche, die nicht in den Kontext dieses Beziehungsgeflechtes passen, als bedrohlich und unerlaubt bewertet werden.

Wir benötigen neue Begriffe, in denen nicht die alten Erfahrungen und Denkweisen festgeschrieben werden, sondern neue Inhalte erfaßt und benannt werden können. In meinen Gesprächen mit Frauen wird immer wieder deutlich, daß es vielen von ihnen guttun würde, sich mit mehr egoistischen Haltungen anzufreunden bzw. diesen mit Abwehr und Schuldgefühlen besetzten Begriff sinnvoll zu füllen. So könnte egoistisches Verhalten folgendes beinhalten: Ich achte auf mich, auf Bedürfnisse und Wunscherfüllung, aber auch Kraftgrenzen. Meine Zufriedenheit und Wohlbefinden sind die Grundvoraussetzung dafür, daß ich anderen geben kann, ohne die Furcht zu verarmen. Ich verharre nicht zwanghaft auf Positionen. Mein Egoismus legt mir nahe, den Kontakt zu suchen, der mich anregt und belebt; er beinhaltet nicht sture Abgrenzung oder gar Isolation. Er stellt eine lebendige, fließende Bewegung zwischen mir und den anderen dar, ein ständiges waches Abwägen, »was gerade dran ist«. In ihm sind beide Aspekte meines Menschseins aufgehoben, Individualität und Sozialität, wobei diese einander bedingen, untrennbar ein Ganzes bilden und nicht als unvereinbare Gegensätze gegeneinanderwirken.

Obwohl wir gesellschaftlich gesehen noch weit davon entfernt sind, Egoismus in dieser Weise zu bewerten und zu praktizieren, besteht doch im Leben jeder und jedes einzelnen die Möglichkeit, heute, hier und jetzt Haltungen von Selbstlosigkeit und/oder Egozentrik zu vermeiden, denn beide bewirken gefährliche Verarmung.

Mir scheint, daß diese Art Egoismus die Basis von Glücksfähigkeit darstellt. Aber es gibt noch einige andere wesentliche Haltungen bzw. Persönlichkeitseigenschaften, die mir in diesem Zusammenhang unerläßlich sind. Sie sind keinesfalls nachrangig, sondern gleichwertig nebeneinander zu denken. Selbstverständlich gibt es keinen Eigenschaftskatalog, der Glück garantiert, zumal die Besonderheiten der Glücksfindung eng an unterschiedliche, konkrete Individuen gebunden sind. Aber es gibt verbindliche Aussagen darüber, welche Fähigkeiten glücksfördernd sind. Von diesen will ich hier einige als Lern- und Strebensziele nennen:

Eigensein lernen: Ich habe schon in anderen Zusammenhängen darauf hingewiesen, daß in der traditionellen Erziehung von Mädchen deren Identität in enger Verbundenheit zur Mutter entsteht (auch wenn die Tochter die Mutter ablehnt) und diese auf sehr komplexe Weise angeleitet werden, sich mit der Einfühlung in das Befinden anderer Personen zu beschäftigen, und daß dabei »Wir-Gefühle« und Gefühle von Verschmelzung eingeübt werden. Mädchen werden im Alltag ständig auf Beziehungsgeschehen verwiesen, indem von ihnen Rücksichtnahme, Mitarbeit, Verständnis, Geduld, Bemühung um andere usw. gefordert werden. Diese »sozialen Beschäftigungen« und das Erlebnis der Gleichgeschlechtlichkeit mit der

Mutter machen es ihnen häufig schwer, sich als einzelne, als andere und eigene Menschen wahrzunehmen und zu erleben.

Bis heute ist es negativ besetzt, von einem weiblichen Kind zu sagen, es sei »eigenwillig«. Eigensein beinhaltet den Ausstieg aus der Definition weiblicher Existenz als Anhängsel, als Teil von ..., Frau von ... Eigensein heißt, ein Bewußtsein davon zu haben, daß frau niemandem gehört, sich allenfalls zugehörig fühlen kann, wenn sie mag. Es besagt auch, nicht um jeden Preis Gefühle und Möglichkeiten von Verbindung zu suchen, sondern auch Unterschiedliches und Trennendes hervorzuheben und zu respektieren, Abgrenzung und Verwerfung auszudrücken. Im Eigensein stellt frau fest, daß sie nicht unbegrenzt anpassungsfähig, anschmiegsam und grenzenlos »formbares Rohmaterial« ist, sondern durch ihre Interessen, Fähigkeiten, Schwächen, Bewertungen und Ziele deutliche Konturen zeigt, die sie unterscheidbar machen. Eigensein steht auch im Gegensatz zu der »Wir-sind-doch-alle-gleich-Parole«, die besonders bei Frauen beliebt ist, um in einem Gefühlssumpf Ängste, Defizite und Aggressionen zu kaschieren.

Eigensein führt in der konkreten Lebensgestaltung dazu, in bezug auf die als lebenswichtig erkannten Werte keine faulen Kompromisse zu machen, für Werte einzutreten, notfalls zu kämpfen.

In den Biographien von Frauen, deren Leben und Haltung uns bewundernswert erscheinen, wird in der Regel deutlich, daß sie deshalb ungewöhnlich waren, weil sie den Mut hatten, das Ungewöhnliche zu fühlen, zu wollen, zu denken und zu tun. Die Resultate ihrer Eigensinnigkeit und Eigenwilligkeit mögen faszinierend oder abstoßend wirken, in jedem Falle sind sie unverwechselbarer Ausdruck von eigenen Persönlichkeiten. In einem Ausstellungskatalog der amerikanischen Malerin Georgia o'Keefee, die wegen ihrer außergewöhnlichen Blumen- und später Schädelbilder weltberühmt wurde, heißt es: »Ich bin ziemlich genauso aufgewachsen wie alle anderen auch, und so sagte ich eines Tages vor sieben Jahren zu mir – Ich kann nicht dort leben, wo ich will – Ich kann nicht hingehen, wo ich will – Ich kann nicht machen, was ich will – Ich kann noch nicht einmal sagen, was ich will. Die Schule und die Dinge, die die Maler mir beigebracht haben, hindern mich sogar daran, so zu malen, wie ich will. Ich kam zu dem Schluß, daß es ausgesprochen dumm von mir war, nicht wenigstens so zu malen, wie ich wollte, und beim Malen das auszudrücken, was ich ausdrücken wollte, denn das schien ja noch das einzige zu sein, was außerdem niemanden etwas anging – und was ganz allein meine Sache war.«

Als sie diese Zeilen 1922 schrieb, war sie ungefähr 27 Jahre alt. Sie starb 1986 im Alter von 98 Jahren. In lebendigen Beschreibungen schildert Laurie Lisle in ihrer Biographie die bewegten Stationen dieses langen, produktiven Lebens, in dem nicht nur die Auffassung von den Inhalten und Objekten ihrer Malerei eigenwillig waren, sondern auch die gesamte Art der Lebensführung, ihr äußerer Stil und nicht zuletzt die Beziehung zu Männern. Alfred Stieglitz, der berühmte Fotograf, der zunächst ihr Mentor, dann Geliebter und Ehemann war, spielte zwar vom Zeitpunkt ihrer ersten Bekanntschaft bis zu seinem Tod eine bedeutende Rolle für sie, aber trotz dieser produktiven Liebes- und Arbeitsgemeinschaft zwischen ihnen blieb Georgia immer auf der Suche nach eigenen Entwicklungsmöglichkeiten. Sie richtete sich ein Leben an verschiedenen Orten ein, verbrachte einige Monate im Jahr mit Stieglitz, der sehr viel älter war als sie, in New York und einen anderen Teil, in Begleitung oder allein, in New Mexico. Sie hatte schließlich erkannt, daß ihre Arbeitsstile sehr unterschiedlich waren. Während sie gerne reiste, um neue Motive zu finden, hielt Stieglitz lieber an vertrauten Orten fest. Er konnte am Küchentisch arbeiten, sie wollte beim Malen niemanden in ihrer Nähe haben. Ihn regten Affektausbrüche an, sie empfand solche emotionalen Auseinandersetzungen als belastend und anstrengend.

Laurie Lisle schreibt: »Während Georgia auf ihr 60. Lebensjahr zuging, äußerten sich die Leute immer häufiger über die vielen ›männlichen Eigenschaften‹: ihren großen Ehrgeiz, ihr stark entwickeltes Selbstbewußtsein, ihren kompromißlosen Willen, ihre einschüchternde Art und das völlige Aufgehen in der Arbeit. Stieglitz meinte dazu, sie habe sich mit jeder Faser ihres Wesens der Malerei verschrieben.« In Gesprächen über ihr Leben meinte Georgia rückblickend, daß sie immer das getan habe, was sie für richtig hielt, und es sei eben gutgegangen. Ihre Biographin meint dazu: »Es klang so, als habe sie einfach nur Glück gehabt mit der Entdeckung des Südwestens, mit Stieglitz und mit ihrem unmittelbaren Erfolg. Doch diese Erklärung und die Schlußfolgerung, Georgia habe eine passive Rolle gespielt, wären zu einfach. Ihr Erfolg als Künstlerin erforderte neben einer großen Begabung schließlich auch Klarsichtigkeit, Entschlossenheit und Willensstärke ... In ihrer Jugend hatte sie sich schon entschieden, was für eine Art Mensch sie einmal werden wollte, und nachdem der Entschluß gefaßt war, ordnete sie bewußt alles diesem Ziel unter.«

Georgia selbst führte ihren Erfolg auch auf eine gewisse Aggressionsbereitschaft zurück und auf die Fähigkeit, »alles ergriffen zu haben, was sich mir bot und was ich wollte«.

Wollen lernen: Die unbedingte Entschlossenheit, etwas zu wollen, ist nicht gerade das, was Mädchen lernen und Frauen zugestanden wird. Aber um für mein Glück eintreten zu können, muß ich es zunächst einmal bewußt wollen. Angeblich ist der Wille etwas, was den Männern als eisern, fest und unbeugsam zugesprochen wird, ein männlicher Wert also. Mit Frauen wird gerne assoziiert: »Sie überließ sich ihm völlig willenlos« oder »Sie weiß doch gar nicht, was sie will« oder

»Sie will immer das, was er will«. Die Aufgabe, herauszufinden, »Was will ich wirklich?«, liegt also in der Verantwortlichkeit jeder einzelnen Frau.

Alexandra David-Néel, eine der großen Asienforscherinnen, die ihre kühnen Forschungsreisen zu einem Zeitpunkt begann, als es für »richtige wohlerzogene Frauen« noch unschicklich war, sich überhaupt allein an die Öffentlichkeit zu bewegen, schreibt im Vorwort zu ihrem Buch »Mein Indien«: »Als Sechsjährige verbrachte ich in meinem Elternhaus viele Stunden damit, mich in die abenteuerlichen Reiseberichte von Jules Verne zu vertiefen. Meine kindlichen Träume kreisten um die Heldentaten ihrer Protagonisten: Philéas Fogg, Passepartout, die Kinder von Kapitän Grant und andere wurden mir vertraute Gefährten. Mein Entschluß stand fest: Auch ich würde Reisen unternehmen und sie dabei möglichst noch übertreffen ... Den Erwachsenen gegenüber erzählte ich selten etwas von meinem großartigen Vorhaben. Wenn ich es tat, lachten sie, machten sich über mich lustig, und das nur, weil sie größer waren als ich und – im Gegensatz zu den ›Kleinen‹ – über Geld verfügten ... Ich werde reisen: Habe ich Wort gehalten? ... Habe ich das Versprechen erfüllt, das ich mir als kleines Mädchen gegeben hatte?«

Die Antwort auf diese Frage liegt in Büchern vor, u.a. in: »Mein Weg durch Himmel und Höllen«, in dem die Französin, deren Reisen vor 1900 begannen und erst nach dem Zweiten Weltkrieg endeten – sie wurde fast hundert Jahre – von Tibet und Lhasa berichtet, Gebiete, die damals für Europäer als gänzlich unzugänglich und weitgehend unerforscht galten.

Es kann sehr aufschlußreich sein, die Frage »Was habe ich als kleines Mädchen oder Heranwachsende gewollt?« an die eigene Vergangenheit zu richten, aufzudecken, ob »wollen« überhaupt möglich war, und wenn ja, was aus diesen Entschlüssen wurde.

Wollen und wünschen sind nicht identisch. Wünsche dürfen Frauen äußern, Mann/man muß sie ja nicht hören bzw. erfüllen. Wünschend kann ich passiv verharren, darauf warten und hoffen, daß ein Wunder geschieht und die Wunscherfüllung ohne eigenes Dazutun stattfindet. Glück zu wünschen oder zu wollen ist zweierlei. Im Wollen manifestiert sich Zielgerichtetheit, werden Energien aktiviert und Emotionen freigesetzt, mit deren Hilfe aktive Schritte möglich sind.

Wählen und Zurückweisen lernen ist ein Aspekt von Willensäußerung. Voraussetzung ist das Aufspüren und Erkennen von Freiheitsspielräumen in der eigenen Biographie, in der aktuellen Lebenssituation, im kulturellen und gesellschaftlichen Rahmen und in Versuchen von »Grenzüberschreitung«. Die wählende Haltung, aus vielfältigen Möglichkeiten zu einem eigenen Lebensentwurf zu kommen, steht im krassen Gegensatz zu der von vielen Frauen verinnerlichten Haltung »Nimm dich nicht so wichtig« bzw. dem Gebot, »möglichst mit allem glücklich und zufrieden zu sein«. In Therapiegesprächen mit Frauen stoße ich immer wieder – auch bei jüngeren Frauen – auf das Phänomen, daß sie sich ihrer Wahlmöglichkeiten im Hinblick auf Personen, Situationen, Befinden, Beruf und andere Tätigkeiten, Freizeitangebote, Stilfragen und Konsum zu wenig bewußt sind. Abgesehen davon wird besonders im Zusammenhang mit Ausbildung, Beruf, Partnerschaftsgestaltung, Heirat und Haltung zu Kindern deutlich, wie stark Frauen in dieser Hinsicht noch den wertenden und manipulativen Einflüssen ihrer Umgebung ausgesetzt sind. Häufig sind weder in der beruflichen Tätigkeit noch in der gewöhnlichen Alltagsgestaltung das Wollen und die Wahl der jeweiligen Frauen aufgehoben. Andere haben (anscheinend) für sie entschieden, die Eltern, LehrerInnen, Partner, Ehemänner, ArbeitgeberInnen und schließlich die Kinder.

Nehmen lernen ist in Verbindung mit Haltungen, die der Glücksfähigkeit nützlich sind, ein tragendes Element. In bezug auf diese Fähigkeit stellt die traditionelle Mädchenerziehung geradezu ein ideales Abgewöhnungstraining dar, welches Frauen in der Rolle von Selbstversorgerinnen produziert, während sie gleichzeitig darauf spezialisiert werden, anderen zu geben, sich selbst zu geben, andere zu nähren. Im Verlauf ihrer Erziehung wird Mädchen und Frauen suggeriert, daß ein offener, klarer Umgang mit eigenen Wünschen und Bedürfnissen nicht möglich ist, weil er »die anderen« bedroht oder überfordert. Impulse, etwas nehmen zu wollen – Nahrung, Raum, Zeit, Gefühle, Aufmerksamkeit, Sex, Geld, Belohnung für Bemühungen – werden auf diese Weise massiv gehemmt, mit Schuld- und Schamgefühlen besetzt und schließlich als »maßlos«, »gierig« und »bedrohlich« empfunden. Das führt sowohl zu einer Haltung, die (umfassende) emotionale, physische und geistige Unterversorgung und Hungerzustände gewohnheitsmäßig hinnimmt, als auch zu der Ausbildung von Strategien und Taktiken, Wünsche und Bedürfnisse *heimlich* zu befriedigen.

Die Fähigkeit, nicht nur geben, sondern auch nehmen zu können, ermöglicht einen anderen Blick auf Menschen. Viele Frauen berichten darüber, daß sie nicht nur die Anforderungen in der Liebesbeziehung, sondern häufig auch das Zusammensein mit Freunden/innen oder überhaupt anderen Menschen anstrengt und auslaugt, weil sie ständig das Gefühl haben, »Ich muß mich kümmern« oder »Die anderen wollen etwas von mir«. Die Absurdität und Belastung dieser Einseitigkeit kann nur dadurch aufgehoben werden, daß diese Frauen ihren Zwang zu geben einmal kritisch unter die Lupe nehmen und den Menschen in ihrer Umgebung echte Chancen einräumen, ihnen dabei zu helfen, aus der einsamen Versorgerinnenrolle auszusteigen. Im übrigen ist es kein Naturgesetz, daß Frauen nur Freude beim Geben und nicht beim Nehmen spüren dürfen.

Ich habe bereits in Verbindung mit dem Thema Sexualität auf die enormen Schwierigkeiten aufmerksam gemacht, die Frauen zu überwinden haben, wenn sie sich aktiv vom Partner Aufmerksamkeit, Zärtlichkeit, Lust und Befriedigung holen wollen. Ähnliche Probleme scheinen im Zusammenhang mit dem Thema »Geld« zu existieren.

Bekanntlich ist die Altersarmut von Frauen weiter verbreitet als die von Männern. Frauen haben normalerweise deutliche Mühe, auf angemessene Entlohnung ihrer Leistung zu achten, Höhergruppierungsanträge zu stellen und durchzuboxen, Vorsorge für sich bei Trennungen, Scheidungen oder Tod des Partners zu treffen. Frauen, die ihre finanziellen Interessen im Auge haben, sich in diesem Bereich auskennen, haben selten einen »guten Ruf«. Ihnen wird auch von Frauen Kälte und Habgier unterstellt.

Auch in diesem Bereich gilt es als unweiblich und unschicklich, deutliche Forderungen zu stellen, wird Bedürfnislosigkeit und Bescheidenheit zum moralischen Maßstab erhoben. Um einen Eindruck von der Haltung bei den Frauen in meiner Umgebung zu gewinnen, verteilte ich einen Fragebogen mit folgendem Inhalt:

1. Wie ist deine erste Assoziation zum Thema »Frauen und Geld«?
2. Meinst du, daß es einen Zusammenhang gibt zwischen der Schwierigkeit vieler Frauen, selbstbestimmte Sexualität zu leben und Geld zu fordern?
3. Kennst du dich mit Möglichkeiten der finanziellen Altersversorgung aus? Denkst du darüber nach?
4. Fühlst du dich in Geldfragen kompetent? Würdest du eine spezielle Beratung von Frauen für Frauen zu diesem Thema aufsuchen wollen?

Von 300 Fragebögen bekam ich 80 ausgefüllt zurück. Was

mich am meisten erstaunte, war die Tatsache, daß die Frauen sich nicht mit kurzen Antworten begnügt hatten, sondern sehr ausführlich auf die einzelnen Fragen eingingen und häufig noch dicht beschriebene Zusatzblätter mitlieferten.

Bei 75 Frauen enthielten die Einfälle zur ersten Frage Hinweise auf Abhängigkeit, Benachteiligung, schlechtere Bezahlung und Knappheit der Geldmittel. 62 betonten, daß das Thema bei ihnen spontan »unangenehme Gefühle« auslöst. Zwei Frauen assoziierten als erstes Stichworte wie »Verschwendungssucht«, »Frauen werfen das Geld zum Fenster raus«, »Frauen können mit Geld nicht umgehen«. Bei drei Frauen löste die Frage Erinnerungen an die Mutter und Familiensituationen aus. Sie enthalten Beispiele für den geschickten Umgang von Frauen, mit wenig Geld »viel zu machen«. Es ist von Machtkämpfen zwischen den Eltern die Rede, davon, daß die Mütter kein eigenes Geld besaßen und, falls sie kein »Taschengeld« bekamen, für kleinere Wünsche Geld aus der Haushaltskasse abzweigen mußten. Die Erinnerungen enthalten Hinweise darauf, wie die Töchter erlebten, daß die Mütter dies heimlich tun mußten.

Die Antworten auf die zweite Frage enthalten sehr persönliche Schilderungen und viel erzählenden Text. Trotzdem wird deutlich, daß 77 Frauen grundsätzlich einen Zusammenhang zwischen Sexualität und Geld vermuten. Weit über die Hälfte betont aber, »darüber noch nicht wirklich nachgedacht zu haben«. Die Verbindung, die die Frauen sehen, besteht in der Erziehung von Mädchen zu Bescheidenheit und Bedürfnislosigkeit, welche selbstbewußte Forderungen sowohl im sexuellen als auch im finanziellen Bereich schwermachen. Nur drei Frauen lehnen einen solchen Zusammenhang ab, eine mit einem klaren Nein, während die beiden anderen »nicht glauben«, daß Sex und Geld etwas miteinander zu tun haben. In zwölf Stellungnahmen sind Hinweise darauf enthalten, daß von Frauen gesagt wird, »daß sie Sex verkaufen« bzw. »käuflich sind«. Von den 77 Frauen, die den Zusammenhang bejahen, werden Beispiele dafür angeführt, daß Forderungen im sexuellen Bereich mit ähnlichen Schamgefühlen besetzt sind wie in Situationen, in denen Geldansprüche gestellt werden. Es fallen Stichworte wie Gier, Unersättlichkeit, Schamlosigkeit, aber auch Angst, Abhängigkeit, Unselbständigkeit, fehlendes Selbstbewußtsein.

Die dritte Frage beantworten von den 80 Frauen nur fünf mit einem selbstbewußten Ja und entsprechenden Hinweisen, daß sie sich in Sachen Altersversorgung bzw. finanzieller Absicherungsmöglichkeiten für Frauen gut auskennen. Die anderen 75 betonen die »unangenehmen Gefühle«, die diese Frage in ihnen auslöst, wobei sieben Frauen das Nichtnachdenken über dieses Thema mit ihrem Beamtinnenstatus begründen. 25 fühlen sich noch »zu jung«, um über ihre Altersversorgung nachzudenken. Vielen fällt zu dieser Frage das Schreckensbild der »alten, verarmten Frau« ein. Die Befürchtung, im Alter mittellos zu sein, wird ebenfalls von der Mehrheit der Frauen ausgedrückt. Trotz ihrer Befürchtungen wird deutlich, daß nur eine sehr kleine Anzahl genaue Informationen besitzt, während die Mehrzahl vage Vorstellungen hat und mit heftigen Abwehrgefühlen und inneren Widerständen an das Thema herangeht.

Die Stellungnahmen signalisieren sowohl Lustlosigkeit angesichts der Aufgabe, »für sich selbst sorgen zu müssen«, als auch eine Art Fatalismus im Sinne von »Irgendwie wird es schon gehen«.

Bei der letzten Frage sind nur zwei Frauen, die sich in Geldangelegenheiten für kompetent halten, weil sie sich »für Geld interessieren« und regelmäßig Informationen einholen. Von den anderen 78 fühlen sich 62 kompetent im Sinne von »praktischem Umgang« damit, aber nicht in bezug auf Vermehrung, Anlage und Versicherungen. 16 halten sich für inkompetent, weil sie »nicht richtig zurechtkommen«, »öfters Schulden haben«, »ständig ihr Konto überziehen«, »keinen genauen Überblick behalten«. An einer Beratung in Finanzfragen, speziell für Frauen, sind 76 interessiert.

Das Gesamtergebnis dieser keineswegs repräsentativen Befragung spiegelt möglicherweise doch etwas für viele Frauen Typisches wider: Der Umgang mit Geld (Sex) geschieht unsicher und schamhaft, wenn es »nur« um die eigene Person geht. Sobald frau andere zu versorgen hat, ist sie mutiger, zu fordern, und kompetent. Das mangelnde Interesse an eigener Versorgung kann unbewußt Ausdruck des Wunsches sein, »irgendwann einmal alles zurückzubekommen, was frau gegeben hat« bzw. »endlich auch einmal vom Mann, von anderen versorgt zu werden«. Leserinnen, die den Wunsch haben, sich intensiver mit diesem schwierigen Thema zu befassen, sei das Buch von Marie-Francoise Hans »Frauen und Geld« empfohlen. Es enthält umfangreiches, auch historisches Material zum Zusammenhang von Geld und Weiblichkeit, Geld und Macht und Geld und Sex. Es ist ebenso spannend wie humorvoll geschrieben und hilft dabei, die eigene Situation genauer unter die Lupe zu nehmen und notfalls Veränderungen zu schaffen. Inzwischen gibt es in fast allen größeren Städten einzelne Finanz- und Versicherungsexpertinnen bzw. Teams, die auf die spezielle Beratung von Frauen eingestellt sind und Informationstage und Workshops zu allen Geldfragen anbieten.

In Verbindung mit Ehe- oder Partnerschaftssituationen schildern Frauen, besonders in akuten Konflikten oder wenn es um Trennung geht, enorme Probleme bei der Auseinandersetzung über finanzielle Regelungen. Frauen, die, »als die Liebe noch schön zwischen uns war«, ihren Partnern Studien- und Ausbildungsgänge, ganze Karrieren finanzierten, sie »durchfütterten«, mietfrei wohnen ließen oder Geld für teure Hobbys zur Verfügung stellten, sind selten imstande, Rechte einzuklagen, Forderungen zu stellen und auf Entschädigung zu bestehen. Häufig glauben sie, gerade durch Anspruchslosigkeit, indem sie ihre Großzügigkeit noch einmal unter Beweis stellen, den Mann zu Liebesgefühlen (oder Scham über seinen Egoismus) bewegen zu können. Frauen, die nach einer mißlungenen Liebe, Ehe oder Partnerschaft darauf sinnen, »daß er jetzt finanziell bluten soll«, sind entschieden die Ausnahme. Mir begegnen in der therapeutischen Arbeit mehr Frauen, die ihren Stolz und Ehrgeiz dareinsetzen, »von ihm keinen Pfennig mehr annehmen zu müssen«, die so enttäuscht, so gekränkt über die gescheiterte Liebe sind, daß sie »von ihm gar nichts mehr wollen«, um sich vor Schmerzgefühlen zu schützen. Durch meine Arbeit befinde ich mich daher häufiger in der Situation, Frauen auf ihre diesbezüglichen Rechte aufmerksam zu machen und sie dabei zu ermutigen, »auf ihren eigenen Vorteil zu achten – und damit auch in finanzieller Hinsicht *nehmen* zu lernen. Ein Zürcher Bankdirektor, der wegen seiner frauenfreundlichen Haltung bekannt wurde – er bevorzugte bei gleicher Qualifikation Frauen für Spitzenpositionen –, sagte in einem Interview: »Es ist auffallend, daß die Männer bei ihren Bewerbungen eindeutig höhere Geldforderungen stellen, obwohl sie häufig nicht mehr bzw. weniger zu bieten haben als weibliche Mitbewerberinnen. Die Frauen zeigen zu wenig Entschlossenheit, ›Spitzengehälter‹ zu fordern, die ihren ausgezeichneten Qualifikationen angemessen wären.«

Bei einigen Frauen, die ich in bezug auf Berufswechsel, Bewerbungen oder bei Höhergruppierungsanträgen auf ihrem Arbeitsplatz unterstützte, konnte ich ebenfalls feststellen, daß die Behinderungen nicht primär in den objektiven Bedingungen zu suchen waren, sondern in der tiefverwurzelten Furcht der Frauen, als unverschämt gelten zu können bzw. in dem Selbstzweifel, »eine so gute Bezahlung vielleicht doch nicht verdient zu haben«. Das Erkennen und die Überwindung dieser durch Erziehung und Gesellschaft verinnerlichten emotionalen Fallstricke sind anfänglich unvermeidbar mit Ängsten und unbehaglichen Empfindungen verbunden, bis die nehmende Haltung nicht mehr schlechtes Gewissen, sondern Lust und Freude bewirkt.

Eine weitere glückfördernde Fähigkeit ist die, *Raum nehmen zu können* bzw. dies zu lernen: Gemeint ist hier die Inanspruchnahme und Gestaltung äußerer wie innerer Räume. Der eigene Raum kann sowohl ein geschützter Bereich sein, ein Ort der ungestörten Ruhe, der Konzentration auf sich selbst, der Hingabe an eine Aufgabe, kann erfüllter Raum sein, laut, lärmig, still, besinnlich, und es kann ein offener, einladender Raum sein, je nachdem, wie frau sich fühlt und was sie will. Die Raumfrage ist von weitreichender, umfassender Bedeutung im Leben von Frauen. Sie betrifft sehr viel mehr als pure Wohnbelange, sie hat etwas mit der Frage zu tun, welche Lebensräume Frauen zur Verfügung stehen, wieviel Platz sie mit ihren Wünschen und Belangen einnehmen können, welche Möglichkeiten der Gestaltung und Eroberung vorhanden sind. Als Kind hatte ich kein eigenes Zimmer, trotzdem standen mir eigene Zeiträume zur Verfügung, in denen ich spielen, träumen, lesen, lernen und ausruhen konnte, Gesprächsräume, in denen meine Gefühle, Probleme und kindlichen Belange erörtert wurden, Handlungsräume, in denen ich Sachen ausprobieren, eigene Fehler und Irrtümer machen durfte, und nicht zuletzt Bewegungsraum, in dem ich mit anderen Kindern oder allein draußen herumstreifte und meine Umgebung erkundete, die Landschaft, aber auch das Leben in anderen Familien.

Lange Zeit war die Beschäftigung mit Räumen für mich kein Thema; ich betrachtete Räume in erster Linie unter dem Aspekt, sie für mich bewohnbar zu machen, zu verschönern und auszuschmücken. Bis ich vor vielen Jahren einmal ein

»Aha-Erlebnis« hatte, welches mir eine ganz andere Dimension dieses Themas bewußt machte: Ich war mit Roswitha, einer Freundin, in einen kleinen Ort auf Ischia gefahren, um dort Urlaub zu machen. Sie ließ in Berlin einen Mann und vier Kinder zurück, bei mir war es Wilfried, der allein blieb. Wir wohnten mitten in einem Weinberg bei einer Familie, die von ihrem Haus das Obergeschoß an uns vermietete. Uns stand viel Platz zur Verfügung, da wir jeweils ein großes Doppelzimmer für uns hatten, gemeinsam ein Bad, eine geräumige Küche und einen Balkon. Der Tagesablauf war von uns auf unsere Bedürfnisse abgestimmt: eine Mischung aus Schreiben, Lesen, Schwimmen, Gespräche führen, Ausruhen, die Insel erkunden. Nachdem wir etwa 14 Tage auf diese wundervolle Weise verbracht hatten, standen eines Tages Ehemann und Partner vor der Türe. Kurz bevor es klingelte, waren Roswitha und ich müde und verschwitzt von einem Tagesausflug nach Neapel zurückgekehrt.

Abgesehen davon, daß dieser Überraschungsbesuch, der vor allem von Wilfried als »Liebesbeweis« gedacht war, nicht den erwarteten Jubel, sondern zunächst einige heftige Konfliktgespräche auslöste, brachte mir folgende Szene ein unvergeßliches Erlebnis: Der über zwei Meter große Wilfried betritt mit seinen ebenfalls großen Gepäckstücken ziemlich stürmisch mein Zimmer, blickt vorwurfsvoll um sich und meint dann: »Nanu, hier ist ja alles von dir besetzt. Du hast dich ja schön ausgebreitet, wo soll ich denn mit meinen Sachen hin?« In dem Ansturm von Empfindungen, denen ich in diesem Moment ausgesetzt war, Verblüffung, Empörung und Zorn, meiner wütenden Bemerkung: »Was denkst du dir eigentlich bei dem, was du sagst. Es ist doch mein Raum«, war blitzschnell der Gedanke in meinem Kopf: »Mit der Raumverteilung in unserer Beziehung stimmt etwas nicht.« Die offensive, selbstverständliche Haltung, mit der Wilfried sich hier Raum nehmen wollte, die Tatsache, daß ihm die Absurdität seiner

Aussage überhaupt nicht bewußt war, konfrontierte mich mit meiner eigenen Haltung. Ich sah im Kopf Bilder und Situationen, in denen ich mich um meinen Raum bemühte, ihn vielleicht sogar verteidigte, aber letztlich doch viel mehr darauf eingestimmt war, ihm Raum zu geben bzw. das, womit er seine Räume zu füllen pflegte, was ihn interessierte, wichtiger zu nehmen als die eigenen Belange. Christina Thürmer-Rohr spricht in »Vagabundinnen« von den Leerräumen der Frau in der patriarchalen Gesellschaft, die sie dem Mann in der eigenen Person zur Erfüllung anbietet. Wobei auch sie nicht die Wohnung und das Zimmer meint, sondern den Raum im Kopf, im Herzen und im Gefühl. Die Erkenntnis dieser bis dahin nur diffus wahrgenommenen Ungleichheit in unserer Beziehung löste massive Konflikte und gleichzeitig in den Nachwirkungen sehr viele grundlegende Veränderungen aus, die bis heute Lernschritte in Gang gehalten haben.

Seit damals haben mich Raumerfahrungen weiter beschäftigt und dazu geführt, daß ich auch in der therapeutischen Zusammenarbeit mit Frauen, ganz besonders mit Müttern, diesem Thema besondere Beachtung schenke. Dabei wird in Gesprächen immer wieder klar, daß die meisten Wohnungen für Familien so eingerichtet sind, daß sie Schlaf- und Spielraum für die Kinder und einen Hobby- oder Bastelbereich für den Mann bieten (im Zweifelsfalle ist es die Garage mit dem geliebten Auto oder der umgerüstete Keller), aber keinen eigenen Raum für die (fast immer berufstätige) Mutter. In allen Fällen führten konkrete Nachfragen zur Wohnsituation immer zu einer verblüffenden Übereinstimmung zwischen der tatsächlichen, sichtbaren Raumverteilung und dem »inneren Platz«, den die Frauen in der Bedeutungshierarchie ihrer Beziehungen oder Familien einnahmen.

Eine Mutter von zwei Kindern, Lehrerin von Beruf, meinte ganz bestürzt: »Es stimmt. Das ist mir noch nie bewußt geworden, daß ich ja nur das Durchgangszimmer in unserer Wohnung für mich zur Verfügung habe. Die Kinder haben ihren eigenen Raum und Gregor auch. Genauso fühle ich mich oft, daß die jederzeit Zutritt haben und in mich rein- und rausspazieren. In der Badewanne, da bin ich manchmal ganz für mich. Wenn ich Glück habe. Aber ehrlich gesagt, als wir eingezogen sind, wäre ich gar nicht auf den Gedanken gekommen, daß ich ja auch ein eigenes Zimmer beanspruchen könnte, um mich mal in Ruhe zurückziehen zu können und meine Schreibtischarbeit zu machen. Ich war mit der Aufteilung einverstanden, habe sie sogar gemeinsam mit Gregor geplant.«

In der Raumaufteilung eines Paares oder einer Familie manifestieren sich oft nicht nur Geschmack und Lebensstil, materieller Reichtum oder Armut, sondern auch Macht- und Bedeutungspositionen der Bewohner, von ihnen erwünschte oder ausgeschlossene Nähe- und Distanzmöglichkeiten, Werteprioritäten, Rollenverteilung und der Umgang miteinander. (Auf grundsätzliche Probleme wie: Wohnungsnot, überhöhte Mieten, Enge, Zuschnitt auf Kleinfamilien kann ich hier nicht näher eingehen. Mitzudenken ist in diesem Zusammenhang die Tatsache, daß die konkreten baulichen Räume, Wohnungen, Häuser, Siedlungen und Städte gewöhnlich auf den Entwürfen und Ausführungen von Männern beruhen. Männer, die qua Erziehung angehalten wurden, ihre Emotionalität und Beziehungsfähigkeit abzuspalten und an Frauen zu delegieren. Sie planen Wohn- und Lebensräume für Personen, deren Wünsche und Bedürfnisse sie häufig nicht wirklich kennen, weil sie nahen Kontakt fürchten und daher meiden. In diesem Sinne ist Architektur nicht geschlechtsneutral, sondern Symptom der einseitigen Geschlechtererziehung.)

Grundsätzlich ist es lohnend, die vom architektonischen Entwurf her meist zweckgebundenen Räume neu anzusehen, und zwar im Hinblick auf Möglichkeiten der Zweckentfremdung, der Verwirklichung tatsächlich vorhandener Wünsche und Bedürfnisse. Wer schreibt uns vor, daß es Wohnzimmer,

Eßzimmer, Schlafzimmer geben muß? Ist das sogenannte Wohnzimmer häufig nicht nur Fernsehzimmer? Ich habe Gespräche mit Frauen erlebt, die über die Unmöglichkeit klagten, sich einmal in Ruhe zurückziehen zu können, obwohl sie ein ganzes Haus bewohnten. Gleichzeitig erschien es ihnen undenkbar, das eingerichtete Eßzimmer aufzugeben oder überhaupt irgend etwas Einschneidendes zu verändern. Sie fühlten sich hin- und hergerissen zwischen existentiellen Grundbedürfnissen und der Fixierung auf »Schöner-Wohnen-Eindrücke«. In anderen zahlreichen Beispielen erfuhr ich, daß die Kinder selbstverständlich die besten Zimmer der Wohnung erhalten hatten. Oder Fälle, in denen an einem gemeinsamen Schlafzimmer festgehalten wird, obwohl die Einschlafgewohnheiten des Paares und ihre Bedürfnisse gänzlich unterschiedlich sind, daher enorme Einschränkungen und Rücksichtnahme verlangen, deren Notwendigkeit selten hinterfragt wird. Fast immer sind es die Frauen, die die gegebenen Bedingungen einfach annehmen, sich auf unglaubliche Kompromisse einlassen. Sie haben sich mit einem Mangel an eigenem Raum und der damit verbundenen Störbarkeit, ihrer unabgegrenzten Verfügbarkeit, der Haltung, quasi auf Abruf bereitzustehen, eingerichtet und betrachten ihre Situation als »normal«.

Meine Erfahrungen in der therapeutischen Arbeit zeigen, daß eine von den Frauen eingeleitete Veränderung in der Raumaufteilung auch andere tiefgreifende Bewegungen in der Beziehungsstruktur nach sich zieht und auch alles andere neu geordnet werden muß. Schritte in diese Richtung sind anfangs meist zögerlich und angstbesetzt. Dabei kann es passieren, daß plötzlich nicht mehr der Raummangel als Problem empfunden wird, sondern die Aufgabe, den neu beanspruchten Raum auch zu füllen und zu gestalten.

Der lebendige Umgang mit Raumfragen beinhaltet die Bereitschaft, für Veränderungen offenzubleiben und immer wieder Umgestaltungen vorzunehmen, die den jeweiligen Bedürfnissen entsprechen. Während meiner Lesereisen begleitete mich dieses Thema, indem ich sehr bewußt darauf achtete, mir jeden Abend in den vorgefundenen Räumen meinen eigenen Platz zu gestalten und mich nicht einfach auf die angebotenen Bedingungen einzulassen. Es ist selbstverständlich, daß diese aktive Haltung mein Wohlbefinden unterwegs positiv bestimmte, und wenn auch meinem Gestaltungswillen mitunter objektive Grenzen gesetzt wurden, konnte ich doch auf diese Weise ein Gefühl des »Ausgeliefertseins« vermeiden.

Ich kann Frauen nur empfehlen, das eigene Leben einmal unter dem Aspekt der Räumlichkeit zu betrachten und dabei zu prüfen, inwieweit Übereinstimmung da ist zwischen ihren Bedürfnissen und dem tatsächlichen Raum (in der Wohnung, in der Liebesbeziehung, in Beziehungen überhaupt, in Gesprächen). Die Frage betrifft auch den inneren Raum der Person. Womit bin ich erfüllt? Wo fühle ich mich leer? Womit fülle ich mich an? Der Körper ist Raum und beansprucht gleichzeitig Raum. Wie gehe ich damit um? Schon allein diesen Fragen nachzugehen beansprucht Raum und Zeit.

Zeit nehmen lernen ist ebenfalls eine Haltung, die in Verbindung mit dem Thema Glück Aufmerksamkeit und Beachtung erfordert. Zeit ist nur scheinbar eine objektive Größe. Die Zeit von Frauen ist häufig eine Zeit für andere bzw. für etwas anderes als die eigene Person. Charakteristisch für diese Zeit ist Zerstückelung, Unterbrechung, Überfüllung, Wertlosigkeit. Ein bewußter Umgang mit dem Faktor Zeit wird neben den Bedürfnissen nach eigener Zeit, Kontinuität und Störungsfreiheit das Wissen um die Begrenzung von Lebenszeit wachhalten, damit »richtiges Leben« und Glück nicht auf fernere Zeiten verschoben, vertagt werden, auf eine Zeit, in der einmal alles stimmt und alles erledigt worden ist. Es ist ein Wissen um die Tatsache, daß dies jetzt, hier und heute meine

Zeit ist und es in meiner Verantwortung steht, sie zu nutzen oder sie zu vergeuden. Mit Nutzen ist nicht Effektivität oder Quantität gemeint, sondern Sinn und Fülle als Erlebnisreichtum.

Im Umgang mit Raum und Zeit sind Frauen darauf angewiesen, Grenzen ziehen zu lernen. Womit nichts anderes gemeint ist als eine wachsame, schützende Haltung der eigenen Person gegenüber, bei der immer wieder neu eigene und fremde Bedürfnisse abgewogen und ausbalanciert werden. Als ich vor über sieben Jahren damit begann, die Gehorsamsleistungen von Frauen im Zusammenhang mit Liebe genauer unter die Lupe zu nehmen, schrieb ich einmal bei der schwierigen Annäherung an das Thema in meinen persönlichen Notizen: »Zu meinem Leben gehört es, daß Menschen sich in mir niederlassen und beheimaten. Fremdes Leben, das mir Vielfalt und Anregung für die eigene Entwicklung bringt. Das abwechslungsreiche Hin und Her im Kontakt als Quelle wichtiger Bedürfnisbefriedigung. Eigennutz.

Und doch gibt es Zeiten, in denen ich mich wie ein besetztes Haus fühle, das aus den Fugen zu geraten droht, weil in allen Etagen, vom Keller bis zum Dachgeschoß, die unterschiedlichen ›Gäste‹ sich und ihre Befindlichkeiten ausbreiten. Und während in einem Stockwerk gerade ausgelassen und lärmig gefeiert wird, gibt es in anderen Räumen Anlaß zur Stille, Gründe für Trauer. Zwischen diesen gleichzeitig stattfindenden Ereignissen kommen per Post und Telefon noch weitere Botschaften. Lebenszeichen. Informationen. Hilferufe.

Manchmal merke ich zu spät, daß der Platz im eigenen Haus zu knapp geworden – der Sog, mich immer tiefer und intensiver in anderes Leben hineinziehen und verwickeln zu lassen, eigenmächtig geworden ist. Es gibt keine verläßliche Voraussage darüber, ob und wann ich die Balance verlieren werde. Das macht es so schwierig. Es gibt auch keinen, auf den ich die Verantwortung für das Geschehen abwälzen könnte. Schließlich bin ich es selbst, die zu all dem einlädt und ermuntert. Es gibt einen Punkt im allerletzten Stadium dieses Prozesses, wo ein Impuls mächtig wird und mir hilft, eindeutige scharfe Trennungslinien zu ziehen, um Platz für mich zu schaffen. Die sture Entschiedenheit, mit der ich mich dann zur Wehr setze, hinter freundlichen Einladungen und Verabredungen nur noch erneute Vereinnahmung und Ablenkung von mir wittere, führt zu Kränkungen und Verletzungen. Auf jeden Fall wirkt die Schroffheit befremdlich. Ich nehme das in Kauf und kann nicht akzeptieren, daß Verbundenheit mit dem Verzicht auf Eigensein bezahlt werden soll. Diese Bedingung ist unannehmbar. Gibt es für diesen Konflikt keine echte Lösung? Warum taucht er früher oder später immer wieder auf? Warum?«

Seit ich diese Zeilen vor vielen Jahren schrieb, ist der Lernprozeß weitergegangen. Ich suche nicht mehr nach einer idealen Lösung, weil es sie nicht gibt. Abgrenzung hat auch etwas mit realer Einschätzung der eigenen Kräfte zu tun, mit dem Verzicht auf Größenwahn im Liebes- und Beziehungsbereich. Sie ist viel leichter, wenn ich die Potentiale anderer Menschen nicht unterschätze, sondern einbeziehe. Ich pflege meine »asozialen Seiten«, und es tut mir und letztlich auch anderen gut, wenn ich klar und deutlich Grenzen ziehe, Prioritäten formuliere. Abgrenzungen vorzunehmen ist ein Vorgang, der Kraft kostet und gleichzeitig Kraft gibt, ebenso wie durch ihn Möglichkeiten ausgeschlossen und andererseits erst eröffnet werden. Ich verneine etwas, um etwas Bestimmtes, Ausgewähltes bejahen zu können. Für Frauen bedeutet die Aneignung von Abgrenzungsmöglichkeiten zu lernen, unangenehme, unbequeme und kämpferische Aspekte in das weibliche Selbstverständnis aufzunehmen.

Zur Verwirklichung von Glück gehört nicht zuletzt Kompetenzlust statt Ohnmacht. In einem Gespräch zwischen Maria Buchwald und Margarete Mitscherlich nimmt diese im

Deutschen Allgemeinen Sonntagsblatt vom 29. Juni 1990 zu der Frage Stellung, ob Frauen Angst vor der Macht haben. Sie sagt dazu: »Wenn man dazu erzogen wird, daß ›Geliebtwerden‹ die einzige Möglichkeit ist, nicht aus Familie und Gesellschaft herauszufallen, hat man natürlich Angst. Der Mann wird ja geliebt, weil er Macht hat, also kann er aggressiv sein. Aber die Frau wird geliebt, weil sie immer freundlich und hilfsbereit ist, und vor allem, weil sie sich an das anpaßt, was der Mann von ihr fordert. Die Frau hat es deshalb so schwer, weil sie nicht kämpfen darf, denn dann wird sie weder von Frauen noch von Männern geliebt. Die Möglichkeit, dieses Problem zu überwinden, besteht darin, sich selbstkritisch zu fragen: Warum verhältst du dich eigentlich so? Willst du nur auf Grund solcher Verhaltensweisen geliebt werden?«

Die Interviewerin fragt die Psychoanalytikerin, welche Alternative sie denn zu den traditionellen Verhaltensweisen sieht. Mitscherlich antwortet: »Die Alternative dazu wäre, mit sich darüber ins reine zu kommen, ob man bereit ist, für das, was man im Leben für wichtig und sinnvoll hält, zu kämpfen, und aufs ›Geliebtwerden‹ gelegentlich zu verzichten. Ferner sollte die Frau sich darum bemühen, in ihrem persönlichen Umfeld Beziehungen aufzubauen, die sie als Person oder als Mensch nicht zurückschneiden, sowohl im libidinösen als auch im Aktivitätsbereich. Sie muß sich sagen: Es ist sinnvoll, etwas durchzukämpfen und nicht von vornherein zurückzustecken, nur um tatsächlich von allen Menschen geliebt zu werden. Denn dann ist die Liebe ja nichts mehr wert.«

Zum Schluß des Interviews betont sie, daß zwar Veränderungen stattgefunden haben, sie aber trotzdem nicht daran glaubt, daß es mit Riesenschritten so weitergehen wird, und zwar deshalb, »weil auch Frauen sich nur langsam daran gewöhnen, sich anders zu sehen als bisher«.

Mir erscheint diese Einschätzung ebenfalls realistisch, zumal wir davon ausgehen müssen, daß, von glänzenden Galionsfiguren abgesehen, die Zahl der Frauen, die ihr Leben in allen Bereichen nach eigenen Entwürfen leben, gemessen an der Gesamtzahl der weiblichen Bevölkerung doch noch relativ klein ist. Denn was das Kämpfen anbelangt, sieht man es durchaus nicht ungerne, wenn frau »um einen Mann kämpft« oder »wie eine Löwin« um ihre Kinder. Aber wehe, sie wird zur kämpfenden Löwin, wenn es um ihre eigenen Interessen geht, um eine Sache, eine Aufgabe, ein Projekt oder politische Ziele. Dann wird in den Augen der Öffentlichkeit eine Frau rasch zum Monster, zum Mannweib, eben zu einer nicht richtigen Frau.

Mindestens ebenso stark tabuisiert wie eine kämpferische Haltung ist für Frauen die Möglichkeit, Leidenschaft für eine Aufgabe zu entwickeln. Wahrscheinlich, weil diese Fähigkeit für die weibliche Eroberung des Glücks von zentraler Bedeutung ist, stellt sie in den Augen der Männergesellschaft eine unverzeihliche Ungeheuerlichkeit dar. Leidenschaft, diesen durch Vernunft nicht bezähmbaren Gefühlsdrang, Ausdruck heftiger Zuneigung, starker, ungezügelter Begierde, erlaubt die patriarchale Gesellschaft den Frauen nur in Verbindung mit dem Mann und seinen Werken. Während es den Männern ganz selbstverständlich, scheinbar natürlich wesenhaft zu eigen ist, sich mit Haut und Haaren, mit allen Fasern ihres Daseins Dingen und sachlichen Anliegen hinzugeben. Von ihnen wird geradezu erwartet, daß sie imstande sind, sich rücksichtslos und besessen auf ein Ziel hinzubewegen und darüber alles, auch Menschen, Frauen und Kinder, zu vergessen.

Von Frauen wird allenfalls erwartet, daß sie leidenschaftliche Geliebte, leidenschaftliche Mütter oder leidenschaftliche Köchinnen sind. Sobald von leidenschaftlichen Künstlerinnen, Politikerinnen und Wissenschaftlerinnen die Rede ist, klingt häufig ein Unterton mit, der nahelegt, wie sonderbar doch dieses Phänomen ist, wie unweiblich, verglichen mit all den anderen »normalen« Frauen, die es zum Glück ja noch gibt und die – »dem Himmel sei Dank!« – immer noch die Mehrheit ausmachen. Diese haben die Lektionen ihrer Weiblichkeitserziehung gelernt und wissen, daß neben ihrer Hauptbeschäftigung, »einen Mann richtig glücklich zu machen«, alles andere zum Beiwerk zu werden hat, zur Nebensache, zur bedeutungslosen, farblosen Angelegenheit, die jederzeit fallengelassen werden kann. Sie sind darauf programmiert, »von Kopf bis Fuß auf Liebe eingestellt« zu sein, ohne wirklich zu hinterfragen, »ob das alles sein soll und sonst gar nichts«.

So schreibt denn auch Margrit Brückner in ihrem Buch »Die Liebe der Frauen«: »Für Männer ist die Fähigkeit zu lieben eine zweitrangige Frage, eine Fähigkeit, die dem ›zweiten Geschlecht‹ wohl ansteht oder für Jesus reserviert wird, aber für einen normalen Mann gleichzeitig zuviel und zuwenig verlangt ist. Die Erwartung und Rolle eines Mannes besteht darin, Liebe zu empfangen, und zwar von Frauen, die darauf spezialisiert sind, Liebe zu geben ...«

Dabei dokumentieren Briefe, Lebensberichte und Biographien, daß es immer schon Frauen gegeben hat, die mit ihrem Lebenslauf und der Art ihrer Lebensgestaltung aus dieser Gehorsamsrolle herausfielen, weil an der Spitze ihrer Wertehierarchie nicht ein Mann thronte, sondern die Liebe und Leidenschaft für etwas anderes. Dabei wird deutlich, wie individuell die Lebens- und Glücksentwürfe von Frauen sind, wenn sie wirklich wählen und im Prozeß von Wissens- und Weltaneignung ihre Kräfte und Grenzen kennenlernen. Die besonders in Frauengruppen beliebte Wir-sind-ja-alle-gleich-Parole ist häufig weniger Ausdruck von Solidarität als Konstatierung der Tatsache, daß der patriarchale Lebenszuschnitt für Frauen so eng, langweilig und gleichförmig ist. In ihrer Leidenschaft für den Mann (oder in seiner Ablehnung) ähneln sich Frauen, originell und unterscheidbar werden sie vor allem durch andere Lieben und Leidenschaften, durch die sie als einmalige Personen Leben ausdrücken und gestalten.

Zu der kleinen Schar dieser ungewöhnlichen Frauen ist auch Isabelle Eberhardt zu zählen, die um 1900, kaum zwanzigjährig, allein Nordafrika bereiste und sich selbst Si Mahmoud nannte. Die von ihr in zwei Bänden enthaltenen Tagebuchaufzeichnungen und Skizzen, die unter dem Titel »Sandmeere« veröffentlicht wurden, sind nicht nur deswegen ein ungewöhnliches Lebenszeugnis, weil sie von ihrer Liebe zur Wüste und zur arabischen Kultur erzählen, von einer großen Leidenschaft, sondern auch von dem ebenso leidenschaftlichen Ringen dieser jungen Frau um ihre menschliche Entwicklung, der unermüdlichen Arbeit, die eigene Person zu gestalten. So schreibt sie: »Ich hasse den, der zufrieden ist, mit sich selbst, mit seinem Schicksal, seinem Geist und seinem Herzen ... Denken muß man lernen. Eine schmerzhafte, langwierige Sache, doch ohne sie hat man für das individuelle Glück nichts zu erwarten ... Ich arbeite nie, um der Langeweile zu entfliehen, denn dann gelingt die Arbeit nicht ... Das gegenwärtige Ziel ist immer noch unverändert: die intellektuelle und moralische Vervollkommnung.«

Sie wurde am 17. Februar 1877 in Meyrin bei Genf geboren. Um ihr kurzes Leben, sie starb 1904, ranken sich Gerüchte, Vermutungen, Erzählungen. Die in »Sandmeere« enthaltenen Reisebeschreibungen und Erzählfragmente sind nicht unumstritten. Zu ihren Lebzeiten veröffentlichte sie Kurzgeschichten, Reportagen und Novellen; ein Roman, den sie begonnen hatte, blieb unvollendet.

Sie lebt ihr Leben als Nomadin, unternimmt lange, ausgedehnte Ritte durch die Wüste und eignet sich dabei hervorragende Kenntnisse über das Leben der Einheimischen an, deren Sprache sie spricht. In ihren täglichen Notizen hält sie häufig nicht nur Reiseroute, Bilder und Erlebnisse fest, sondern philosophiert zu allen Fragen des Lebens. In dem Band »Im heißen Schatten des Islam« schreibt sie: »Ich habe mich stets darüber gewundert, daß ein modischer Hut, ein gutsitzendes Korsett, ein Paar stramme Stiefel, ein Mobiliar aus platzraubenden Kleinmöbeln, etwas Silber und etwas Porzellan vielen Leuten genügen, um ihren Durst nach Glück zu stillen. Schon als Kind habe ich gespürt, daß es die Erde gab, und wollte ihre Fernen kennen ...«

Zweifellos besteht eine wirksame Bedrohung der patriarchalen Grundfesten, wenn Frauen vermehrt die Möglichkeit ins Auge zu fassen und zu realisieren beginnen, ihre Kräfte, Phantasie und Intelligenz, ihre Sehnsüchte und Entschlossenheit anderen Leidenschaften zu widmen als dem Mann. Wenn sie ihre erlernte Liebes- und Beziehungsfähigkeit ebenso konsequent für sich und Aufgaben nutzen. Der Dichter Ludwig Börne sagt: »Man heilt Leidenschaft nicht durch den Verstand, sondern nur durch andere Leidenschaften.« Für traditionell erzogene Frauen ist die Freude an der Entdeckung »anderer Feuer und Leidenschaften« fast immer von einem Gemisch aus Ungläubigkeit und Furcht begleitet. Am Anfang stehen häufig Erfahrungen in der Abwesenheit des Mannes (und/oder der Kinder). Lara, Studentin der Linguistik und Mutter eines Sohnes, sagte in einem ihrer Therapiegespräche, während Vater und Sohn verreist waren, schuldbewußt: »Dir kann ich es ja ruhig sagen: Nachdem die beiden weg waren, habe ich fast eine Woche nicht mehr an sie gedacht. Als mir das auffiel, Mensch, du hast sie ja ganz vergessen, hab' ich einen irren Schreck gekriegt. Ich war die ganze Zeit so voll mit meinen eigenen Sachen. Es ging mir unglaublich gut. Aber dann kam der Schreck, und ich habe mich geschämt, daß es mir so gutgeht, obwohl die beiden nicht da sind. Findest du das normal?«

Diese und ähnliche Aussagen sind charakteristisch, wenn sich mit der Entdeckung, sich Liebespausen gönnen zu können, Phasen von Nichtliebe wohlbehalten und lebend überstanden zu haben, trotzdem bzw. gerade deswegen das schlechte Gewissen regt. Schuldgefühle in diesem Zusammenhang sind aber zunächst unvermeidbar, sie sollten als Disziplinierungsmechanismus enttarnt werden, der Frauen dazu zwingen soll, »normal«, d. h. männerorientiert zu reagieren. Wahrscheinlich bleiben diese Hürden nur sehr wenigen Frauen ganz erspart. Als Wilfried im letzten Jahr zu einer längeren Lesereise aufbrach, meinte er kurz vorher zu mir: »Ich habe den Eindruck, du freust dich geradezu, daß ich jetzt verreise.« Ich mußte lachen, denn es stimmte. Mir wurde der lange, mühsame Weg bewußt, der dazu geführt hat, daß heute zeitweise auch liebe und liebste Menschen nicht immer den »ersten Platz« im Gefühl und in der Aufmerksamkeit einnehmen, weil der von einer Aufgabe, einer Idee oder einem Anliegen besetzt ist. Ich mußte daran denken, wie Wilfried vor vielen Jahren, als ich an meinem ersten Buch arbeitete, einmal vorwurfsvoll meinte: »Offenbar ist dir das Buch jetzt wichtiger als alles andere«, und ich mich damals nach der ersten Schrecksekunde zu einer Art Beschwichtigungsversuch bewegen ließ, der weder ihn noch mich selbst überzeugte.

Damals fragte ich mich zum ersten Mal wirklich, was denn so schrecklich daran sein sollte. Meine Beschwichtigung beschämte mich im nachhinein, aber sie war wie ein Reflex, viel schneller als meine Empörung über seine Frage, die mir erst später kam. Ich war über die Ungleichheit wütend, die in seiner Frage zum Ausdruck kam, denn ich hätte sie zum damaligen Zeitpunkt so nie stellen können, weil es der alltäglichen Situation von Frauen im Zusammenleben mit Männern meist ganz selbstverständlich entspricht, daß alles mögliche wichtiger ist als die eigene Person oder die Ansprüche an Ihn.

Inzwischen haben wir beide dazugelernt. Ich lebe zeitweise in hingebungsvoller Konzentration auf eine Sache, stehe zu meinem Bedürfnis des Alleinseins, zu völlig freier Zeiteinteilung ohne Rücksichtnahme auf irgendwas oder irgendwen. Wilfried hat nicht nur gelernt, die Haltung zu respektieren, sondern hilft mir hin und wieder dabei, die notwendigen Freiräume zu schaffen. Auch wenn mitunter Rückfälle in alte Muster vorkommen, es gibt keinen Weg zurück, und das ist gut so.

Wenn ich an dieser Stelle des Buches die kritische Betrachtung von »Liebe« beende, bedeutet dies natürlich nicht, daß damit das Thema für mich abgeschlossen wäre. Auch in bezug auf Leserinnen und Leser bin ich der Ansicht, daß gerade die Unvollständigkeit meiner Ausführungen dazu anregen kann, im persönlichen Denkprozeß die Aussagen zu prüfen und noch fehlende Aspekte zu ergänzen.

Dritter Teil

Ausblick: Liebe anders denken lernen

Im November 1991 fand in Kaiserslautern und Saarbrücken ein internationaler Studentenkongreß statt. Das Thema lautete »Männer und Frauen – Die nichtendende Geschichte – Rollen und Beziehungen der Geschlechter in Europa«. Aus vielen west- und osteuropäischen Ländern waren Studentinnen und Studenten angereist, um Vorträge und Referate zu den unterschiedlichsten Aspekten des Themas zu hören, um diese dann in Workshops zu diskutieren und zu vertiefen.

Wilfried war zu einem Vortrag zur Frage »Können Männer lieben lernen?« eingeladen, und da wir bereits an den Tagen zuvor gemeinsam unterwegs waren und in verschiedenen Städten zusammengearbeitet hatten, begleitete ich ihn zu diesem Kongreß, auf den wir beide neugierig waren.

Insgesamt war es eine ermutigende Erfahrung, daß nach der Öffnung der Grenzen in Europa junge Frauen und Männer aus allen möglichen Wissenschaftsbereichen in Eigeninitiative einen Kongreß zu dieser Thematik veranstalteten und damit ihr deutliches Interesse an einer Wandlung der stereotypen Geschlechterrollen bekundeten. Andererseits zeigte sich in Gesprächen, Fragestellungen und Diskussionen sehr eindrücklich, wie unzureichend bisher Erkenntnisse feministischer Forschung im Denken und Wissen Eingang gefunden haben. Nach einer Podiumsdiskussion, in der es darum ging, daß Frauen von den Männern ein Umdenken hinsichtlich ihres beruflichen Engagements fordern, damit Kräfte und Zeit für den Beziehungsbereich und mögliche Kinderbetreuung zur Verfügung stünden, meinte beim anschließenden Mittagessen in kleinerer Runde einer der jungen männlichen Veranstalter: »Bei allem, was sich ändern wird, eines wird bleiben. Das Wunder der Liebe gibt es doch wirklich, das wird bleiben.«

Auf die Gegenfrage mehrerer anwesender Frauen, was genau er damit meine, wußte er keine rechte Antwort, sagte aber: »Na ja, ich denke zum Beispiel an meinen jüngeren Bruder, der sich gerade zum ersten Mal verliebt. Ich meine das Geheimnisvolle daran, das man eben nicht erklären kann.«

Mir schien die Aussage des jungen Mannes insofern charakteristisch, als in ihr etwas zum Ausdruck kommt, was ich in vielen Gesprächen und Diskussionen zum Thema »Liebe« häufig gehört habe: der Wunsch nach Irrationalem und gleichzeitig eine unterschwellige Furcht bzw. tiefsitzende, existentielle Angst vor Verlust. Diese kann nicht einfach übergangen werden. Sie zu erkennen und zu verstehen ist schon deshalb unerläßlich, weil sie – unbewußt und unverstanden – die notwendigen und möglichen Veränderungen im Hinblick auf die geschlechtlichen Arrangements sabotiert und neue Entwicklungen nur mühsam und zäh voranschreiten läßt.

Es sieht ganz so aus, als ob ein Abschied von der romantischen Liebeslüge, die vortäuscht, daß zwei Ungleiche miteinander Erfüllung finden könnten und deren Überleben fest an den patriarchalen Glaubenssatz geschmiedet ist, daß Frauen zum Liebegeben und Männer zum Liebeempfangen prädestiniert sind, als enorme Bedrohung empfunden wird und in Köpfen und Herzen die Assoziation von Kälte erweckt. Ganz so, als ob Wandlungen im Hinblick auf geschlechtliche Identität gleichzusetzen wären mit Verzicht auf Wärme, Zärtlichkeit, Zuneigung, Trost und Verständnis.

Gleichzeitig wird meist die in der Tat wenig verlockende Vision entworfen, daß die Veränderungen zu einer enterotisierenden Gleichheit zwischen Frauen und Männern führen wird. Eine flüchtige, unkritische Betrachtung in Übereinstimmung mit dem »Istzustand« mag dieses abschreckende Bild sogar berechtigt erscheinen lassen. Wenn man/frau jedoch bereit ist, sich die Mühe zu machen, einmal zu überprüfen, was heute als erotisch empfunden wird oder nicht, wird sehr bald deutlich, daß es hier keineswegs nur um nicht beeinflußbare Biologie geht, um Triebe, Instinkte, Hormone oder die sogenannte »innere Chemie«, sondern ebenso um erlernte, von einer patriarchalen Gesellschaft geprägte Vorstellungen, Bilder und Phantasien von Erotik.

Ein solcher unsentimentaler Blick entdeckt hinter den klischeehaften Mustern von Erotik deren Herrschaftscharakter, findet, daß es kein Zufall sein kann, daß in ihnen so häufig sadomasochistische Haltungen ausgeprägt sind, daß zwangsläufig Begriffe wie Macht und Gewalt ins Spiel kommen, die vor allem männlichen Idealen entsprechen, weil es immer die eigene Position zu sichern gilt.

Dennoch zu behaupten, daß dieser Status quo erhaltens- und bewahrenswert ist, so zu tun, als ob es sonst keine neuen, anderen Möglichkeiten der Erotik gäbe, zeugt bestenfalls von Ignoranz. Es ist eigentlich unübersehbar, daß bei der traditionellen Rollenverteilung eine Kluft vorprogrammiert wird, der auch mit erotischer Faszination nicht beizukommen ist, sondern diese ebenfalls beschränkt, keine glückhafte, befriedigende Auflösung erotischen Begehrens gestattet. Oder es ist nur von kurzer Dauer, um dann in alltägliche Leidenschaften zu münden, in Machtkämpfe, Nähe- und Distanzmanöver, Quälerei oder öde Langeweile.

Von dem so zauberhaft verklärten romantischen Beziehungsgespinst bleiben weniger die lustvollen als vielmehr frustvollen Spannungen übrig, Unsicherheitsgefühle, Zweifel und Fremdheit.

Der Versuch, dieses Dilemma durch häufigen PartnerInnenwechsel zu lösen, ist wenig sinnvoll, weil es an den eigentlichen Ursachen nichts ändert.

In diesem Zusammenhang sollten wir die Frage aufwerfen, wie es kommt, daß die heute lebenden Menschen einen Wissensschatz zur Verfügung haben, der nicht aus der Entwicklung von Technologien stammt, sondern aus Forschungen über uns selbst, der der menschlichen Fähigkeit zu verdanken ist, das eigene Tun und Verhalten, Motivation und Ziele unter einem kritischen Blickwinkel zu betrachten. Von deren Ergebnissen wird jedoch in bezug auf die Gestaltung von menschlichen Beziehungen und gesellschaftlichem Zusammenleben kaum Gebrauch gemacht. Offenbar kommt hier ein interessantes psychologisches Phänomen zum Ausdruck. Denn das Festhalten an schlechten Gewohnheiten scheint Menschen trotz aller Beeinträchtigung ihrer Lebensqualität leichterzufallen, als umdenken zu lernen, neue, bessere Gewohnheiten einzuüben, andere Einsichten zuzulassen.

Neulich sagte eine Freundin zu mir: »Ich kenne eine ganze Reihe von Frauen, die diese Bücher lesen, mit deren Inhalten du dich befaßt. Sie nehmen sie zur Kenntnis, sind begeistert oder ablehnend, aber ich habe den Eindruck, daß sie nichts ändern. Sie konsumieren das Gelesene einfach.«

Es ist nicht akzeptabel, fatalistisch hinzunehmen, daß sich in unserer Umgebung, in der Welt vieles explosionsartig oder in einem rasanten Tempo verändert, während wir weiter darauf beharren, uns nicht ändern zu können, weil wir angeblich unseren Gefühlen machtlos ausgeliefert sind.

In ihrem Buch »Mit leiser persönlicher Stimme« hat Doris Lessing unter dem Motto »Gefängnisse in denen wir freiwillig leben« auf dieses Mißverhältnis aufmerksam gemacht und setzt sie sich mit der menschlichen Entwicklung in Vergangenheit und Gegenwart auseinander. An einer Stelle schreibt sie: »Wie ich bereits im letzten Vortrag sagte, glaube ich, daß sich die Leute, die nach uns leben, wundern werden, daß wir einerseits immer mehr Erkenntnisse über unser Verhalten zusammentragen, aber andererseits überhaupt keinen Versuch unternehmen, sie zur Verbesserung unseres Lebens einzusetzen.«

Es sind jene relativ jungen Wissenschaften wie Psychologie, Soziologie und Anthropologie, Forschungsrichtungen, denen wir unschätzbares, wertvolles Wissen verdanken, über uns selbst als Individuen, über soziale Gruppen, gesellschaftliche Zusammenhänge und, so möchte ich ergänzen, über uns als Angehörige eines spezifischen Geschlechts, obwohl wir offensichtlich nicht imstande sind, die Erkenntnisse rasch aufzunehmen und in die Praxis umzusetzen. Sie schreibt: »Zur Zeit ist es beängstigend, am Leben zu sein, ist es schwierig, Menschen als rationale Wesen zu sehen. Überall, wo wir hinblikken, sehen wir Brutalität und Dummheit, als gäbe es nichts anderes als dies – einen allgemeinen und unaufhaltsamen Abstieg in die Barbarei.«

Ihrer Ansicht nach – und ich schließe mich dieser Auffassung an – liegt dennoch immer wieder eine reale Chance zur individuellen und gesellschaftlichen Umgestaltung darin, uns Vernunft anzueignen, die mit Emotion gepaart ist und uns in intelligenter Weise dazu befähigt, die eigene Existenz neugierig zu hinterfragen, indem wir unsere Probleme nicht mit realitätsfernen Wunschbildern zu lösen versuchen, sondern mit fundiertem Wissen über die Stärken und Schwächen unseres Menschseins.

Wenn Doris Lessing schreibt: »Ich glaube, wenn Menschen durch reale Erfahrungen gezwungen werden zu erkennen, wozu wir fähig sind, ist diese Erfahrung so schockierend, daß wir sie nicht leicht verarbeiten können. Oder sie überhaupt nicht anerkennen können, wir wollen sie vergessen«, gilt diese von ihr für den politischen Bereich formulierte Erkenntnis nicht nur dort.

Sie trifft ebenso auf Haltungen, Denken und Handeln im privaten Bereich zu, zum Beispiel auf den Umgang von Frauen mit Liebe, dem »Nichtwahrnehmenwollen« und »Nichtwissenwollen«, was sich in diesem Zusammenhang wirklich abspielt, was sie »aus Liebe« bereit sind zu tun bzw. zu unterlassen.

Die Aufgabe, Liebe anders denken, den Begriff anders füllen zu lernen, liegt zunächst vor allem bei den Frauen, weil die historische, geschlechtlich arbeitsteilige Entwicklung dieses menschliche Potential an sie delegiert und es ihnen überlassen hat.

Ihr Mut und die Bereitschaft, dieses »Herrscherinnenpotential« mit den Männern zu teilen, wird maßgeblich mit darüber entscheiden, ob neue Voraussetzungen in den Lebens- und Arbeitsbedingungen, im Umgang mit weiblichen und männlichen Kindern geschaffen werden können.

Die Katastrophe, von der zu Beginn des Buches die Rede war, liegt nicht im Umdenken, sondern im Festhalten am Istzustand, in dem Liebe mißbräuchlich als Herrschaftsinstrument funktionalisiert werden kann. Liebe anders zu denken bedeutet, auf verlogene Sentimentalität zu verzichten, nicht aber auf echte Gefühle, bedeutet, in Vernunft und Emotionalität keine unauflösbaren Widersprüche mehr zu sehen, sondern Kräfte, die einander bedingen und ergänzen müssen. Es genügt nicht, sich der traditionellen Liebes- und Gehorsamsmoral zu verweigern, weil wir neue Perspektiven für die Liebe brauchen, die ohne Abschaffung der Zwangsheterosexualität, ohne Akzeptanz der unterschiedlichen menschlichen Liebesmöglichkeiten schwer vorstellbar sind.

Ihre produktive, subversive Kraft wird Liebe erst dann entfalten können, wenn sie nicht mehr als Dienstleistung an einem Geschlecht mißbraucht wird. Und es ist geradezu absurd anzunehmen – zumindest zeugt es von einem enormen Mangel an Phantasie –, daß zwei in ihrem menschlichen Selbstwertgefühl Ebenbürtige, von der Gesellschaft in ihrer Bedeutung als Gleiche, nicht mehr primär mit festgelegten geschlechtlichen, sondern individuell geprägten Fähigkeiten und Besonderheiten ausgestattete weibliche und männliche Individuen nicht mehr voneinander fasziniert sein könnten. Einleuchtend ist viel eher, daß sich bei der Eröffnung von Möglichkeiten für beide Geschlechter sich menschliche Qualitäten anzueignen, die sie zum Behüten und Bewahren, zum Respekt vor dem Leben befähigt, eine echte Chance bietet, einander in einer Weise zu verstehen, bei der ein wirkliches Miteinander, wirkliche Ergänzung nicht länger Utopie bleiben muß.

Frauen, deren Kräfte heute noch überwiegend im privaten Bereich, bei der Liebesarbeit unproduktiv gebunden sind, könnten in anderem Maße als bisher frei werden für die Übernahme und Mitgestaltung gesellschaftlicher Aufgaben. Männer, die in ihrer Entwicklung zum Mannsein umfassende Liebesfähigkeit integrieren durften, können mit großer Wahrscheinlichkeit nicht mehr so leichtfertig zerstörerisch wirken, weil ein Teil ihrer Kraft in Beziehungsarbeit steckt, die ihnen ein waches Verantwortungsgefühl für alle übrigen Lebensbereiche abverlangt.

Im Kontakt mit solchen Erwachsenen könnten weibliche und männliche Kinder bereits jetzt, und erst recht im Laufe von Generationen, fundamental neue Orientierungen für ihre Identität entwickeln, eine geschlechtliche Identität, deren Inhalte nicht mehr klischeehaft und normiert vorgegeben sind, sondern jeweils differenziert entworfen und gestaltet werden können. Die Verwirklichung dieser Vorstellungen beinhaltet keineswegs, daß das Leben unter solchen Bedingungen zur konfliktfreien Idylle würde, sondern sie stellen vor allem die notwendige Voraussetzung dafür her, daß das zerstörerische, kräftezehrende Gegeneinander beider Geschlechter nicht mehr qua Erziehung vorprogrammiert wird. Die Realisierung von Liebe wird dann möglich, wenn endlich gemeinsame Energien zur Lösung der Probleme zur Verfügung stehen, die unser derzeitiges Leben und das zukünftiger Generationen in beängstigender und bedrängender Weise bestimmen.

Insofern ist die in diesem Buch beschriebene Absage an die traditionelle Gehorsamsliebe von Frauen, deren Umsetzung im Leben jeder einzelnen Frau in ganz individuellen Schritten und Handlungen, in unterschiedlichsten Bereichen erfolgen kann, die Herausforderung zu einer Liebesfähigkeit, die nicht ohnmächtig bleibt, sondern machtvoll dazu beiträgt, Leben wirklich zu verändern.

Literatur

Die nachfolgend aufgeführten Bücher waren mir bei der Bearbeitung des Themas anregend und hilfreich. Wörtliche Zitate aus ihnen sowie aus diversen Artikeln oder Zeitschriften sind jeweils im Text vermerkt.

Ellen Bass/Laura Davis, Trotz allem, Berlin 1990.

Simone de Beauvoir, Auge um Auge. Artikel zu Politik, Moral und Literatur 1945–1955, Hamburg 1987.

Simone de Beauvoir, Der Wille zum Glück, Hamburg 1986.

Simone de Beauvoir, Das andere Geschlecht. Sitte und Sexus der Frau, Hamburg 1968.

Nancy Chodorow, Das Erbe der Mütter, München 1985.

Alexandra David-Nèel, Mein Indien, München 1990.

Renate Daimler, Verschwiegene Lust. Frauen über 60 erzählen von Liebe und Sexualität, Köln 1991.

Mary Daly, Reine Lust. Elementar-feministische Philosophie, München 1986.

Dorothy Dinnerstein, Das Arrangement der Geschlechter, Stuttgart 1979.

Colette Dowling, Perfekte Frauen. Die Flucht in die Selbstdarstellung, Frankfurt 1989.

Andrea Dworkin, Pornographie. Männer beherrschen Frauen, Köln 1987.

Andrea Dworkin, Eis und Feuer, Hamburg 1991.

Isabelle Eberhardt, Sandmeere, Berlin 1982.

Gotthard Fuchs (Hrsg.), Männer. Auf der Suche nach einer neuen Identität, Düsseldorf 1988.

Celia Fremlin, Außerordentliches Beispiel von Mutterliebe, Zürich 1988.

Carol Gilligan, Die andere Stimme. Lebenskonflikte und Moral der Frau, München 1984.

Irmgard Hülsemann, Ihm zuliebe? Abschied vom weiblichen Gehorsam, Stuttgart 1988.

Irmgard Hülsemann, Berührungen. Lebensgeschichte und Sexualität im Patriarchat, Zürich 1990.

Irmgard Hülsemann/Wilfried Wieck, Die geheimen Verbote, Stuttgart 1990.

Elfriede Jelinek, Lust, Reinbek 1989.

Louise J. Kaplan, Weibliche Perversionen. Von befleckter Unschuld und verweigerter Unterwerfung, Hamburg 1991.

Georgia o'Keeffe, Das Leben der großen amerikanischen Malerin, München 1989.

Constanze Lawrenz/Patricia Orzegowski, Das kann ich keinem erzählen. Gespräche mit Frauen über ihre sexuellen Phantasien, Darmstadt 1988.

Josephine Lowndes Sevely, Evas Geheimnisse. Neue Erkenntnisse zur Sexualität der Frau, München 1988.

Doris Lessing, Mit leiser persönlicher Stimme, Frankfurt 1991.

Karen Margolis, Der springende Spiegel. Begegnungen mit Frauen zwischen Oder und Elbe, Frankfurt 1991.

Anais Nin, Sanftmut des Zorns, München 1979.

Anais Nin, Die neue Empfindsamkeit. Über Frau und Mann, München 1980.

Christiane Olivier, Jokastes Kinder, Düsseldorf 1987.

Jirina Prekop, Der kleine Tyrann. Welchen Halt brauchen Kinder? München 1988.

Ursula Richter, Einen jüngeren Mann lieben. Neue Beziehungsmuster für Frauen, Stuttgart 1990.

Christina Thürmer-Rohr, Vagabundinnen, Berlin 1987.

Christina Thürmer-Rohr, Mittäterschaft und Entdeckungslust, Berlin 1989.

Holde Barbara Ulrich, Schmerzgrenze, Berlin 1991.

Maxi Wander, Ein Leben ist nicht genug, Frankfurt 1990.

Wilfried Wieck, Männer lassen lieben. Die Sucht nach der Frau, Stuttgart 1987.

Wilfried Wieck, Wenn Männer lieben lernen, Stuttgart 1990.

Angelika Aliti

Die wilde Frau

Rückkehr zu den Quellen weiblicher Macht und Energie

Wenn die wilde Frau wieder zum Leben erwacht, wird nichts mehr so sein, wie es war: Angelika Aliti fordert die Frauen auf, auf dem Weg zu den eigenen Wurzeln der Weiblichkeit "alles abzulegen, was uns behindert: den Haß, die Kontrolle, die Ängstlichkeit, die Weinerlichkeit, das ewige 'Ich kann nicht'. Wir sollten uns nicht scheuen, die Konsequenzen zu ziehen: Nutzen wir unsere Energie für die Suche nach dem, was uns wirklich fehlt: unser Selbst." Kompromißlos ehrlich und zutiefst mitfühlend begleitet sie die Frauen von heute bei ihren Versuchen, die "wilde Frau" in sich selbst wiederzufinden.

304 Seiten, gebunden

HOFFMANN UND CAMPE